Андрей Кураев

МИССИЯ И НАСИЛИЕ

Понуждение к вере
в истории православия

Том 1

2026

Андрей Кураев

Миссия и насилие. Понуждение к вере в истории православия. Том 1 / Андрей Кураев. — BAbook, 2026. — 392 с.

«Семейное насилие» стало привычным термином, обозначающим насилие со стороны того, кто вроде бы любит тебя и декларирует заботу о тебе. Церковные власти подчеркивают свой патернализм и свою «отеческую заботу» о своих «чадах». И это позволяет им не просто допускать насилие, но и оправдывать его.

Один из приемов этого оправдания – это отрицание: мол, в истории православия не было инквизиции и полицейского насилия. На деле были и теория и практика понуждения к вере. Причем и то и другое исходило от православных святых и закреплено в церковном праве. Эта книга дает обильную фактуру. И показывает, что это не случайные «отклонения», а нечто, крепко вшитое в матрицу православной культуры и готовое воспроизвести себя.

В то же время автор, до своей вынужденной эмиграции бывший профессором Московской Духовной Академии, считает, что даже внутри православия человек может сделать свой личный выбор – стать отличником в школе «богословия ненависти», или же быть аутсайдером, но на стороне «богословия любви».

ISBN 978-1-972707-01-2

Отпечатано в Германии

Мучеников, которых не ужасали никакие орудия пытки, ужаснул бы элементарный учебник церковной истории. Эти два тысячелетия показались бы им отречением христианства от Христа.

Дм. Мережковский[1]

---

[1] Мережковский Д. С. Теперь или никогда. О церковном соборе. — М.,1906. С. 21. Впервые: «Вопросы жизни», 1905, апрель–май.

ПРЕДИСЛОВИЕ
К СЕРИИ

Серия носит название «Небелые одежды».

В этом названии — отсылка к Апокалипсису («…несколько человек, которые не осквернили одежд своих, будут ходить со Мною в белых одеждах, ибо они достойны». Откр. 3–5).

Белые одежды налагаются на новокрещеного христианина в знак обретенной им чистоты. «Облачается раб Божий в ризу правды», — говорит при этом священник. В белую рубаху одет послушник на своем монашеском постриге. Белое платье на невесте. В белой ризе совершает погребение священник (и это тоже символ чаемой новой и чистой жизни).

В реальной жизни «даже самое белое до конца не бело»[2].

---

[2] Это православная подпольная советская поэтесса Надежда Павлович:

Даже самое белое
До конца не бело.
Все, что в жизни я сделала,
Не алмаз, а стекло.

Но приходит Спасающий
Не к Небесным Святым,
Этот Свет немерцающий
Сходит к людям простым.

И когда Он спускается
В скудный мир маяты,
То душа откликается
У последней черты.

И вот парадокс: если для отдельного человека православие создало «поистине виртуозную культуру усмотрения собственной виновности» [3], то есть культуру покаяния, то на покаяние церковно-корпоративное, конфессиональное и национальное наложено табу. «Я неправ» сказать можно. «Мы, православные/русские, неправы» — язык не поворачивается.

Такое самооправдание я считаю исторически неверным и этически опасным даже для самих оправдывающихся.

Итак, серия будет состоять из четырех книг.

Первая оказалась двухтомником «Мифология русских войн».

Вторая книга — «Священные войны православного мира».

Третья книга — «Миссия и насилие» тоже получилась в двух томах.

Четвертая книга еще не имеет названия. Она будет посвящена оправданию насилия (в диапазоне от домашнего насилия до ядерной войны) в современной Русской Православной Церкви. И материала для нее уже так много, что и она будет минимум в двух томах…

Объединение, казалось бы, таких разных тем, как военная история и история церкви, объясняется тем, что сегодня они слились в амальгаму под именем Гражданская Религия России («Наша Пасха — 9 мая!»; «Христос воскрес — и Россия воскреснет!»).

Ирина Карклиня вспоминает: «…маленькая чудаковатая подслеповатая старушка с удивительно ясным умом и прекрасной памятью, с железной волей и добрейшим сердцем, она жила в своем особенном внутреннем мире, резко контрастирующем с жизнью прочих обитателей Дома творчества. Над ней посмеивались, не принимали всерьез. Гуляя по парку, с трудом поднимаясь по навощенным паркетным ступенькам в столовую, она словно плыла над людским любопытством и липким шепотком: „Смотрите, эта бабуля — последняя женщина Блока“».

[3] «Христианину решительно запрещено в какой-либо ситуации считать себя абсолютно правым, и христианство создает поистине виртуозную культуру усмотрения собственной виновности» (Аверинцев С. С. Христианство // Философская энциклопедия. Т. 5. — М., 1970).

Мои последние книги получаются такими толстыми, потому что для защиты личной свободы нужна прочная противо-пропагандистская защита. Вот некая постоянно воюющая держава уверяет, что она никогда ни на кого не нападала. Приведешь один неудобный факт — скажут «исключение подтверждает правило». Приведешь второй — скажут «нас вынудили». Приведешь третий — «этого требовали наши национальные интересы». Четвертый — «это было превентивное нападение»… И получается целая индустрия оправдания самых кровавых страниц национальной истории. А главное — набор индульгенций для будущих агрессий.

Поэтому в двухтомнике «Мифология русских войн» пришлось собрать в одну хрестоматию много фактов и историй. Некоторые из них забыты: черемисские войны, чукотские войны… Некоторые (столетнее покорение Кавказа) вроде и известны, но память о них отключается при восторженных разговорах о «нашем миролюбии». В иных случаях война воспевается просто без указания о ее начале (не принято говорить, например, о том, что Ледовое побоище — это эпизод, в котором эстонские ополченцы и рыцари настигли новгородскую дружину, уже возвращающуюся домой после грабительского набега на далекий Тарту). Автор предлагает задуматься как над текстами и фактами, известными со школьной скамьи («почему Мцыри стал сиротой?»), так и над многими малоизвестными эпизодами русской воинской славы и бесславья и преодолеть запрет на самопознание.

Вторая книга — «Священные войны православного мира» — посвящена другому мифу. Мол, православные всегда были жертвой чужих насилий, но сами никогда не вели религиозные войны и не ходили в крестовые походы.

Первая и вторая книги в определенном смысле противоположны в своем предмете. В «Мифологии» я предельно сузил угол зрения — до вопроса «кто первый выстрелил?» Мотивы этого выстрела при этом я выношу за скобки. Просто фиксация, как в журналах международной комиссии по наблюдению за соблюдением режима перемирия: «во столько-то часов произведен выстрел с такой-то стороны из такого-то оружия».

В книге «Священные войны», наоборот, главное — исследование мотивов войны. Слово «исследование» здесь даже лишнее: это не поиск скрытых и глубинных мотивов и истоков конфликтов. Напротив, всё внимание на те мотивы, что были продекларированы максимально публично. В этом смысле тут для меня не важно, кто первый начал, равно как и степень «справедливости» войны. Тут мне интересно именно мотивационное прикрытие военных действий, причем только одной, а именно православной («нашей») стороной.

Третья книга — «Миссия и насилие» — это переход от внешней политики к внутренней. Тезис, громко звучащий в воскресных школах и православной риторике — «православная миссия никогда не применяла методы полицейского принуждения!»

Первый том этой книги напоминает о политике религиозно-миссионерского насилия по отношению к «чужим» в истории православной церкви.

Второй том рассказывает о карах при наведении внутрицерковной дисциплины среди уже «своих»

И только четвертая книга серии вернет внимание читателя из мира давних историй к современности и покажет, как древние священные прецеденты актуализируются в наши дни. Собственно, говоря о прошлом, я предлагаю думать о возможном будущем: может ли физическое и идейное насилие в настоящем и будущем оказаться облаченным не в комиссарские кожанки, а в рясы? Было ли такое раньше? Имела ли такая практика именно богословское обоснование?

Это собрание сведений поможет вести аргументированный диалог по защите своих личных убеждений и уклониться от интеллектуальной «мобилизации». Это тоже — техника религиозной безопасности, т. е. размышлений о том, как в поисках Бога не оказаться заложником у не очень честных людей.

* * *

Прошу прощения у требовательных читателей за то, что не всегда я привожу ссылку с библиографической точностью.

Во-первых, такое бывает с суперизвестными книгами, которые выдержали множество изданий, и в таких случаях надежней указать главу, чем конкретную страницу.

Во-вторых, по условиям эмиграции я отрезан и от своей домашней библиотеки, и вообще от московских библиотек (в том числе даже некоторых виртуальных), а многие книги в интернет-сети выложены без пагинации.

ПРЕДИСЛОВИЕ

На вопрос «что в Церкви от Бога?» богослову легко ответить: «благодать». А что в ней от земли? Что было и остается предметом культурного импорта в церковную жизнь?

Несколько лет назад вышла моя книга «Земное в Церкви». В ней речь шла о положительном импорте из мира языческой и светской культуры:

Импорт людей. Импорт терминов. Импорт логики. Импорт риторики. Импорт научных и псевдонаучных знаний. Импорт римского права. Импорт праздничных дат. Импорт языческой классики. Импорт гуманизма.

В той книге не было критики. Скорее это было радостное опознавание и — подсказка: жажда отгородиться от светски-языческого мира «железным занавесом» — это то, что противоречит традициям самой же Церкви.

Новая моя книга — о других статьях этого культурного импорта. Она — о том арсенале насилия, который приняла и взяла в свои руки община вроде бы учеников Христа. Откуда приняла? Грузоотправителями были Римская империя, «варварские правды», история и книги Древнего Израиля, да и просто народные привычки и суеверия.

А точнее сказать, этого импорта, в общем, и не было. Каждый человек — микрокосмос, каждый человек — вместилище всего своего социума и всей истории человеческого рода.

Мы — источник веселья и скорби рудник,

Мы вместилище скверны и чистый родник.

Человек — словно в зеркале мир, многолик,

Он ничтожен, и он же безмерно велик.

Омар Хайям. Рубайи, 317.
Перевод Г. Плисецкого

Всё уже внутри, и выписки из библиотеки — это лишь подпорки для уже сделанного выбора запятой: «казнить нельзя помиловать».

Но всё же социокультурное оформление некоторых идей и практик сначала происходило за пределами церковного круга. Этот круг даже порой сопротивлялся привычкам большинства. Но потом почти всегда сдавался.

Иногда представления о социальных приличиях менялись. Ну, скажем, стало неприличным держать домашних рабов и применять пытки и телесные наказания. Тогда и церковные спикеры говорили: «А мы всегда были против!»

Сегодня считается неприличным силой понуждать человека к перемене его веры. И замечательно, что церковные лидеры с этим громко-согласны.

Но если бы они к этим своим прекрасным речам не добавляли «да мы вообще никогда никого не понуждали к согласию с нашей верой!».

И если бы они громко и настойчиво осуждали былую практику насильственной миссии…

Глава 1

ГЛАДИАТОРЫ
В ХРИСТИАНСКОЙ СТОЛИЦЕ

Эта вроде бы частная тема важна для понимания путей врастания христианства в человеческую историю.

Почему некий человек что-то воспринимает как раздражитель, а на что-то не обращает внимания? Почему церковные иерархи, которые вроде готовы давать «духовную оценку» всему на свете, многие темы всё же табуируют и громко молчат? О чем человек молчит, что отсутствует в его жизни (цветы? дети? кошка? музыка? эмпатия?) — это важно для его понимания. А отсутствие (хоть ученика в классе, хоть темы в творчестве поэта) всегда бывает трудно заметить.

Так вот: церковь времен становления византийской симфонии промолчала тему гладиаторских боев.

То, что эти бои решительно противоречат евангельской этике, очевидно.

Но как реагировали на них правители церкви? Привлекала ли именно эта тема их внимание? Делали ли они ее предметом своих переговоров с императорами, которые стали их новыми «послушниками»? Если нет — то как они оправдывали свое молчание? Где вообще границы нравственного компромисса? Ведь от молчания перед лицом насилия и торжествующей кровожадности — лишь один шаг до их одобрения и даже провоцирования.

Бывало ли в истории насилие во имя церкви? Бывало ли это насилие инициировано ею?.. Прежде разговора об этом, посмотрим, бывала ли церковь просто политически равнодушна к насилию.

То, что гладиаторские бои были и после обращения императора Константина и империи в христианство, видно из увещевания к юноше Селевку:

«Еще более убегай от кровавых зрелищ. А сидящие зрители бесчувственны к этим страданиям; и если человек спасается от зверей, издают вопли, как будто больше самих зверей обманулись в ожидании и просидели понапрасну. Но как скоро человек пойман зверем, испускает жалобные крики, отчаянно вопит и лижет плоть, — во взоре каждого из зрителей пропадает всякая жалость. И едва увидят они потоки крови, с удовольствием поднимают громкие рукоплескания; радуются при виде того, о чем надлежало плакать; принимают живое участие в зверях, и который из них поймает человека, того поощряют на большую жестокость, раздражают его гнев, как будто сами насыщаются вместе с зверями и заодно с ними пожирают человеческую плоть. И такой горький конец жизни находят для себя эти злые продавцы собственных членов, сперва рабы сладкого куска, и потом сами — снедь зверей, люди ненавистные в жизни, жалкие в смерти. Члены же их иные погребены в зверях, другие безжалостно растерзаны зубами, а иные, полурасторгнутые и разбросанные с разнообразными содроганиями, как будто вскакивают, ищут еще случая убежать и представляются бегущими. Не оскверняй же ока своего мерзостями жестоких зрелищ, не смотри на обнаженные тела умирающих людей, на пресытившихся ими зверей, на эти ходячие гробы, и на собратий твоих, поверженных на землю».

Это письмо нередко приписывается св. Григорию Богослову[4]. Но вероятнее всего оно принадлежит св. Амфилохию Иконийскому[5].

Однако заметим, что в любом случае это частный совет в частном письме одному частному лицу. Это не громогласная обличительная проповедь urbi et orbi и даже не увещевание императору.

Упоминание об этой мерзкой забаве есть в публичной громкой проповеди св. Иоанна Златоуста.

Сразу отмечу, что эта его проповедь была потеряна и А. Ванжер нашел рукопись в афонском монастыре Ставроникита только в 1955 году, а издал в 1970-м[6].

И гладиаторы тут упоминаются среди многих сюжетов, затронутых в беседе. Лишь один абзац уделен этой теме: «Оставь также всякую мысль о конных скачках, зрелищах нечестивых театров, ибо это источники развращения, и [не взирай] на жестокое наслаждение зверей. Скажи мне, что за удовольствие смотреть, как подобного тебе, имеющего с тобой одну природу, терзают хищные звери? И не боишься ли ты, не трепещешь, что ударит с неба молния и испепелит твою голову? Ведь ты оттачиваешь, так сказать, зубы хищника, ты участвуешь своим голосом и сам совершаешь убийство, если не рукой, то языком» (Огласительные беседы 4, 43).

Причем издатель поясняет: «В данном случае, как отмечает французский переводчик А. Ванжер, речь идет о гладиаторских боях, упоминания о которых для Златоуста — редкость»[7].

Редкость… А вот женскую косметику Златоуст обличал постоянно. Выходит, румяна и помада возмущали великого святителя много больше, чем гладиаторские бои.

---

[4] Григорий Богослов. Собрание творений. Т. 2. С. 351–359.

[5] Амфилохий Иконийский. К Селевку // Восточные отцы и учители Церкви IV века. В трех томах. Т. 2. — М.,1999. С. 412.

[6] Wenger A. Jean Chrysostome. Huit Catecheses baptismales // Sources Chretiennes. Vol. 50 bis, 1970.

[7] Альфа и Омега, № 48. — М., 2007. С. 365.

«Огласительная беседа» была произнесена Златоустом в Антиохии, между 389 и 397 годами, когда Иоанн был просто священником и еще не стал ни епископом, ни столичным патриархом. А став духовым владыкой столицы христианской империи, св. Иоанн ни разу не посвятил свою проповедь именно этой теме. Это же не женские украшения…

А в Риме о том же и тогда же молчали римские папы.

Император Константин обратился к христианству в 312 году.

В законе 315 г. Константин подтвердил легитимность гладиаторских боев. Он лишь предписал клеймить руки и голени преступников, осужденных на гладиаторские бои, но не лицо. По этому постановлению, лицо человека не должно оскверняться клеймом (minime maculetur), поскольку оно сотворено «по образу небесной красоты» (ad similitudinem pulchritudinis caelestis figurata) (Кодекс Феодосия IX. 40. 2).

И лишь позже, в Кодексе Юстиниана, закон Константина будет переложен в таком виде, будто он вообще запрещал гладиаторские бои как таковые (omnino gladiatores esse prohibeamus — Кодекс Юстиниана XI. 44).

Христианская легенда говорит, что гладиаторские бои были запрещены под влиянием безумного и честного поступка одного рядового монаха:

Великий полководец Стилихон одержал крупную победу над готами, и 1 января 404 года в Риме ему был устроен триумф. Римская толпа, втекающая на стадион, затянула с собой приезжего монаха. Увидев убийства, сей Телемах выскочил на арену, стал между гладиаторами, и закричал: «Люди, что вы делаете? Вы убиваете друг друга. Вы христиане. Перестаньте это делать». С трибун в него полетели камни. Но когда его кровь пролилась, люди одумались: монаха убили. И на этом гладиаторские бои кончились в истории западного мира[8].

---

[8] «Был тогда некто Телемах, возлюбивший подвижническую жизнь. Удалившись с востока и с известною целью прибыв в Рим именно в то время,

Память св. Телемаха у католиков 1 января; в православии вроде как 18/31 августа, но в календаре РПЦ его имени всё же нет. И в многотомной «Православной энциклопедии» нет статьи «Телемах».

Об этом монахе справедливо отозвался Э. Гиббон: «Его смерть принесла человечеству много больше пользы, чем его жизнь».

Но, может, это сказка. Уж очень его имя соответствует его поступку. *Телемах* (в мифологии это сын Одиссея и Пенелопы) Τηλέμαχος — «далеко сражающийся».

Вот и монах Телемах а) совершил свой подвиг далеко от своего монастыря б) вмешался в ход не своего, чужого, далекого сражения, в котором и пал, и победил.

Кроме того, в Риме тогда правил 21-летний император Гонорий, который был тенью своего тестя — того самого полководца Стилихона, чей триумф и сорвал Телемах.

Но то, что в предании об исчезновении любимой римской забавы фигурирует рядовой монах, а не римский папа, очень показательно. То есть даже в легенде не решились приписать этот простой христианский поступок папе или епископу.

Так что всё же запомним это «мудрое молчание» епископов, которые не желали «переть противу рожна» и обличать вкусы народного большинства и царей.

Поступок Телемаха прекратил отдельное безумие, но не привел к исчезновению гладиаторства.

Запрет императора Гонория оказался временным; окончательно бои были запрещены лишь через полтора века при Юстиниане.

когда происходило то ненавистное зрелище, он сам вступил на поприще и, сошедши вниз, покушался остановить бойцов, действовавших друг против друга оружием. Но зрители кровопролития были раздражены этим и, воспламенившись неистовством демона, который увеселяется человеческой кровью, побили камнями поборника мира. Узнав это, дивный царь (Гонорий) Телемаха причислил к победоносным мученикам, а нечестивое зрелище отменил» (блаж. Феодорит Киррский. Церковная история. 5,26).

Но травля людей зверями осталась. В Константинополе был Кинегий (κυνήγιον — «собачий рынок», «собачья площадка») — древний театральный амфитеатр. С V века Кинегий использовался как место проведения публичных казней и выставления трупов умерщвленных преступников на всеобщее обозрение (а еще там в 559 году сожгли языческие книги и разрушили принесенные туда языческие статуи).

В 705 году в этом амфитеатре были обезглавлены императоры Леонтий и Тиверий II, в 718 году — Артемий и другие иконопочитатели.

В 768 году там была публично отрублена голова патриарху Константину Второму[9].

Там же проводились официальные экзекуции, не связанные со смертельным исходом. Иногда способом казни становилась травля дикими хищными зверями или разъяренными быками. В таких

---

[9] Император Константин V в 766 году сместил и сослал сначала в Иерию (ныне Фенербахче), а потом на Принцевы острова патриарха Константина II. 6 октября 767 г. его привезли обратно в столицу и подвергли такому бичеванию, что он не мог ходить. Патриарха принесли на носилках в храм Св. Софии и посадили на солее на виду у собравшегося народа. В то время как новый патриарх Никита I сидел на синтроне, асикрит читал вслух грамоту с обвинениями против Константина и после каждой статьи бил его по лицу. Потом Константина поставили на амвоне, и епископы по приказу Никиты I забрали у него омофор, после чего новый патриарх анафематствовал своего предшественника. Затем того нарекли издевательским прозвищем «Мрачноликий» (Σκοτίοψις) и вытолкали из церкви задом наперед. На следующий день Константину остригли волосы на голове и побрили, надели на него тунику без рукавов, посадили задом наперед на осла, заставив держать его за хвост, и провели по ипподрому, причем осла вел под уздцы племянник Константина, которому усекли нос. Затем Константина сбросили с осла и наступили ему на шею. Все время, пока продолжались бега, он должен был сидеть на виду у народа, осыпавшего его оскорблениями. 15 октября Константин был обезглавлен, тело его проволокли по городу и бросили в Пелагий (место, где погребали казненных) вместе с телами преступников. Голова Константина, подвешенная за уши, еще 3 дня висела на пл. Милий, а затем также была выброшена в Пелагий. См. Афиногенов Д. Е. Константин II // Православная Энциклопедия. Т. 37, сс. 26–28. https://www.pravenc.ru/text/2057018.html

случаях орхестра отделялась от зрителей железной решеткой. Арена для травли зверей стала ареной для травли зверями.

Император Маврикий (582–602 гг.) «судил их на площади всенародно: их приговорили к обнажению и ввержению в кинегий. *Смбата Багратуни* обнажили, и одев порты, бросили в кинегий на растерзание зверям. Сначала выпустили на него медведя, и когда медведь устремился на него, он громко воскликнул, пошел на медведя, и так сильно ударил кулаком своим по лбу его, что тот издох на месте. Во второй раз выпустили на него быка; но он схватил его за рога, и крикнул сильно. Устал бык в бою, стянул шею; а тот сломал ему на голове оба рога. Ослаб бык, и отступая понемногу, обратился в бегство. Но Смбат бросился за ним, схватил его за хвост и за копыто на ноге его; он потянул к себе и копыто осталось в руках его. Бык бросился бежать от него с одной босой ногой. В третий раз пустили на него льва. Когда лев напал на него, то он, как бы благоприятствуемый Господом, поймал льва за ухо и сел на него. После того, схватив его за горло, он задушил и убил его. Тогда восклицания толпы наполнили землю, и все просили царя помиловать его. Но Смбат, устав в бою, сидел на мертвом льве, чтоб несколько отдохнуть. Тогда и супруга императора бросилась к ногам его, и просила милости для него; ибо тот муж был прежде любимцем царя и супруги его, и был усыновлен ими. Царь, удивляясь силе и крепости его, снисходя к мольбам супруги своей и всего двора, приказал оказать ему милость» (Епископ Себеос. История императора Иракла. 3,10)[10].

О том же Симбатии (Συμβάτιος, Smbat Bagratuni, Smbat Bagratid)[11] византийский хронист пишет так: «судьи вынесли свое

---

[10] http://www.vehi.net/istoriya/armenia/sebeos/0310.html

[11] Не путать с армянским князем и византийским патрикием и куропалатом Смбатом Багратуни, отлученным от церкви в 711 году св. патриархом Константинопольским Киром за то, что Смбат из-за ссоры с имп. Юстинианом II разграбил г. Фасис (ныне Поти), похитив в т. ч. и церковную утварь. О нем: История халифов вардапета Гевонда, писателя VIII в. — СПб., 1862. С. 21–24.

решение и заявили, что совершивших подобное деяние должно наказать и устранить из жизни, бросив на съедение диким зверям. Когда театр был уже полон и совершившие такое преступление готовы были стать добычей диких зверей, милосердие императора предупредило моление собравшихся демов» (Феофилакт Симокатта. История. 3, 7, 8). Другой «варвар понес кару за свою кровожадность и по решению судей был отдан на растерзание диким зверям» (6, 10, 18).

На многие века публичные пытки и публичные казни («градские казни») остались средством воспитания и развлечения благочестивых прихожан:

«Площадь, на которой долженствовала производиться казнь, нетрудно было отыскать: народ валил туда со всех сторон.

В тогдашний грубый век это составляло одно из занимательнейших зрелищ не только для черни, но и для высших классов. Множество старух, самых набожных, множество молодых девушек и женщин, самых трусливых, которым после всю ночь грезились окровавленные трупы, которые кричали спросонья так громко, как только может крикнуть пьяный гусар, не пропускали, однако же, случая полюбопытствовать. „Ах, какое мученье!" — *кричали из них многие с истерическою лихорадкою, закрывая глаза и отворачиваясь; однако же простаивали иногда довольное время.*

Иной, и рот разинув, и руки вытянув вперед, желал бы вскочить всем на головы, чтобы оттуда посмотреть повиднее.

Из толпы узких, небольших и обыкновенных голов высовывал свое толстое лицо мясник, наблюдал весь процесс с видом знатока и разговаривал односложными словами с оружейным мастером, которого называл кумом, потому что в праздничный день напивался с ним в одном шинке.

Иные рассуждали с жаром, другие даже держали пари; но бо́льшая часть была таких, которые на весь мир и на все, что ни случается в свете, смотрят, ковыряя пальцем в своем носу. На переднем плане, возле самых усачей, составлявших городовую гвардию, стоял молодой шляхтич или казавшийся шляхтичем, в военном костюме, который надел на себя решительно всё, что у него ни было, так что на его квартире оставалась только изодранная рубашка да старые сапоги. Две цепочки, одна сверх другой, висели у него на шее с каким-то дукатом. Он стоял с коханкою своею, Юзысею, и беспрестанно оглядывался, чтобы кто-нибудь не замарал ее шелкового платья. Он ей растолковал совершенно всё, так что уже решительно не можно было ничего прибавить. „Вот это, душечка Юзыся, — говорил он, — весь народ, что вы видите, пришел затем, чтобы посмотреть, как будут казнить преступников. А вот тот, душечка, что, вы видите, держит в руках секиру и другие инструменты, — то палач, и он будет казнить. И как начнет колесовать и другие делать муки, то преступник еще будет жив; а как отрубят голову, то он, душечка, тотчас и умрет. Прежде будет кричать и двигаться, но как только отрубят голову, тогда ему не можно будет ни кричать, ни есть, ни пить, оттого что у него, душечка, уже больше не будет головы". И Юзыся всё это слушала со страхом и любопытством.

Крыши домов были усеяны народом. Из слуховых окон выглядывали престранные рожи в усах и в чем-то похожем на чепчики. На балконах, под балдахинами, сидело аристократство. Хорошенькая ручка смеющейся, блистающей, как белый сахар, панны держалась за перила. Ясновельможные паны, довольно плотные, глядели с важным видом. Холоп, в блестящем убранстве, с откидными назад рукавами, разносил тут же разные напитки и съестное. Часто шалунья с черными глазами, схвативши светлою ручкою своею пирожное и плоды, кидала в народ. Толпа голодных рыцарей подставляла наподхват свои шапки, и какой-нибудь высокий шляхтич, высунувшийся из толпы своею головою, в полинялом красном кунтуше с почерневшими золотыми шнурками, хватал первый с помощию длинных рук, целовал полученную добычу, прижимал ее к сердцу и потом клал в рот. Сокол, висевший в золотой клетке под балконом, был также зрителем: перегнувши набок нос и поднявши лапу, он с своей стороны рассматривал также внимательно народ. Но толпа вдруг зашумела, и со всех сторон раздались голоса: «Ведут… ведут!.. козаки!» (Гоголь Н. В. Тарас Бульба. Глава 11)[12].

Закон имп. Феодосия Великого запрещал пытки только применительно к православным епископам и священникам. Мирян и низших церковников пытать разрешалось (Кодекс Феодосия. XI. 39, 10).

Но «церковное учительство» этого не замечало и не опротестовывало.

А уже в XX веке симпатизирующие Византии историки вынуждены были являть чудеса диалектики:

Об изданной в 741 году императором «Эклоге законов» Г. А. Острогорский в «Истории византийского государства» писал: «В особенности заслуживают внимания те изменения, которые обнаруживаются в уголовном праве. Они с очевидностью вряд ли были продиктованы духом христианского человеколюбия. Эклога предлагает целую систему телесных наказаний, которые Юстинианово право не знало: отрезание носа[13] и вырывание языка, отсечение руки, ослепление, отрезание и выжигание волос и т. п. Эти

---

[12] Гоголь отказался описывать сам ход истязания казаков («не будем смущать читателей картиною адских мук, от которых дыбом поднялись бы их волосы»), но в экранизации 2009 года она реконструирована довольно подробно.

[13] Отрезание носа, в частности, предписывалось обоим участникам прелюбодеяния (супружеской измены) — Эклога XVII. 27. Плюс последующий

ужасные меры членовредительства вводятся, правда, в некоторых случаях взамен смертной казни, но в других также и вместо денежных штрафов в Юстиниановом праве[14]. Восточная в своем генезисе страсть к нанесению увечий и к жестоким телесным наказаниям была чужда римскому праву, но она обнаруживается в Эклоге. «В той степени, в какой Эклога отходит от Юстиниановых норм, она предоставляет абрис того обычного права, которое сложилось в Византии на протяжении VII в. Она демонстрирует ту трансформацию, которую византийская правовая действительность и правовое сознание претерпело со времени Юстиниана, трансформацию, которую следует приписать отчасти углублению проникновения христианского мировосприятия, отчасти же — огрублению нравов под восточным влиянием»[15].

Так в какую сторону шло развитие нравов у благочестивых византийских юристов и законодателей — огрубления или христианизации?

Отрезание языка, клеймение, отсечение руки и другие меры членовредительства, как и ослепление, были и ранее знакомы римско-византийскому праву. Однако там эти меры применялись лишь в отношении рабов и других низших категорий общества (humiliores: ср. Новеллы Юстиниана. 17. 8)). Таким образом, «Эклога всего лишь охватывает этой системой пенальных санкций

15-летний пост. Отсечение носа положено и крестному отцу, вступившего в брак или в физическую связь с крестницей (25). Запоминаем красивое слово: «ринэктомия». Император Константин IV в конце 681 г. приказал отрезать носы двум своим младшим братьям. Два раза царствовал император Юстиниан Второй. Но вторую часть своего правления (705–711) он провел с отрезанным носом и с прозвищем «Ринотмит» (Ῥινότμητος).

[14] «Замена денежных штрафов другими видами пени, — реакция на общую пауперизацию населения в период иконоборчества» (Бибиков М. В. Система наказаний в Византии и в славянских заимствованиях // Ius antiqvum. Древнее право. 2006. № 18. С. 122).

[15] Ostrogorsky G. Geschichte des byzantinischen Staates. München, 1975. S. 122–123. Острогорский Г. История Византийского государства. — М., 2011. Гл. «Иконоборчество и войны с арабами: Лев III».

новые слои правонарушителей»[16]. Поскольку клятвы стали приноситься на Кресте, то и клятвопреступление теперь стало считаться святотатством, и наказание, соответственно, ужесточилось: ст. 2-я Эклоги наказанием за клятвопреступление установило вырывание языка. Статья 15 за кражу из алтаря храма карала ослеплением (что было несопоставимо с наказанием за обычное воровство — поркой). Древнерусский «Закон Судный людем» (ст. 30), в основном следующий Эклоге, за алтарную кражу требовал продать преступника в пожизненное рабство[17].

Появились и новые способы увечья. Византиец Георгий Пахимер описывает следующую экзекуцию: обвиняемому остригли на голове волосы, но не под корень. Потом голову обложили просмоленным материалом и подожгли, чтобы она обгорела. Наконец, виновному отрезали ножом нос и полуживого отпустили на свободу (Пахим. 6,24-1,4951; 17-493,2)[18].

(Стоит заметить, что и на Руси ни право, ни культура в целом не знали членовредительства. Но греческие епископы привнесли свои порядки в наши края. Еще Нестор-летописец описывал реакцию князя Владимира Всеволодовича Мономаха на ослепление Василька Теребовльского: «Владимир же, услышав, что схвачен был Василько и ослеплен, ужаснулся, заплакал и сказал: „Не бывало еще в Русской земле ни при дедах наших, ни при отцах наших такого зла" («Володимеръ же слышавъ æко æтъ бы͡с Василко и слѣпленъ оужасесѧ. и всплакавъ и реч͡ сего не бывало є с͡ в Русь-скѣи земьли. ни при дѣдѣ х͡ наши х͡. ни при ѡц͡ихъ наши х͡ сѧкого зла»)[19].

В 1436 году московский князь Василий ослепил князя Василия Косого, старшего брата Дмитрия Шемяки. Через десять лет сам

---

[16] Бибиков М. В. Система наказаний в Византии и в славянских заимствованиях // Ius antiqvum. Древнее право. 2006. No 18. С. 112.

[17] Закон Судный людем краткой редакции. — М., 1961. С. 39.

[18] Цит. по: Поляковская М. А. Чекалова А. А. Византия: быт и нравы. — Свердловск, 1989. С. 246.

[19] ПСРЛ. Т. 1. Стб. 262.

Шемяка становится великим князем, а Василий — «Темным» (его арестовывают прямо в Троицком храме Сергиевого монастыря, где он прятался, и через три дня выкалывают глаза в Москве. В Византии это считалось формой политической кастрации конкурента. В межкняжеских усобицах XIV века такой казни не было. Значит, в XV веке происходит очередной импорт политтехнологий из православной Византии[20]. Остается удивляться, почему у нас не прижились византийские евнухи и практика опять же политической кастрации ненужных принцев…)

А на практике даже распятия не были отменены.

И хотя «Константин был так благочестив, что первый отменил старинный род казни через распятие и перебивание голеней» (Аврелий Виктор. О цезарях. 41, 4), в реалии казнь распятием еще долго не оскорбляла религиозных чувств почитателей Распятого. Закон Константина 314 г. предписывал казнь распятием (patibulum — Кодекс Феодосия. IX. 5. 1).

В 389 году в панегирике императору Феодосию Латин Пакат Дрепаний возмущается бунтовщиком Максимом: «Неужели он не боялся огня, раскаленных пластинок, креста, кожаного мешка и всего, чего заслужил… И после этих слов ты не приказал распять его на кресте, зашить в мешок, разорвать на части?» (Pan. Lat. XII, 42,1 и 44, 1)[21].

---

[20] Таково суждение А. Г. Кузьмина (История России с древнейших времен до 1618 г. Учебник для вузов. В двух книгах. Книга вторая. 13, 2): «Василий Васильевич продолжает счет жестоким казням, занесенным в свое время из Византии, но не применявшимся в княжеских усобицах с XIV в. — Василия Косого ослепили». Также: «в то время, когда в княжеском окружении её применение, отмеченное в отношении представителей знати и дружины, воспринималась как нечто недопустимое и противное христианским ценностям, в церковной среде отношение к подобным жестоким расправам оказалось более одобрительным. Такое поощрение жестокости вполне соотносилось с тем, как относились к нанесению увечий в Византии» (Гайденко П. И. «Не до смерти убивать»: о телесных наказаниях в церкви (опыт комментария 7 рекомендации Канонических ответов митрополита Иоанна II) // Праксис. 2023. № 4 (13). С. 70.

[21] Публикация в: Шабага И. Ю. Славься, император! Латинские панегирики от Диоклетиана до Феодосия. — М., 1997. С. 134.

В 521 году взбунтовались монахи-монофизиты в области Амда. Готский отряд из императорской стражи был направлен для их усмирения. 50 человек «подверглись тяжелым истязаниям», а четверо — распяты (Михаил Сириец. Хроника 9, 26)[22].

579 год. Город Баальбек (Гелиополис, Ливан). «Тиберий поручил это дело офицеру, который незадолго до этого был отправлен на Восток Юстином по случаю восстания и беспорядков, созданных евреями и самаритянами в Палестине. Истребив одних и **распяв** других, уничтожив их собственность и заставив их строгостью своих мер подчиниться…» (Иоанн Эфесский. Церковная История. III, 3, 27).

В конце VI века был распят тайный язычник Акиндин, правитель города Харрана[23].

Продолжатель Феофана пишет о распятии павликиан в IX веке: святая царица «Феодора послала военачальников, которые павликиан распяли на кресте» (4,16).

Эклога VIII века за преднамеренное убийство предлагает сожжение на костре или казнь на фурке — распятие на вилах (ст. 50)[24].

В 913 году мятежника «Эгида и многих его людей, храбрецов, распяли на крестах, установленных от Дамалиды в Хрисополе до Левката» (Продолжатель Феофана. 6,4).

---

[22] Дьяконов А. П. Иоанн Ефесский и его церковно-исторические труды. — СПб., 1908. С. 26.

[23] «В это время приказал (император) Маврикий Стефану, епископу Харрана, поднять гонение на тамошних язычников… Правителем Харрана в то время был муж по имени Акиндин, он был христианином по имени, а тайно был язычником. И донес на него епископу его писец, человек молодой по имени Гонорий. Его распяли на холме, который есть в Харране» (Из анонимной сирийской хроники 1234 г. Публ. в: Пигулевская Н. В. Византия и Иран на рубеже 6 и 7 вв. — М., Л, 1946, С. 254. Также: Пигулевская Н. В. Сирийская средневековая историография. — СПб., 2011.

[24] Фурка (furcă) — орудие пытки и казни, применявшееся для бичевания, распятия и повешения осужденных. Представляло собой такое устройство в виде вертикально поставленной вилки, к которой пригвождался осужденный.

В конце того же X века, когда киевский святой князь Владимир прислал свою дружину на помощь своему свояку императору Василию, тот «легко одолел противников и самого Дельфина, схватив, распял» (Иоанн Зонара)[25].

Распятие — это по определению максимально публичная казнь. Жертву возвышают надо всеми — на кресте, на «Лысой горе». Ее хорошо видно отовсюду. Она мучается часами. Так что можно прийти с «попкорном» как на двухсерийный сеанс.

Протестов из патриархии не было. Церковь считала и эту публичную муку допустимой и назидательной.

---

[25] Бибиков М. В. Byzantinorossica. Свод византийских свидетельств о Руси. Ч. 4. — М., 2021. С. 173.

Глава 2

КУЛЬТ ИМПЕРАТОРА

При переходе Империи в христианский период своей истории культ императора отнюдь не потерялся.

Слова Тертуллиана про том, что «Одна душа не может служить двоим — Богу и Цезарю» (Об идолопоклонстве. 19) были тщательно забыты.

Уже Аврелий Виктор говорит о Константине, что ему было недалеко до Бога (haud multum abesset deo — О Цезарях. 40,15). Евтропий говорит, что Константин «Был причислен к Богам» (inter divos meruit referri — Бревиарий от основания Города. 1, 8, 10). Позже и об императоре Иовиане он говорит, что «по благоволению императоров, которые ему наследовали, был причислен к Богам» (2, 10,18). В надписи на воротах египетского города Атриба, датируемой 374 годом, наряду со славословиями в адрес Христа император Валент назван Божественным[26].

Божественность императоров-христиан констатируется даже в законодательстве. Так, в законе 341 года о запрещении языческих жертвоприношений император Констанций ссылается на изданный по тому же поводу закон его божественного отца, то есть Константина (Кодекс Феодосия. XVI, 10, 2). О своем божественном отце

---

[26] Ранович А. Б. Первоисточники по истории раннего христианства. Античные критики христианства. — М., 1990. С. 145.

Констанций упоминает и в распоряжении относительно привилегий клира, обращенном к епископу Феликсу (Кодекс Юстиниана I. 2, 3).

После победы над Максенцием Константин дал разрешение на учреждение культа рода Флавиев (то есть своего рода) в Африке (Аврелий Виктор. О Цезарях. 11, 28), а позднее дал свое согласие на сооружение храма своему божеству — numini nostro — в городе Гиспеллуме в Средней Италии[27]. Филосторгий сообщает, что христиане в Константинополе воздавали божественные почести статуе Константина (Церковная история. 2, 47). Один из епископов, приглашенных ко двору Константина, дошел до провозглашения императора заранее святым, и объявил, что он будет царствовать на небесах с Сыном Божьим (Евсевий. Жизнь Константина. 4, 48)[28].

Понятно, что и византийские православные императоры спокойно именовали себя «божественными».

Авзоний в «Посвящении императору Феодосию Великому», созданном около 390 года, прямо называет последнего богом, говоря, что раз тот велел ему писать, значит, он это исполнит, поскольку, мол, богу перечить опасно[29].

В «Пасхальных стихах во имя императора» Авзоний смело уподобляет единство власти императора Валентиниана и его соправителей — брата Валента и сына Грациана — единству христианского

---

[27] Corpus Inscriptionum Latinarum; Свод латинских надписей. II, 5265.

[28] «В то время, как всеми устами прославлялась добродетель василевса в отношении к Богу, один из служителей Божьих осмелился лично назвать его блаженным и говорил, что он и в настоящей жизни удостоился автократического над всеми владычества, и в будущей станет царствовать вместе с Сыном Божьим. Выслушав это с неудовольствием, Константин просил впредь не произносить подобных похвал».

[29] *Если Церера златая вменила посев земледельцу,*

Если оружие взять Марс полководцу велит

<...> так внемли бога велениям ты.

Август велит мне писать; моих он требует песен

Пусть дарованьем я слаб — но Цезарь велел — значит, буду.

Богу перечить опасно.

Децим Магн Авсоний. Стихотворения. — М., 1993. С. 5.

Бога в Троице[30]. В «Благодарственной речи к императору Грациану» Авзоний заявляет императору: «Воистину ты повсюду: так что нам неудивительна вольность поэтов, заявляющих, что всё преисполнено Бога» (1,5).

Св. Григорий Богослов в Словах против Юлиана (Первое слово, 34) называл императора Констанция божественнейшим, хотя тот и был еретиком и утеснял православных. Похвалы, которые расточал ему св. Григорий, даже вызвали смущение русского переводчика XIX в., который счел своим долгом смягчить их: так, в месте, где св. Григорий называет Констанция «божественнейшим» θειότατε βασιλέων, в русском переводе стоит «боголюбезнейший». Этим суперлативом θειότατος потом обращались к Константинопольским и трем другим восточным патриархам.

Св. Марк Эфесский именовал императора Иоанна Палеолога (будущего автора Флорентийской унии и владельца уже крохотного участка земли) «твоя божественность» (ση φειοτητι)[31].

Военный теоретик Вегеций пояснял смысл присяги: «Они клянутся именем бога, Христа и св. Духа, величеством императора, которое человеческий род после бога должен особенно почитать и уважать. Как только император принял имя Августа, ему, как истинному и воплощенному богу, должно оказывать верность

---

[30] «Август-отец, двух августов он единый источник, Божеской силой своей объял он и брата и сына, царскую власть разделив, но царство оставив единым, все держа один и все прещедро раздавши. Их, пред которыми мы склонены в тройном благочестьи» (25–29).

[31] St. Marcu evghenicul. Opere. Vol 1. Bucuresti, 2009, p. 332. Но пройдет совсем немного лет, — и в последней речи последнего византийского императора прозвучит почти пионерское: «Товарищи, ради милосердия Божия будьте готовы, крепки и мужественны» (Византийские историки Лука и Франдзи о падении константинополя // Византийский временник. Т. 7. — М., 1953. С. 424). Https://cloud.mail.ru/public/md3z/s4ewvhfaa аналогично обратился царь Петр к солдатам накануне полтавской баталии: «товарищи! Вера, церковь и отечество сего от вас требует!» (Голиков И. И. Дополнение к деяниям Петра Великого, мудрого преобразителя России. Том 15. — М., 1795. С. 337.
Вот так в минуту опасности недавние боги становятся товарищами. А в 1941-м недавние «товарищи» даже стали «братьями и сестрами».

и поклонение, ему должно воздавать самое внимательное служение. И частный человек и воин служит богу, когда он верно чтит того, кто правит с божьего соизволения. Так вот воины клянутся, что они будут делать старательно все, что прикажет император, никогда не покинут военной службы, не откажутся от смерти во имя римского государства» (Краткое изложение военного дела. 2, 5).

Как видим, Вегеций считал возможным перечислять Бога, Христа и Святого Духа, как будто перечислял отдельных олимпийских богов, очевидно, совершенно не понимая концепцию их единства в Троице[32]. Но в политическом богословии он оказался отличником.

Что удивительно, так это сочетание этой официальной веры в божественность царей с реальным отношением к ним.

Оно видно в том, что про них говорили за их спиной, и в том, как при случае поступали с ними.

Например, по столице империи бродил такой рассказ из «Патрий Константинополя» (написаны около 995 года в правление Василия II Болгаробойцы, а после этого доработаны при Алексее I Комнине).

Речь в данном эпизоде идет о колонне, воздвигнутой святым Юстинианом.

«Названный мастер Великой Церкви, Игнатий был очень любим всеми за те чудесные деяния, которые он свершил; поэтому василевс испугался, как бы не распространилась о нем молва и как бы две народные партии не провозгласили его императором, однако не желал казнить его, как многие советовали ему, но потом нехотя обещали ему, что, убрав леса,

---

³² Впрочем, в IV веке и среди богословов и епископов еще нет ясности ни в терминах, ни в их понимании. Блаж. Феодорит Кирский приводит письмо Ария, в котором, доказывая право на существование своей точки зрения, Арий указывает, что его критики, епископы Филогоний, Гелланик и Макарий «производят Сына от Отца один через изрыгание, другой — через выбрасывание, третий называет его сонерожденным» (Феодорит Кирский. Церковная история. 1, 5).

оставят <Игнатия> на построенной им колонне Августеона умирать от голода. Что и было сделано.

Установив и закончив колонну с конной статуей императора, Игнатий понял, что его оставили там и опечалился; но, когда настал вечер, он нашел отличный выход из положения. Походив вокруг, он нашел на скипетре <статуи> тонкую веревочку в пять локтей длиной. И достав нож, разрезал на мелкие кусочки свой гиматий и нижнюю рубашку, и пояс, и платок, связал и спрял их, и попробовал, достает ли веревка донизу.

Увидев, что и жена его пришла с плачем и сетованиями, когда весь город спал, ибо была глубокая ночь, он крикнул ей: „Меня оставили здесь умирать. Но ты пойди и потихоньку купи толстую веревку по длине колонны и намажь ее смолой, и снова приходи посреди ночи".

Она поняла, и на следующую ночь он спустил то, что у него было, жена привязала веревку, и он втащил ее (веревку) наверх, привязал к ноге коня, и держась за нее, спустился невредимым. Он сделал так, чтобы веревка из-за смолы прилипала к рукам, дабы не разбиться, соскользнув сразу, и дабы после спуска сжечь веревку» (Патрии Константинополя. IV, 31)[33].

Это городские легенды, а не репортаж с места событий. Но всё же важно, что такие байки жители Константинополя считали вполне совместимыми с именем святого (!) императора Юстиниана.

Вообще византийцы охотно верили самым злым слухам про своих благочестивых царей.

Сначала — ниточка фактов: Император Лев I Макелла в ноябре 473 года объявил внука своим соправителем. Это был шестилетний Лев II, сын Ариадны (дочери императора) и Зинона (его

---

[33] https://ampelios.livejournal.com/203159.html

родное имя Трасикодисс, и он был вождем горного племени исавров).

Вскоре после кончины Льва Макеллы 9 февраля 474 года, во время торжеств на ипподроме семилетний император «передал» венец своему отцу (Зинону), а спустя еще девять месяцев заболел и умер.

Теперь — слухи: людская молва упорно называла Зинона отравителем сына. В хронику африканца Виктора Тонненского (Туннунского), составленную во второй половине VI века, под 475 годом занесено известие, будто Зенон хотел убить сына, чтобы достигнуть верховной власти. Но Ариадна, узнав, что Зинон задумал погубить своего шестилетнего сына, подменила Льва чужим мальчиком, а Льва отправила в один из константинопольских монастырей. Лев вырос, стал клириком и жил до времени Юстиниана I (527–565). (Chron. min. II, 188).

Как бы они было, смерть маленького Льва стала одной из причин гражданской войны, охватившей империю в январе 475 — августе 476 г.

А что тогдашний патриарх Акакий? Когда Зенон вернулся в Константинополь, его противник император Василиск (Basiliscus Flavius; брат жены Льва I) искал спасения в храме, но Акакий выдал его вернувшемуся к власти имп. Зенону. Василиск и его семья были сосланы и уморены голодом…

Также напомню, что в истории Византии с 395 по 1453 годы было 107 императоров. Из них умерли своей смертью — 34. Пали на войне или стали жертвами случая 8. Еще 66 — отреклись, добровольно или уступая насилию, или же умерли насильственной смертью, будучи отравлены, заколоты кинжалом, удавлены, искалечены. За 1058 лет насчитывается в общей сложности 65 дворцовых переворотов, совершенных улицей или казармой[34]. Моммзен

---

[34] Диль Ш. Основные проблемы византийской истории. — М., 1947. С. 61–62.

имел право сказать, что Византийская империя — это «абсолютизм, умеряемый переворотом или убийством»[35].

(Продолжение темы — в конце второго тома этой книги в главе «Монархия навсегда?»).

«Из 107 василевсов, правивших между 395 и 1453 г., только 34 умерли естественной смертью, либо пали жертвой несчастного случая. Остальные были смещены, ослеплены, убиты, сосланы, словом, погибали насильственно. Это, кажется, вдвое больше, чем за тот же срок в Германии. Византия пережила 65 крупных дворцовых переворотов, не считая мелких мятежей и придворных интриг. Дело в том, что византийская верховная власть не была обеспечена юридически: не было ни закона о престолонаследии, ни единого принципа передачи власти. Царствующий монарх обычно при жизни объявлял наследника (наследников), делая его (их) соправителями. Старший (не всегда) или наиболее желанный становился затем, — если, конечно, умудрялся выжить, будучи еще наследником, — царем. Но им мог быть совсем не обязательно старший сын или брат покойного императора. Часто им становился зять, племянник, другой родственник, а то и просто „усыновленный" фаворит, не имеющий кровного родства. Узурпация власти, хоть в принципе и осуждалась, была в порядке вещей в течение всех периодов византийской истории. И византийские правители сами осознавали бренность своей власти, что не было просто клише из арсенала топики христианского смирения. Царский церемониал предусматривал и данный аспект императорской идеи» (Бибиков М. В. «Блеск и нищета» василевсов: структура и семиотика власти в Византии // Бибиков М. В. Образы власти на Западе, в Византии и на Руси: Средние века. Новое время. — М., 2008).

[35] В 1822 эту фразу Пушкин примерял к России: «Самодержавие, ограниченное удавкой» («Заметки по русской истории»). Ю. М. Лотман в качестве литературного источника этой «словца» указал афоризм Николя Шамфора: «Le gouvernement de France était une monarchie absolue, tempéré par des chansons» («Правление во Франции было абсолютной монархией, ограниченной сатирическими песнями» (*Лотман Ю. М.* Об источнике «славной шутки» // Временник Пушкинской комиссии. 1974. С. 91. См. также https://cyberleninka.ru/article/v/samovlastie-ogranichennoe-udavkoy-k-istorii-pushkinskogo-aforizma). Словечко tempéré тут прекрасно сочетается именно с песней, с музыкой (ср. «хорошо темперированный клавир»). Сатирические песни, свергающие диктатора… Человечество, смеясь, расстается со своим прошлым… В реальности это, наверно, было только в Скандинавии и Исландии: если скальд (местный бард) высмеивал короля-конунга, тому оставалось лишь уйти.

Глава 3

НЕОТМЕНЕННОЕ РАБСТВО

Рабство также не исчезло при благочестивейших василевсах.

Говорят, что влияние Церкви смягчило античное рабство и в конце концов привело к его исчезновению. Может быть…

Но без всякого влияния христианства римский юрист Ульпиан Домиций (Ulpianus Domitius) (170—228 гг.), реально управлявший империей при малолетнем императоре Александре Севере, сказал — «Рабство против природы вещей; contra naturam rerum».

В эпоху Поздней Римской империи и при Юстиниане авторитет Ульпиана был чрезвычайно высок: его именуют «вождем юристов» и «мудрейшим из юристов», его сочинения изучают в юридических школах, он входит в число пяти виднейших юристов, мнениями которых предписано руководствоваться судьям. В Дигестах Юстиниана, включающих отрывки из сочинений примерно 40 крупнейших римских правоведов, фрагменты из трактатов Ульпиана занимают около 40 % всего объема. Законом 426 г. он был включен в число тех пяти юристов, responsa которых были обязательны для судей.

Но христианские почитатели Ульпиана рабство не отменили…

Более того — само имя Ульпиана было опозорено церковными риторами. Несмотря на то, что именно он был автором афоризма ogitationis poenam nemo patitur («Образ мыслей ненаказуем»; в иной формулировке — «Никто не должен терпеть наказание за мысли»), его сделали инициатором гонений: «Император Александр не преследовал христиан, но наместники его, правители областей и консулы, сильно притесняли христиан. Так как сам Александр был слишком молод, то управление государством было поручено некоторым из членов совета; главных среди них был городской епарх Улепиан, жесткий нравом и великий враг христиан. Эти советники от имени царя управляли всем. Они-то и разослали повсюду повеление, чтобы галилеян (так они называли христиан) всюду принуждать покланяться римским богам, угрожая им, в случае неповиновения, лютыми мучениям и даже смертью. Наблюдать же за тем, исполняется ли христианами это повеление, были избраны следующие лютейшие враги христиан и верные слуги дьявола. Тогда и в Риме, и во всех областях римского государства полилась кровь христиан, подобно воде. Их не щадили, но подвергали мучениям и предавали смерти» (Житие Татианы).

На самом деле вся династия Северов была веротерпима, а имп. Александр благоговейно относился к имени Христа: «Если была возможность, то есть если он не спал с женой, он совершал утром священнодействие в своем помещении для ларов, где у него стояли изображения и обожествленных государей, только самых лучших, избранных, и некоторых особенно праведных людей, среди которых был и Аполлоний, а также, как рассказывает историк его времени, — Христос, Авраам, Орфей и другие подобные им, а равно и изображения предков. Он хотел построить храм Христу и принять его в число богов. Об этом, говорят, думал и Адриан, который приказал построить во всех городах храмы без изображений богов; они и поныне называются храмами Адриана, так как не имеют божества; он, говорят, с этой целью и построил храмы. Но этому воспротивились те, которые, справившись в священных изречениях, нашли, что, если он это сделает, все станут христианами и прочие храмы будут заброшены. Когда христиане заняли какое-то место, раньше бывшее общественным, а трактирщики возражали против этого, выставляя свои притязания, Александр в своем рескрипте написал: „Лучше пусть так или иначе совершается поклонение богу, чем отдавать это место трактирщикам“. Если [во время похода кто-то из солдат] сворачивал с дороги в чье-нибудь владение, Александр обращался к нему с самыми тяжкими упреками. Он говорил: „А ты хочешь, чтобы на твоей земле было сделано то, что ты делаешь у другого?“ Он часто повторял слова, которые он запомнил, услыхав их от каких-то иудеев или христиан, и, наказывая кого-либо, приказывал глашатаю говорить: „Не делай другому того, чего не хочешь самому себе“. Он так любил это изречение, что приказал написать его в Палатинском дворце и в общественных сооружениях» (Элий Лампридий. Александр Север).

Гонений на Христа имп. Александр Север не объявлял. Со времен Септимия Севера (с 202 года) христианство было разрешенной религией. В это время стали строиться первые христианские храмы. Ориген спокойно и публично преподавал.

Собственно, благодаря Ульпиану христиане Рима и других городов могли спокойно собираться в катакомбах и на кладбищах несмотря на то, что эти их собрания не были тайной для полиции и городских властей.

Ульпиан возобновил декрет Марка Аврелия («философа на троне»): «Тела, получившие правильное погребение, т. е. зарытые в землю, воспрещается тревожить в местах их упокоения» (Дигесты 3, 4, 12, 47). Поскольку при этом не было сделано никаких вероисповедных ограничений, места захоронений христиан оказывались под защитой закона.

«Вплоть до Декия (середина III века) преследований в строгом смысле со стороны государства не было. Римский юрист Ульпиан, во времена Каракаллы, собрал все рескрипты и эдикты римских императоров по делам христиан; но он их поместил не в уголовное право, а в „De officio proconsulis“, которое имело в виду чрезвычайные случаи и полицейское право. Уже отсюда видно, что христианство не подлежало обычному криминальному процессу, а полицейской коерции. В силу

особых полномочий полицейское coercitio, невзирая на Траяново положение о христианах conquirendi non sunt („не разыскивать!") — да едва ли это и относилось к coercitio, — имело право само возбуждать процессы о христианах без всяких accusator'ов. Вот почему гонение на христиан было непрекращающимся фактом и до Декия; мученики были всегда и везде, и при императорах, расположенных к христианству. Однако, римские проконсулы, магистраты, убедившись в фактической безвредности христиан, оставляли их в покое»[36].

Увы, та часть книги Ульпиана Домиция, где говорилось о правовой базе гонений на христиан, не сохранилась. Есть только упоминание о ней у Лактанция: «Домиций в VII книге [трактата] „Об обязанностях проконсула" собрал нечестивые рескрипты принцепсов, чтобы научить тому, какие наказания следует претерпеть признающим себя почитателем Бога» (Божественные установления. 5, 11). Но есть схожие параграфы из книги Ульпиция «Об обязанностях проконсула». К христианам применялся параграф 177 (47. 22. 2): «Каждый, кто организует недозволенную коллегию, подвергается тому же наказанию, которое применяется в отношении людей, захватывающих вооруженной силой общественные места или храмы».

И всё же это не указ императора, обязывающий все инстанции начать казни христиан, а лишь указание на правовые основания для желающих это делать. Поэтому в книге А. Лебедева «Эпоха гонений на христиан» нет ни слова ни о Северах, ни об Ульпиане[37].

Итак, язычник Ульпиан был против рабства, а у христианских правителей Римской империи отношение к рабству было таким:

По закону 326 г. свободная женщина, вступившая в связь с рабом, карается смертью (sententia capitali), а ее любовник сжигается

---

[36] Поснов М. Э. История христианской церкви. — Брюссель, 1964. С. 93.

[37] Есть, однако, неопубликованная рукопись: Бенешевич В. Н. Ульпиан и гонения на христиан при Александре Севере // — СПб.: ФРАН. Ф. 192. Оп. 1. Д. 61. — Л. 347–848.

на костре (tradendo ignibus verberone). Дети обращаются в рабство. Константин разрешает хозяевам использовать телесные наказания по отношению к рабам, освобождая их от ответственности за гибель последних, кроме случаев их умышленного убийства (319 г. — Кодекс Феодосия. IX. 12. 1; Кодекс Юстиниана IX. 14. 1; и в 326 г. — Кодекс Феодосия IX. 12. 2–3).

«Дигесты» святого императора Юстиниана (ч. XLVII) включают в себя древний закон Солона: «Если дем, или член фратрии, или совместно совершающие священные обряды, **или моряки**, или члены сисситии, или совместно хоронящие (в складчину), или совместно исполняющие культ, **или отправляющиеся за добычей или ради торговли** заключат между собой о чем-то соглашение, то быть посему, если законы общественные сего не запрещают».

Формула «Моряки, или отправляющиеся за добычей или ради торговли» означает, что законодатель не разделяет моряков, пиратов и торговцев. Вероятно потому, что все три ремесла были очень близки, а один и тот же человек при случае мог выступать в любой из трех ролей. Больше того, «отправляющиеся за добычей», то есть пираты упоминаются в законе без осуждения и вовсе не для того, чтобы определить им наказание. Просто ремесло у них такое.

332-й год. Указ императора Константина провинциалам (по кодексу Феодосия): «Тот, у кого будет найден чужой колон, должен не только вернуть его к месту его происхождения, но и заплатить за него подушную подать за то время, которое колон у него находился. А самих колонов, которые вздумают бежать, надлежит заковать в кандалы как находящихся в рабском положении, чтобы они были принуждены в наказание исполнять рабским способом обязанности, приличествующие свободным. Interpretatio: Если кто-либо сознательно удержит в своем доме чужого колона, прежде всего должен вернуть его господину и заплатить за него подати за тот срок, что колон у него был. Сам же колон, который не захотел быть там, где он родился, должен быть отдан в рабство».

Это самый древний из законов, прикреплявших колонов к земле; первый шаг к крепостному праву. Колон нигде в праве не смешивается с рабом. Но на практике первый во многих точках соприкасается со вторым. Если раб не мог покинуть господина, колон не мог покинуть земли, «для которой родился». Он являлся человеческой личностью, «обязанной и подчиненной земле»… Скоро мы видим даже, что термин «раб» начинает прилагаться к колону хотя бы метафорически. «Рассматривайте его, — говорит законодатель, — как раба земли». «Он отдан земле в некоторый вид рабства», — повторяет он еще раз. Так в языке и понятиях людей известный признак рабского состояния мало-помалу связался с образом колона»[38].

То есть круг рабов скорее даже расширяется в христианскую эпоху (но это потребности экстенсивной экономики, а не религиозной веры).

Рабовладельцами были даже святые. «Намерен же я довести до сведения твоего благонравия, что большую часть рабов имеет пресвитер сей от меня, и они даны ему моими родителями в награду за мое воспитание» (Василий Великий)[39].

А св. Иоанн Златоуст запретил служение своему дьякону за то, что тот бил своего раба мальчика Евлалия (и это заступничество стало одним из пунктов соборного обвинения Златоусту)[40]. Но ведь возмутился св. Иоанн не тем, что ему сослужит в алтаре рабовладелец, а лишь избиением раба… А представляете, какой шум возник бы сегодня, если бы «Московский комсомолец» написал «дьякон Андрей Кураев имеет мальчика-раба, хотя и относится к нему хорошо»?

Житие Филарета Милостивого говорит, что у него «было также множество рабов с женщинами и детьми»[41]. И в своей безграничной милости он их так и не освободил.

---

[38] Фюстель де Куланж. Римский колонат. Происхождение крепостного права. — М., 2011.

[39] Св. Василий Великий. Письма. // Творения. Ч. 6. — Сергиев Посад, 1892. С. 85.

[40] Попов И. Св. Иоанн Златоуст и его враги // Богословский вестник, 1907, декабрь. С. 938.

[41] Повесть о житии Филарета Милостивого // Византийские легенды. — Л., 1972. С. 99

Правила св. Василия Великого освящают рабовладение: «Браки, заключенные без согласия владельцев, суть блудодеяния… Отдавшаяся мужу против воли господина сделала блуд» (Второе послание Амфилохию о правилах, 42 и 40)[42].

Раннее средневековье знает особый правовой статус «церковных рабов» (servi ecclesiarum). Рипуарская правда (VII век) говорит, что церковные рабы не могли быть освобождены, если вместо них церкви не была предоставлена замена[43].

Более того — в христианское время происходило и ужесточение рабских уз.

В христианском королевстве вестготов рабы освобождались при условии дальнейшего повиновения: сыновья, внуки и правнуки вольноотпущенника оставались в зависимости от семейства бывшего господина (LV 5, 7, 20). Таким образом, полное дарование свободы, при котором рабу предоставлялось «римское гражданство», в конце VII в. совершенно вышло из употребления. На это указывает также один закон Эрвига, по которому ни один вольноотпущенник не имел права покинуть своего господина, пока тот жив (LV5, 7,13). Историк говорит, что «ответственность за такое развитие событий следует возложить на церковь»[44].

Дело в том, что светские феодалы брали пример с феодалов церковных: если полную свободу вольноотпущенник получал лишь со смертью хозяина, а церковь (монастырь) как хозяин вольноотпущенников, бессмертна — то зависимость вольноотпущенника и его потомства сохранялась на все времена. Именно такие аргументы приводили отцы IV Толедского собора (633 г.)… Судя по всему, численность церковных рабов была очень велика. XVI

---

[42] Василий Великий. Творения. Т. 3. — СПб. 1911. С. 224.

[43] «Современные исследователи указывают: церковные рабы появились во франкских законах довольно поздно, это можно объяснить тем, что рабство не играло существенной роли во франкском хозяйстве, пока франки не стали более романизированными в VI–VII вв.» (Макутчев А. П. «Люди церкви» и табулярии в Рипуарской правде // Юридическая наука, 2021. № 4. С.197).

[44] Клауде Д. История вестготов. — СПб., 2002. С. 189–190.

Толедский собор (693 г.) постановил, что у приходских церквей, даже если они были бедны и владели лишь десятью рабами, должен был быть собственный священник. Следовательно, во владении большинства приходских церквей, которых в государстве вестготов было несколько тысяч, находилось больше десяти тысяч рабов. При этом приходские церкви ни в коем случае не относились к числу крупных рабовладельцев. Монастыри и кафедральные соборы, но прежде всего аристократия и король располагали огромными толпами рабов. Рабами могли владеть даже бедняки: проститутки, уличенные в постоянном возвращении к своей профессии, в качестве наказания дарились беднякам (LV 3, 4, 17)[45].

Да, Меридский собор запретил епископам подвергать истязаниям церковных рабов. Так как это постановление было повторено 11-м Толедским собором, можно сделать вывод, что подобные злоупотребления продолжали происходить.

Но вот отлучали ли от Церкви тех, кто владел рабами, покупал или продавал их?

Только в Грузии и только в XVI веке церковный собор резко восстал против расцветшей работорговли и определил: «Человек, продавший человека, будет ли знатный, или незнатный, князь, дворянин или крестьянин, да будет от святых соборов проклят и отвержен. Кто по точном розыске и исследовании окажется продавцом человека, если выкупит и приведет проданного, заплатит штраф, по своему состоянию, и церкви, и епископу, и господину его, а если не приведет, кто бы он ни был: князь дворянин или крестьянин, ничто его не спасет, было бы незаконно его спасать, он должен быть повешен, а если кто за взятку не сделает это, да будет проклят от святых соборов и наказан по канонам апостолов»[46].

Это был долгий многовековой конфликт между Евангельским благоговением перед «маленьким человеком» — и классовыми

---

[45] Клауде Д. История вестготов. — СПб., 2002. С. 190–191.

[46] Иеродиакон Давид Сарсания. Церковные соборы в Западной Грузии в XVI–XVIII вв. и их борьба с работорговлей. http://www.sedmitza.ru/index.html?sid=77&did=21546&p_comment=belief

интересами и привычками церковных феодалов. Даже будучи искренними и «святыми», эти феодалы наследовали определенные «слепые зоны» и просто не понимали, что «служение Христу» несовместимо с их личным рабовладением и с лестью другим рабовладельцам.

Не было в православной истории ни одного случая, чтобы служитель Христов (хоть рядовой священник, хоть отшельник, хоть патриарх) преградил вход в храм работорговцу.

Впрочем, один случай всё же был. Православные вспоминают про Адальберта-Войтеха лишь в связи с тем, что он боролся против приехавших св. братьев Кирилла и Мефодия. Но и сам Адальберт был необычным человеком. Пражским епископом он стал против своей воли. Жил в бедности. Убит язычниками (пруссами) как мученик. Канонизирован.

«Прага в IV–X веках являлась средоточием работорговли. Святой Адальберт сложил с себя в 989 г. сан епископа Праги из-за того, что не в состоянии был выкупить всех христиан, закупленных одним еврейским купцом»[47].

---

[47] Мец А. Мусульманский ренессанс. — М., 1996. С. 162. Мец дает ссылку на Якоба Каро — немецкого историка, который родился в городе Гнезно в семье раввина: *Caro* Georg. Sozial- und Wirtschaftsgeschichte der Juden im Mittelalter und der Neuzeit. Т. 1 — Лейпциг, 1908. С. 191–192.

Далее ссылка ведет на Vita Adalberti Иоанна Канапариуса, который среди трех причин ухода последнего называет: tertia propter captivos et mancipia christianorum, quos mercator Judeus infelici auro emerat emptosque tot episcopus redimere non potuit.

Житие Адальберта, написанное святым Бруно, тоже говорит об этом: «Kresťanských otrokov neveriacim Židom predávajú».

Однако, первый богемский летописец Косма из Праги (он жил с 1045 по 1125 год) ничего не сообщает о мотивах ухода Адальберта.

http://www.vostlit.info/Texts/rus/Cosmas/framekniga1.htm.

Более поздняя Хроника Яна Длугоша (XV век) также не знает такого мотива: «Адальберт, епископ Пражский, видя, что чешский народ, чьим единственным епископом он был, предан безбожным преступлениям (главными из них были следующие: они вопреки католическому закону

А какие примеры дает русская история?

Интересно, что заимствование византийских образцов новокрещеной Русью привело к трем вещам, ранее незнакомым Руси:

— смертная казнь (ранее были штрафы — вира, которую кн. Владимир безуспешно пробовал отстаивать перед лицом греческих епископов);

— практика ослепления политических конкурентов;

— рабство соотечественников.

До рубежа X–XI веков рабами на Руси могли быть только пленные иноплеменники («челядь»). Теперь появились «холопы».

«Черты различия холопов и челяди отчетливо проступают в письменных памятниках, в том числе и в Пространной Правде. Следовательно, нельзя смешивать холопов с челядью. Точно также нельзя смешивать поступление в холопы местных людей с пленением иноземцев с их обращением в рабство. Разные источники происхождения холопства и челядинства по-разному влияли положение холопов и челядинов в древнерусском обществе, обеспечивая первым некоторые бытовые, экономические и юридические послабления и ставя вторых в очень жесткие и суровые условия. Различие в статусе рабов-иноплеменников и местных невольников отнюдь не составляло специфики, присущей древнерусскому обществу. Аналогичные порядки замечаем и у других народов, например, у народов бассейна Конго существовала заметная разница в правовом положении рабов. При этом «чужеземцы, захваченные в войнах, были самой бесправной категорией». В. В. Мавродин целиком

имели множество жен; соблюдали языческие и безбожные обряды; собственных подданных, сыновей и дочерей, отмеченных знаком Христа, продавали в рабство иудеям; посещали ярмарки по воскресным дням; совершали погребения в нечистых местах) и что всякое исправление, применяемое им до сих пор, вызывает лишь презрение, пользуясь советом богобоязненных мужей, возымел намерение оставить епископский престол и принять монашеское одеяние».

http://www.vostlit.info/Texts/rus5/Dlugos_2/frametext21.htm

принял данный тезис: «Источники различают 1) челядина и 2) холопа... Более позднее появление термина „холоп" в источниках объясняется и более поздним применением его по отношению к определенной категории рабов. „Холопы" — рабы. Это ни у кого не вызывает сомнений. Но „холопы" — не „челядь". „Челядь" — это полонянники, в древности иноплеменники. Холопы же вербуются из среды соплеменников, внутри данного общества и являются продуктом тех социальных процессов, которые идут именно внутри данного общества. Поэтому источники холопства иные... Среди источников холопства нет только одного — плена. И это понятно: пленный становился не холопом, а челядином»[48].

Возможно, в западном мире церковь смягчила формы античного рабства (хотя прямо их не осуждала). Но в русской истории рабство зародилось и крепло прямо на глазах только что появившейся тут княжеской церкви — и без какой бы то ни было критики с ее стороны. Понимаю, что «после того» не значит «вследствие того». Но всё же, всё же, всё же…

Даже монахи владели крепостными душами и выжимали из них, что можно и даже сверх того.

Уставная грамота митрополита Киприана Царево-Константинову монастырю в 1391 году повелевала: «Большим людем из монастырских сел церковь наряжати, монастырь и двор тынити, хоромы ставить, игумнов жеребий весь рольи орать взгоном, и сеяти, и пожати, и свести, и сено косити десятинами и в двор ввести, ез [плетень поперек реки] бити и вешней и зимней, сады оплетать, на невод ходити, пруды прудить, на бобры им в осенине поити, а истоки им забивати, а на Велик день и на Петров день приходят к игумену, что у кого в руках. А пешеходцем [безлошадным крестьянам] из сел к празднику рожь молоти, и хлебы печи, солод молоть, пива варить, на семя рожь молоти, а лен дасть игумен в села,

---

[48] Фроянов И. Я. Рабство и данничество у славян. — СПб., 1996. С. 258–259.

и они прядут сежи и дели неводные наряжают, а дают из сел все люди на праздник яловицу, но одинова ми, господине, добили челом, а не в пошлину, тремя бараны, и яз их пожаловал за яловицу [телку], занеж ми была не надобе яловица, а по пошлине по старой всегды ходит яловица на празник. А в которое село приедет игумен в братшину, и сыпци дают по зобне овса конем игуменовым»[49].

Нестяжатель князь-инок Вассиан Патрикеев так говорил о монахах господствующего (иосифлянского) склада: «Вместо того, чтобы питаться от своего рукоделия и труда, мы шатаемся по городам и заглядываем в руки богачей, раболепно угождаем им, чтоб выпросить у них село или деревеньку, серебро или какую-нибудь скотинку. Господь повелел раздавать неимущим, а мы, побеждаемые сребролюбием и алчностью, оскорбляем различными способами убогих братьев наших, живущих в селах, налагаем на них лихву за лихву, без милосердия отнимаем у них имущество, забираем у поселянина коровку или лошадку, истязаем братьев наших бичами»[50].

В том же XVI веке (точнее, в 1595 году) «крестьяне монастырские» Иосифо-Волоцкого монастыря «приказщиков и ключников учели бити и дел монастырских не почели делати, и леса монастырские заповедные почели сечи»[51]. И восстали те крестьяне ведь не потому, что они были против Христа.

Игумен в ответ «велел крестьян острастить и смирить», обратился за помощью к светской власти, и крестьян силой привели в повиновение.

В 1591 году крестьяне избили слуг Кирилло-Белозёрского монастыря, забиравших плоды их трудов. В 1597 году крестьяне напали на Устюжский Прилуцкий монастырь.

---

[49] Акты феодального землевладения и хозяйства XIV–XVI вв. Т. 1. — М., 1951. С. 179–180.

[50] Костомаров Н. И. Деятели русской церкви в старину. — Мюнхен, 1922. гл. Преподобный Нил Сорский и Вассиан князь Патрикеев.

[51] Приходные и расходные книги Иосифо-Волоколамского монастыря 80–90-х гг. XVI века — М., Л., 1987.

Вообще северные русские монастыри обросли крепостными стенами вовсе не из-за страха перед татарскими набегами, а для защиты от своей же паствы и одушевленной собственности.

Любопытна история волнений в Антониево-Сийском монастыре. Царь подарил монастырю 22 ранее независимых деревни. Крестьяне скоро почувствовали разницу между свободой и рабством. Для начала монастырские власти «учали с них имати насильством дань и оброк втрое»: вместо 2 рублей 26 алтын и 4 денег по 6 рублей 26 алтын и 4 деньги. «Да сверх дани и оброку на монастырские труды имали на всякое лето с сошки по 3 человека, <…> да сверх того они, крестьяне, зделье делали» — пахали землю и косили сено на монастырь. Наконец, монахи «поотнимали лучшие пашенные земли и сенные покосы и привели к своим монастырским землям, <…> а у иных крестьян они, старцы, деревни поотнимали с хлебом и с сеном, и дворы ломали и развозили, а из их деревень крестьяне от того игуменова насильства, з женами и з детьми из дворов бежали».

Но далеко не все крестьяне готовы были бежать со своей земли. В 1607 г. монастырский игумен подал царю челобитную: «Монастырские крестьяне ему, игумену, учинились сильны, наших грамот не слушают, дани и оброку и третного хлеба им в монастырь не платят, как иные монастырские крестьяне платят, и монастырского изделия не делают, и ни в чем де его, игумена с братией не слушают, и в том ему, игумену чинят убытки великие».

Старец Феодосий с монастырскими слугами убили крестьянина Никиту Крюкова, «а живота остатки [имущество] в монастырь взяли все». Старец Роман «со многими людьми, у них крестьян, из изб двери выставливали и печи ломали».

Другой монастырский старец, Роман, приезжал «со многими людьми, и у них, крестьян, из изб двери выставливали и печи ломали». Характерно при этом, что старца Романа сопровождал «Архангельского города стрелец Первушка Кустов». С другой стороны, и борьба крестьян против монастыря продолжала сохранять самые острые формы, вплоть до того, что в 1610–1611 гг. «тех отменных деревень крестьяне своим воровством игумена з братьею слушать не учали, и двух старцов убили до смерти, и служек побивали и монастырскую казну грабили, и с пашень монастырских хлеб и сено свозили сильно»[52].

Порой крестьянам казалось, что жизнь во владении светских помещиков легче. В комментариях на знаменитую «Калязинскую челобитную» историк поясняет:

Не выдержав жестокой крепостнической эксплуатации, 140 человек, то есть более четверти всех крестьян, проживавших в вотчинах Троице-Сергиева монастыря в одном только Владимирском уезде, бежали из монастыря в 1605–1614 годах. Примечательно, что около половины этих «беглых» ушло, как видно из «свозных книг» вотчин Троице-Сергиева монастыря, за «детей боярских», предпочитая, видимо, горькую долю за дворянином нестерпимой жизни под монастырской братией[53].

Ведь не только монастыри и епископы была крепостниками, а и обычные семейные приходские священники. Но и здесь был only business, без семейно-евангельских сантиментов.

Вот выписки из челобитных немонастырских церковных крестьян XVII века: «Крестьяне Архангельского собора с. Завидова Клинского уезда царю… священники и дьяконы накладывают на нас, сирот твоих, многие лишние оброки и столовые запасы. И для своих всяких прихотей они, священники и дьяконы, к нам всяких прихотей, сиротам твоим, приезжают и людей своих непрестанно присылают. И таких своих накладных оброков и столовых запасов на нас, сиротах твоих, правят смертным платежом не против прежнего. А прежде, государь, сего мы, сироты твои, таких накладных оброков и столовых запасов никому не плачивали. И мы, сироты

---

[52] Чаев Н. С. Из истории крестьянской борьбы за землю в вотчинах Антониева-Сийского монастыря в XVII в. // Исторический архив, Т. I, 1936. С. 26, 27, 41, 60.

[53] Русская повесть XVII века. — М., 1954. С. 453 Также: Калязинская челобитная и иные антиклерикальные памфлеты https://archive.org/details/xvii-1954/page/461/mode/2up?view=theater

твои, от такого их накладного оброку и столового запасу и всяких нападков и от безвременного и смертного правежу разорились вконец без остатку. И таких их накладных оброков нам, сиротам твоим, платить невмочь»[54].

Крестьяне Архангельского собора с. Ильинского Кашинского уезда по тому же адресу: «А как, государь, мы ж, сироты твои, отданы в Архангельский собор, и бывший протопоп Федор с братией наложил на нас в прибавку деньгами восемьдесят один рубль тринадцать алтын две деньги, да для косьбы указали брать с нас и ныне берут в подмосковную вотчину десять человек работников. А как в прошлом в 204 году протопресвитер Петр Васильевич с священниками разделили нас, сирот, меж себя по поделям, и они, священники, ключарь с братией наложили вновь же прибавочный оброк: бараны, сыры, яйца, грузди, рыжики, грибы, ягоды, брусника, клюква. И ради тех столовых запасов приезжают они, священники, к нам сами и присылают людей своих и из тех припасов бьют нас на правеже смертным боем, и для своих приездов велят готовить про себя обеды, и берут с нас подводы. И оттого мы, бедные, разорились вконец»[55].

И кто же был наказан царем-батюшкой? Решение: «"Велено <…> села Ильинского старосте и выборным крестьянам по росписи за их противность и непослушание учинить наказание: бить вместо кнута батоги нещадно". Такая же участь постигла земледельцев Завидовской волости, Клинского уезда»[56].

А вот интересный текст начала XVII века, говорящий о смягчении крепостного права:

«Приказ Заволоцких сел.

Села Рокитина дано детенышу оброку Ваське Тимофееву 25 алтын, порука по нем Никифор Васильев деревни Рыбушкина.

---

[54] Крестьянские челобитные XVII в.: Из собраний Государственного Исторического музея. — М.: Наука, 1994. С. 85.

[55] Там же. С. 86.

[56] Там же. С. 237.
Больше материала здесь: Евгений Шацкий. РПЦ и крепостные. http://artyushenkooleg.ru/wp-oleg/archives/18270

Села Сафатова дано оброку детенышу Панько Семенову 25 алтын, порука по нем Максим Федоров деревни Дубосекова.

Да Софатовскому же детенышу Степанку 25 алтын, порука по нем Костя Ондреев, да Лютаи Юрьев из Дубосекова, да Исаика Михаилов, да Васька Харитонов, да Якуш Сергеев.

Дано Степанку Новлянскому к старому ево оброку полполтины, порука по нем конюх Степашь Трофимов.

Сельца Гаврина дано детенышу оброку Грише Бабылю 25 алтын, порука по нем Роман печатчик да брат ево Васька Иванов.

Дано Зубовскому детенышу Грише Холопову 25 алтын, порука по нем Роман печатчик.

Дано детенышу Ваське оброку 25 алтын, порука по нем Томила Иванов Гавринскои крестьянин.

Тех 7 человек, денег дано 4 рубли 25 алтын»[57].

Поначалу это кажется благотворительностью: раздача денег крестьянским детям. Но нет. Детеныш — это «дворовый, работающий по найму в монастырской вотчине»[58].

И деньги не им давали, а с них взимали. «Дано оброку» = «определено налога». Детеныша отпускали работать по найму, где хочет, но он должен был заплатить (по-видимому, в год) указанную сумму. Если же не платил или убегал, платили за него поручители.

В православном мире любят рассказывать про то, как св. Тихон Задонский обличил царя Петра Первого за то, что тот в своем временном дворце в Воронеже поставил статую нагой Венеры. Но тот конфликт кончился не просто примирением. «Государь пожаловал дому архиерейскому еще несколько крестьянских дворов»[59].

---

57 Приходо-расходные книги Иосифо-Волоколамского монастыря 1606/07 г. https://drevlit.ru/docs/russia/XVII/1600-1620/Iosifo_Volokolamsk_mon/text.php?ysclid=m1qafwz2ul484475850

58 Словарь русского языка XI–XVII вв. Т. 4. С. 237.

59 Иван Голиков. Дополнение к Деяниям Петра Великаго. — М., 1796. Т. 29. С. 69. https://electro.nekrasovka.ru/books/2246/pages/89

Это очень интересно: что именно глаз святого епископа считает грехом, а что — нет. Античная статуя, перед которой, понятно, ни Петр и никто иной не молился — это грех. А рабовладение в его глазах — это нечто вполне совместимое с Нагорной проповедью.

Причем само состояние рабства вроде бы Церковь и не считала чем-то нейтральным. Например, патриархи Паисий Иерусалимский, Макарий Антиохийский и Иоасаф Московский в 1661 издали «Выписку от Божественных писаний о благолепном писании икон и обличение на неистово пишущих оныя». И там было сказано, что к написанию икон допускаются лишь свободные, а не рабы и пленники: «Токмо благородных чада и советничии сынове тому художеству навыкают»[60].

Крепостными «душами» владели и торговали и монастыри, и отдельные священнослужители. Правда, законы Российской империи позволяли священникам владеть крепостными и деревнями лишь в том случае, если эти священники происходили из дворян. Например, священник, награжденный орденом, получал дворянство и вместе с ним право на покупку крепостных. В 1821 году относительно духовных лиц, получивших дворянство по орденам, возник вопрос о том, всеми ли дворянскими правами они должны пользоваться; Саратовская палата гражданского суда представляла Сенату, что многие из этих лиц являлись в палату для совершения на свое имя крепостей на дворовых людей и крестьян, и высказывала по этому поводу свое недоумение; Сенат дозволил совершать на их имя все купчие, дворянству присвоенные.

Но всё равно в XVIII веке «Стремление к закрепощению людей до того было общее, что лица, не имевшие права на владение крепостными, при некотором увеличении своих достатков, спешили приобрести себе крепостных людей по крайней мере на чужое имя. Так поступали и духовные лица. Приобретая себе крепостных служителей или служанок покупкой и в дар от разных своих покровителей, они записывали их на имя своих помещиков или

---

[60] Цит. по. Архим. Макарий Веретенников. Всероссийский патриарх Иоасаф Второй // Альфа и Омега, 2005. № 3 (44). С. 325.

прихожан, но держали их у себя, как полные их владельцы, продавали, закладывали их, отдавали в приданое за своими дочерями и т. п.»[61]

Цены на живой товар устанавливались с учетом многих обстоятельств.

Рабовладельцем был любимый ученик Серафима Саровского — Мотовилов. Преподобный учил его видеть Нетварный Свет и стяжать Дух Святой, а вот от привычки стяжать людишек, покупать и продавать крепостные души, не отучил…

«Отмена крепостного права в России тяжело была пережита помещиком Н. А. Мотовиловым, который очень активно занимался покупкой и продажей крепостных крестьян. Видимо, поэтому, борьба за сохранение рабовладельческих отношений в такой далекой от него Америке так истово переживалась убежденным крепостником Мотовиловым. В этом же повествовании описываются сновидения господина А. Мотовилова, которые он подробно пересказывает Государю Императору. О каком спокойствии духа это может свидетельствовать?»[62]

«В Нижегородском архиве сохранилось достаточно большое количество купчих документов, показывающих покупку и продажу крепостных крестьян помещиком Мотовиловым. Особенно интересными показались купчие от 1846 и 1848 годов. В них говорится, что Мотовилов купил у помещика Чаадаева крестьянина Ивана Евсеева с семейством. Это был вдовый

[61] Знаменский Петр Васильевич. Приходское духовенство в Россіи со времени реформы Петра. — Казань: Университетская типография, 1873. https://azbyka.ru/otechnik/Petr_Znamenskij/prihodskoe-duhovenstvo-v-rossii-so-vremeni-reformy-petra/3)

[62] Букова О. В. Тьма никогда не скроет свет: жизнеописание схиигумена Серафима (Толстошеева), ученика прп. Серафима Саровского: размышления над страницами Дивеевской летописи в свете архивных данных. — Москва, 2010. С. 183.

крестьянин, имевший трех дочерей. В купчей особо оговаривались условия продажи без раздробления семейства. Мотовилов перевез их из Дивеева в свое имение в Симбирскую губернию. Стоило семейство в 1846 году 151 руб. серебром. В 1848 г. Мотовилов продал семью этого же крестьянина, оговорив, что разлучать их нельзя, но уже с двумя дочерьми подпоручику А. И. Камани за 130 рублей серебром»[63].

Понятно, что рабы, обремененные двумя младенцами, менее работоспособны, и оттого стоят меньше...

Позже Мотовилов не стеснялся защищать работорговлю уже прямо от имени батюшки Серафима. В разгар гражданской войны в США Мотовилов от имени преп. Серафима просил императора Александру II поддержать сторону рабовладельцев: «По особому, великого старца Серафима священнотайному извещению, данному мне в 1 день апреля 1865 года, Господу и Божией Матери неугодны обиды Линколна и североамериканцев Южных Штатов рабовладельцев. А потому на образе Божией Матери Радость всех Радостей, имевшей по тому повелению его, батюшки отца Серафима, послаться президенту Южных, а именно рабовладельческих Штатов, велено было скрепить подписью: „На всепогибель Линкольна“»[64].

«Отмена крепостного права в России тяжело была пережита помещиком Н. А. Мотовиловым, который очень активно занимался покупкой и продажей крепостных крестьян. Видимо, поэтому, борьба за сохранение рабовладельческих отношений в такой далекой от него Америке так истово переживалась убежденным крепостником Мотовиловым. В этом же повествовании описываются сновидения господина А. Мотовилова, которые он подробно пересказывает

---

[63] ЦГА НО. Ф. 152. Оп. 96. Д. 1786 (1846 г.); Д. 2008 (1848 г.).

[64] Мотовилов Н. А. Докладная записка императору Александру II от 15 апреля 1866 г. // Серафимо-Дивеевские предания. Житие. Воспоминания. Письма. Церковные торжества. — М., 2001. С. 433.

Государю Императору. О каком спокойствии духа это может свидетельствовать?»[65]

Неоспариваемое церковью господство рабовладельческих отношений привело к интересной аберрации культа св. Иоанна Воина.

Св. Иоанн Воин почитается как мученик, хотя он не был убит: некоторое время он провел в тюрьме, но по смерти императора Юлиана Отступника многие годы до глубокой старости прожил на свободе. Во времена гонений он, служа в аппарате гонителей, тем не менее тайно помогал гонимым христианам (в советские годы таких коммунистов называли „никодимами" — по имени тайного ученика Христа Никодима, члена иудейского Синедриона…)

Но в России почему-то св. Иоанна сделали помощником рабовладельцев:

В «Сказании о святых» святому мученику полагалась особая молитва об обретении украденных вещей и бежавших слуг.

В Прологе об Иоанне Воине сказано, что он «изряднее рабом уходства удерживает, татьбы извещает и уличение яве творит, <…> лукавых человек всякого чина, убийц немилостивых, разбойников бегство ради злобы их и пронырства удерживает, и препоны им в совете погибельном, и в пути где-либо крытися имущим сотворяет: татьбы и крадежство и грабительство многообразие извещает, и улучение на коем месте явлено творит…».

При этом «его изображения практически неизвестны в искусстве Византии и поствизантийского мира, включая календарные циклы. В искусстве Руси XI–XVI вв. они встречаются крайне редко, хотя память Иоанна Воина присутствует в месяцесловах. За немногими исключениями, иконография Иоанна Воина представлена русскими памятниками XVII–XIX вв. Почитание Иоанна

---

65 Букова О. В. Тьма никогда не скроет свет: жизнеописание схиигумена Серафима (Толстошеева), ученика прп. Серафима Саровского: размышления над страницами Дивеевской летописи в свете архивных данных. — М., 2010. С. 183.

Воина в Русской Церкви не имеет параллелей в религиозной жизни других православных стран, где изображения Иоанна Воина и тем более посвященные ему престолы не встречаются даже в Новое время. Показательно отсутствие сведений об Иоанне Воине в монографии К. Уолтера о почитании и об образах св. воинов в Византии»[66].

Кажется, есть связь между расцветом крепостничества (рабства) в России XVII–XIX веков и расцветом культа св. Иоанна Воина, которому приписали сыскные функции.

Снова из Православной энциклопедии: «Вероятно, факты Жития Иоанна Воина (в т. ч. подробно описанные сомнения святого, поставленного перед выбором между мирскими благами и верностью Христу) остро воспринимались в контексте культурной ситуации в России 2-й пол. XVII–XVIII вв.: образ страстотерпца, пытавшегося соединить внешнюю верность монарху — отступнику от истинной веры — с тайным исповеданием Христа и избавленного от казни вследствие чудесной гибели правителя, мог быть привлекательным для представителей консервативных кругов русского общества (в т. ч. для старообрядцев), а отчасти и для носителей высшей власти, поскольку пропагандировал идею лояльности государю… В Житии особо подчеркивается помощь Иоанна Воина в обличении воров, в обретении украденных или потерянных вещей и возвращении сбежавших „рабов“, что дополнительно способствовало популярности Иоанна Воина как в дворянской, так и в купеческой среде. В Тульском губернском правлении в день памяти Иоанна Воина совершалось всенощное бдение с молебном мученику».

И это тоже было «официальной позицией Церкви». «Пролог», зачитывавшийся на службе в храме, предупреждал раба, замыслившего побег: от своего барина убежать сможешь, но от святого Иоанна не скроешься…

---

[66] Иоанн Воин // Православная энциклопедия. Т. 24. — М., 2010. http://www.pravenc.ru/text/471095.html

Не менее выразительно «Сказание о святем Кириле чюдотворце, иже на реке на Ваге, на Вельском погосте...». Жизнь (точнее, смерть своего героя) «Сказание...» относит к началу XV века. Священник-краевед И. Верюжский посвятил Кириллу Вельскому главу в своем труде 1880 г. «Исторические сказания о жизни святых, подвизавшихся в Вологодской епархии, прославляемых всею церковию и местно чтимых» (Вологда, 1880). Сведения о нем И. Верюжский изложил, ориентируясь на «древнее рукописное Сказание о чудесах Кирилла» и устные предания о святом, сохранившиеся в Важском крае.

Юный Кирилл был «наместничий тиун» новгородского посадника. По неизвестной причине наместник «роскручинился» на него «во время обеднее», и Кирилл побежал топиться в р. Ваге, но вода чудесным образом расступилась от него во все стороны на 3 сажени. «Абие болярин его, видевши чудо над водою и воспомня кротость его и всегдашнее незлобие боярин помянув же, и колика сам, не веде его святости, неправедно озлобляше его». То есть наместник, увидев чудо, начал просить у Кирилла прощения. Кирилл же ответил: «Бог простит и помилует», «простився, и прекрестив лице свое, и преклонився ниц, и абие утопе в воде».

В версии Верюжского есть интересное дополнение — мотив самоубийцы: «Но блаженный Кирилл, желая предостеречь и избавить от греха господина своего, решился спастись от него бегством»[67]. Каков замысел! Убиться самому, чтобы совесть его хозяина оказалась чиста от греха убийства!

Надо бы написать акафист св. Кириллу Вельскому.

Семинаристы и прочие «смиренные послушники Вашего Преосвященства» с наслаждением исполняют арию гонимых при чтении акафиста Покрову: «радуйся, незримое укрощение владык жестоких и зверонравных».

---

[67] Рыжова Е. А. Сказание о явлении мощей и чудесах прав. Кирилла Вельского: История текста памятника и почитание святого // Русская агиография: Исследования, материалы, публикации. Т. 3. С. 383. http://lib2.pushkinskijdom.ru

Нужен акафист и для партии владык, в котором епископы будут молиться о ниспослании им послушников, подобных самому Кириллу: «Посли ми послушника, ведающаго, яко оуне есть ему умертвити себе, нежели досадити архиерею» (уверен, митрополит Иларион Алфеев вложит весь свой талант и душу в такое творение и в такую молитву).

За образец можно взять акафист пророку Илие — «Радуйся, непочитающих святых праздников Православныя Церкве карателю» (икос 7).

В художественной форме эта история повторена Некрасовым в стихе «Про холопа примерного — Якова верного» из «Кому на Руси жить хорошо»[68].

Ясно, что само духовенство не хотело быть рабами — но оно и не пользовалось своей духовной властью для расширения гражданских прав рабов и крепостных.

Так что не стоит путать интеллигентские добродетели «шестидесятников» с системой церковных ценностей.

Эта церковная позиция была столь очевидна, что вызывала страстный протест — например, у Герцена: «Ну а что сделала, в продолжение этого времени всех скорбящая, сердобольная заступница наша, *новообрядческая* церковь наша со своими иерархи? С невозмущаемым покоем ела она свою семгу, грузди, визигу; она выказала каменное равнодушие к народному делу, то возмутительное, преступное бездушие, с которым она два века смотрела из-под

---

[68] По сюжету мерзавец-барин тяжко обидел своего верного холопа. И вот они оказались в ситуации, когда барин был совершенно беззащитен:

... Начал помещик тогда умолять.
Выслушал Яков посулы — и грубо,
Зло засмеялся: «Нашел душегуба!
Стану я руки убийством марать,
Нет, не тебе умирать!»
Яков на сосну высокую прянул,
Вожжи в вершине ее укрепил,
Перекрестился, на солнышко глянул,
Голову в петлю — и ноги спустил!..

клобуков своих, перебирая четки, на злодейства помещиков, на насилия, на прелюбодеяния их, на их убийства… не найдя в пустой душе своей ни одного негодования, ни одного слова проклятья! Что у вас общего с народом? Да что у вас общего с людьми вообще? Вы не на шутку ангельского чина, в вас нет ничего человеческого»[69].

Когда в журнале Казанской Духовной Академии «Православный собеседник» появилась статья в защиту гражданской, личной свободы крестьян — учениками св. Игнатия Брянчанинова это было расценено как «учение новое, неслыханное в Православной Церкви»[70], поскольку, по слову св. Игнатия, «Слово Божие и Церковь — как Вселенская, так и Российская — в лице святых отцов, никогда и ничего не говорили об уничтожении гражданского рабства»[71]. Сам св. Игнатий счел необходимым написать ответную статью, дабы «изложено было точное учение Православной Церкви о рабстве и рабовладении»[72]. «Не твое дело, что господин твой бесчеловечен, ему за это судит Бог. Ты неси свой крест, данный тебе Богом ради твоего спасения. Неси безропотно, благодаря и славословя Бога с креста твоего»[73]. «Рабство, как крепостная зависимость крестьян от помещиков, вполне законно и, как богоучрежденное, должно быть всегда, хотя в различных формах»[74].

Герцен в связи с этим писал о «диком и уродливом ответе во Христе сапера» (намекая на бытность св. Игнатия саперным инженером)[75].

---

[69] Герцен А. И. Ископаемый епископ, допотопное правительство и обманутый народ // Герцен А. И. Сочинения. Т. 2. — М., 1886. С. 410–411.

[70] Полное жизнеописание святителя Игнатия Кавказского. — М., 2002. С. 311.

[71] Цит. по: Полное жизнеописание святителя Игнатия Кавказского. — М., 2002. С. 335.

[72] Там же. С. 324.

[73] Там же. С. 327.

[74] Труды Ставропольской ученой архивной комиссии, учрежденной в 1906 г. Вып. 1. — Ставрополь, 1911. С. 10.

[75] Ископаемый епископ, допотопное правительство и обманутый народ // Герцен А. И. Сочинения. Т. 2. — М., 1886. С. 411.

А вот совесть российских владык рабство никак не тревожило. Напротив: при екатерининской секуляризации монастырских земель они очень переживали, что у них отняли их рабов (и уже в XXI веке канонизировали митрополита Арсения Мациевича, который протестовал против этого изъятия). Но и после секуляризации в «Санкт-петербургских ведомостях» (номер 102 от 22 декабря 1797 года) можно было прочесть объявление: «В Литейной части против Сергия **продаются в церковном доме два человека: повар и кучер, годные в рекруты, да попугай**»[76].

Церковь, Мать-Заступница, понятное дело, молчала и сама участвовала в торговле людишками…

В мемуарах пушкинского друга дипломата Дмитрия Николаевича Свербеева, которые были изданы в Москве в 1899 году, вспоминалось: «Крестьянских мальчиков и девочек дарилось, особенно барынями, порядочное количество. Набожные барыни любили награждать своих духовных отцов или поступались знакомым купцам или купчихам, хотя ни те, ни другие не имели права иметь у себя крепостных и держали их у себя в рабстве, часто весьма тяжелом, на имя дарителей. По недостатку в деньгах или по скупости дарили людей судейским и приказным за их одолжения по тяжебным и следственным делам»[77].

В 1782 году по требованию капитана второго ранга Петра Андреевича Борноволокова была произведена опись имущества его несостоятельного должника — капитана Ивана Ивановича Зиновьева. Чиновники скрупулезно записали и оценили все — от ветхого помещичьего дома до утвари, живности и крестьян.

«В Чухломской округе в волости Великой Пустыне в половине усадьбы Мальцовой <…> В оном дворе скота: мерин рыжий, летами взрослый, по оценке 2 рубля, мерин пегий 12 лет, по оц. 1 руб. 80 коп., мерин чалый 9 лет — 2 руб. 25 коп., мерин рыжий 5 лет —

---

⁷⁶ Фото этой газеты тут https://diak-kuraev.livejournal.com/2353524.html

⁷⁷ См. Яцевич А. Г. Крепостной Петербург пушкинского времени. http://www.agitclub.ru/hist/old/peterburg03.htm

3 руб. 50 коп., кобыла вороная, летами взрослая — 75 копеек; кобыла чалая, летами взрослая — 95 копеек. Рогатого: 6 коров, каждая корова по 2 рубля 10 коп., по оценке на 12 руб. 60 к., 7 подтелков, каждый по 25 копеек, по оценке 1 руб. 75 коп.; 10 овец, каждая по 40 к., по оценке на 4 руб.; 9 свиней, каждая по 20 коп., на 1 руб. 80 к. Птиц: гусей 3, по оценке 75 коп.; кур индейских 2, петух 1, по цене 75 коп., уток 2, селезень 1, каждая по 7 копеек; кур русских 15, петухов два, каждые по 2 коп. с половиною, на 45,5 коп.

На том дворе амбар хлебный, крыт по бересту драницами, по оценке 1 руб. 50 коп.; в нем разных родов хлеба: ржи 5 четвертей, по оценке 4 руб. 80 коп., пшеницы 1 четверть — 2 руб., овса 6 четвертей — 4 руб. 80 коп».

Подробнейше оценили и всех крепостных капитана Зиновьева:

«Во оном дворе дворовых людей: Леонтий Никитин 40 лет, по оценке 30 р. У него жена Марина Степанова 25 лет, по оценке 10 рублей. Ефим Осипов 23 лет, по оценке 40 р. У него жена Марина Дементьева 30 лет, по оценке 8 рублей. У них дети — сын Гурьян 4 лет, 5 рублей, дочери девки Василиса 9 лет, по оценке 3 р., Матрена одного году, по оценке 50 к. Федор 20 лет по оценке 45 руб. Кузьма, холост, 17 лет, по оценке 36 рублей. Дементьевы дети. У Федора жена Ксенья Фомина 20 лет, по оценке 11 рублей, у них дочь девка Катерина двух лет, по оценке 1 руб. 10 к. Да перевезенный из Вологодского уезда из усадьбы Ерофейкова Иван Фомин, холост, 20 лет, по оценке 48 рублей. Девка Прасковья Афанасьева 17 лет, по оценке 9 рублей.

Во оной усадьбе Мальцове крестьян: во дворе Июда Матвеев 34 лет, по оценке 24 руб. 50 коп. У него жена Авдотья Иванова 40 лет, по оценке 4 руб. 25 коп. У них сын Лаврентий 4 лет, 1 руб. 60 коп. Дочери: девка Дарья 13 лет, по оценке 4 рубля, Татьяна 9 лет, 3 руб. 70 коп. Да перевезенный из Белозерского уезда из деревни монастырской, во дворе, Василий Степанов

25 лет, крив, по оценке 18 руб. 40 коп. У него жена Наталья Матвеева 40 лет, по оценке 3 руб. 50 коп. У них дети, сыновья: Григорий 9 лет, по оценке 11 руб. 80 коп., Федор 7 лет, по оценке 7 руб. 90 коп. Да оставшийся после умершего крестьянина Никиты Никифорова сын Григорий 13 лет, по оценке 12 руб. 25 коп.»[78]

Вот он, курс валют: 1 корова = 4 девочки.

В официальных документах того времени крепостные именовались «душами», и, значит, речь шла о торговле душами. При этом в античном мире раб именовался «мужским телом». Надпись, найденная в Халее и относящаяся ко II веку до нашей эры, гласит: «Клеоген, сын Андроника, халеец, работающий в Амфиссе, продал мужское тело по имени Димитрий, родом из Лаодикии...»

Граф и генерал М. С. Воронцов (командующий русским оккупационным корпусом во Франции в 1814-1815 годах) писал 24 мая 1833 главному начальнику III Отделения Собственной Е. И. В. канцелярии А. Х. Бенкедорфу:

«До тех пор, пока будет позволено всякому управляющему, как и всякому господину и госпоже сечь женщин во время полевых работ без всякого следствия, без всякой проформы, без соблюдения каких-нибудь правил, без присутствия какой-либо полиции, без всякой формальности, которая делала бы исполнение более трудным и показывала бы как бесполезность поступка, так и его ужас, до тех пор у нас будут всегда, везде, где крестьяне работают на господина, случаи подобные нашему, т. е. выкидыши от побоев и от страха побоев. Такое положение дел ужасно; это позор нашего века, скажу больше, позор для христианской страны. Даже в американских колониях, вопреки оппозиции и воплям плантаторов, которые как две капли воды похожи на большинство наших помещиков, английскому правительству, тем не менее, удалось достигнуть

---

[78] http://vz-z-z-hobbit.livejournal.com/

двух вещей: 1) приказчики и надсмотрщики над работами по закону не имеют права ходить в поле с большим кнутом, как это делалось прежде; 2) им запрещено бить кнутом женщин без приговора какого-нибудь должностного лица. Ведь стыдно, что в этом деле нас опередили сахарные колонии, и что русские и польские крестьянки подчинены такому порядку, от которого можно было освободить негритянок, купленных в Африке для возделывания земли в Ямайке. Существует какая-то всеобщая уверенность, что правительство не желает вмешиваться в подобные дела, и что власть над крестьянами и слугами должна оставаться неограниченною. Отсюда сами судьи, которые охотно ссылают в Сибирь и присуждают наказание кнутом за кражу 120 р., ссылку на поселение за бродяжничество, стараются не наказывать владельцев и владетелиц за доказанные и повторенные убийства и даже не желают держать подсудимых в тюрьме во время ведения дела. Государь много сделал для России, много сделал для своего бессмертия; но он не может без страха предстать перед Божьим судом, если оставит страну в 50 мил. душ, не улучшив (насколько позволяет благоразумие) общественного положения этих миллионов, и если будут еще продолжать, как делается это теперь, публично продавать, иногда в интересах казны, мужчин, женщин, детей без земли и как жалкий скот»[79].

А вот письма и проповеди подобного содержания (о «позоре для христианской страны») от лиц духовного звания, увы, неизвестны.

И, кстати, я должен признать свою ошибку: годами я говорил, что митр. Филарет — автор царского манифеста об отмене крепостного права с тем выводом, что он был сторонник этой реформы. Всё оказалось не так…

---

[79] Русский архив. 1890. № 7. С. 310–313.

«Первоначальный проект манифеста был составлен Ю. Ф. Самариным и Н. А. Милютиным. Но проект не удовлетворил графа Панина, и по его докладу Высочайше повелено было окончательную редакцию этого важного документа возложить на московского митрополита Филарета.

В письме своем от 31 января 1861 г., посланном с специальным курьером вице-директором Б. Н. Хвостовым, гр. Панин, извещая митрополита Филарета о воспоследовавшем Высочайшем повелении между прочим писал: «При предстоящем преобразовании крестьянского быта слово Государя Императора к народу своему будет иметь самое сильное влияние на успех предпринятого дела. В сем убеждении Его Императорское Величество, с полною доверенностью к верноподданническим Вашим чувствам и к дарованиям Вашим, признал нужным обратиться к Вам с изъявлением желания, чтобы Вы приняли на себя труд составить манифест, в коем изъяснены будут воля и ожидания Его Величества по сему важному предмету... Руководимый сими чувствами и сим доверием, Государь предоставляет Вам сделать все те изменения или прибавления, кои бы Вы признали соответствующими чувствам Его Величества и собственным Вашим, для лучшего успеха предположенной цели».

Митрополит Филарет был противником освобождения крестьян. Он полагал, что правительство не справится «с теми безурядицами и волнениями, которых ожидали многие по освобождении крестьян». «По складу своего ума и по другим причинам он не сочувствовал, — говорит г. Сухомлинов, — решительным переворотам в народной жизни и предпочитал держаться того порядка вещей, который установился издавна и пустил глубокие корни. Но не сочувствуя освобождению крестьян, митрополит Филарет должен был сделаться его первым провозвестником». Поставленный в затруднительное положение, митрополит Филарет, по словам г. Сухомлинова, просил снять с него непосильное бремя. Официально он ссылался на свое незнакомство с кругом тех предметов, основательное знание которых необходимо для успешного содействия крестьянской реформе и т. п. В частной беседе он высказался откровеннее, находя бесполезным исправлять частности, когда целое, т. е. весь проект Редакционной комиссии, представляет нечто шаткое, непрочное, «утлое».

Но воля Государя оставалась непреклонною, и, чтобы склонить митрополита Филарета, был командирован в Москву доверенный чиновник гр. Панина, известный его клеврет М. И. Топильский. Сначала хлопоты Топильского оставались безуспешны, несмотря, как он пишет, на его «довольно льстивые речи». Но благодаря содействию духовника митрополита Филарета, удалось склонить его, и 3 февраля 1861 г. Топильский писал об этом событии в следующих выражениях: «Наконец друг добродетели (т. е. Филарет) убедился в необходимости сделать предлагаемое дело и после двукратных со мной объяснений принялся сегодня решительно за работу. Саввинское подворье совсем в стороне, но Андрониев (т. е. духовник Филарета) был пущен в игру, и это подействовало».

5 февраля проект манифеста был составлен и в тот же день препровожден к графу Панину при письме, в котором митрополит Филарет высказывает, что «в исполнение поручения его ввело верноподданническое повиновение, а не сознание удовлетворить требованию». Далее он изъясняет основания сделанных в присланном проекте манифеста изменений.

Изменения против первоначального проекта сделаны были довольно значительные. Объем его был почти вдвое сокращен. Пропущено было (впрочем, без всякого ущерба для содержания) довольно длинное историческое введение. Но выкинуто было также и простое, задушевное обращение к крестьянам и дворовым, в котором обрисовывалась их новая будущность. «Довольство добывается, — гласило между прочим это обращение, — не иначе, как собственным трудом, умножается доброю жизнью и строгой бережливостью, а закон издается для того, чтобы всякий, исполнив свои обязанности, мог трудиться невозбранно себе на пользу, в меру своих сил и способностей, и чтобы каждый трудящийся мог безбоязненно утешаться нажитым честно добром». Опущено было также место, где о дне объявления воли говорилось в таких выражениях: «В сей радостный для нас и для всех верноподданных наших день».

В пояснение этого досадного изменения была написана митрополитом Филаретом на другой день вслед за составлением манифеста 19 февраля, особая «записка о затруднениях, которые могут возникнуть при приведении в исполнение Положения о преобразовании быта помещичьих крестьян». В записке этой разъяснилось, почему из манифеста исключено находившееся в его первоначальном проекте место, в котором предпринимаемое преобразование называлось «радостным».

«Затрудняюсь и теперь, — сказано в записке, — объяснить сие, чтобы не коснуться суждением дела государственного, о котором судить не призван я моим служением». Но затем далее он разъясняет этот щекотливый пункт таким образом: *«Не упомянул я о радости, чтобы от лица царя не было произнесено слово, которому не сочувствовали бы многие из верноподданных. Предприемлемому преобразованию радуются люди теоретического (sic?) прогресса; но многие благонамеренные (?) люди ожидают оного с недоумением, предусматривая затруднения. Объявление отречения помещиков от крепостного права на крестьян и настоятельное побуждение тех и других войти в решительные условия о землях — вот меры благонадежные. Но когда крестьянам возвещено будет право „постоянного пользования землею помещиков“, не затруднятся ли чрез сие предполагаемые соглашения, так как в сем найдет для себя опору упрямство крестьян, которое проявляется у них и без законной опоры? При решительном отчуждении от помещиков земли прежде их согласия, хотя*

и без наименования собственностью крестьян, помещики не найдут ли себя стесненными в праве собственности и в хозяйственных обстоятельствах? И сие не подействует ли неблагоприятно на их усердие к правительству?»

Эта последняя попытка отстоять помещичьи интересы в ущерб крестьянским никаких последствий не имела, но слово «радостный» так-таки вычеркнуто было из воистину радостного манифеста 19 февраля»[80].

Стандартное отношение духовенства к «крестьянскому вопросу» проявило себя на совещании вологодского епископа Христофора с жандармским подполковником Н. Зариным по выработке мер к ослаблению крестьянских волнений в губернии. Епископ утвердил «Воззвание священника к прихожанам из крепостных крестьян и дворовых помещичьих людей от 17 февраля 1861 г.»:

«Во имя Отца и Сына и Святого Духа. Слышу, что между вами, православные, носятся и распространяются слухи, что вот такого-то именно числа или дня объявится вам освобождение от крепостного состояния. Знаем, и все мы знаем, что батюшка царь наш православный крепкую заботу возымел о вас, положил это намерение, и бояре наши русские не спорят о том. Но когда ему, батюшке, угодно о том объявить, — никто этого не знает и знать не может, доколе не придет прямая царская грамота. Одни только люди недобрые, т. е. возмутительные, могут сеять злые слухи, что де пришла воля царская, да не сказывают. А вы не приставайте к пустым толкам; вы ведь не бусурмане какие, а народ православный. Когда придет воля царская, то никто ее скрыть не может; объявится вам и боярам во всеуслышание, а до того лишнего не толкуйте, чтобы нетерпение ваше как бы не дошло до

---

[80] Джаншиев Г. Эпоха великих реформ. — СПб., 1907. С. 63–67. http://www.prognosis.ru/lib/Djanshiev_1.pdf. С. 149–153.

батюшки царя, — ведь слухом земля полна, — да не прогневить бы вам его за его добродетель к вам. Вашим отцам и прадедам и во сне-то но снилось, какое вам и детям вашим являет милосердие батюшка царь наш. Так не опечальте же его каким-либо бесчинием. Ведь он, отец наш, сокрушается о каждом месте, где непорядок, а тем паче больно ему будет, коли от вас столько облагодетельствованных им, вместо благодарности выйдет какой-нибудь беспорядок. И детям своим закажите крепко положиться во всем на отца-царя и с терпением ждите его воли, а когда придет, то с благодарностью примите все его распоряжения об вас. Не нам уставы писать, — сами знаете. Нам Господь Бог повелел повиноваться царю, как божией воле над нами; тогда мы и православные, тогда и христиане, тогда и церковь — наша мать, и Бог — нам отец. А кто царя не чтит всею покорностью, т. е. своими глупыми пересудами пересуживает волю царскую, тот Бога не боится, того и церковь извергает. Да сохранит вас, православные, от сего Господь Бог наш. Идите же с миром по домам, да и детей своих научите так. Аминь»[81].

У нас принято говорить, что христианство «смягчило нравы», и это в конце концов привело к отмене рабства.

«Ан гран» оно, может, и так. А вот в подробностях…

Пока же фиксируем: рабство как форма насилия веками не встречало осуждения со стороны православно-христианских пастырей.

А вот народная реакция на закрепощение сказалась не только в бунтах, но и в церковно-мотивированных забастовках. То есть в распространении поверья о том, что в определенные праздничные дни категорически запрещено работать и выходить в поле. В праздник надлежит быть праздным. И точка.

---

[81] Публ.: Красный Архив. Т. 35. — М., Л., 1935. С. 186.

Например, в румынско-молдавском крестьянстве табуированными считали такие дни:

1. Joile după Paşti — все четверги в течение 40 дней от Пасхи до Вознесения были нерабочими (мол, Юпитер, в честь которого назван этот день на латыни и в румынском языке, может наслать молнии и град).

2. Ilie Pălie — Илья (пророк) Палящий. Из-за истории с огненной колесницей пророк Илии считался источником пожаров и молний. В этот день нельзя работать чтобы избежать пожаров.

3. Foca — т. к. имя Фока созвучно с румынским словом foc (огонь), то почитается как защита от пожаров.

4. Pintilie Călătorul — Пантелеймон Путешественник (у болгар — Пантелей Пътник, 27 июля). В этот день как раз нельзя выходить из дома и путешествовать.

5. Circovii, Circovii Mărinei, Circovii de vara — три нерабочих дня середины лета, соблюдение которых дает защиту от болезней.

6. Filipii — празднование дня апостола Филлипа (середина ноября), защитника от волков и других диких зверей. В некоторых местах юга Румынии нерабочие дни доходят до недели,

7. Chirică Şchiopul (Кирики Шкёпу, Кирик Хромец) — болгарское Горещниците, начинающиеся днем Св. Кирика и Иулиты (15 июля) и кончающиеся св. Мариной Огненной (17 июля)[82]. Макушка лета, жара, не располагающая к работе. Нерабочий день, разрешен только сбор полыни. Юлита болгарам послышалась Лютой (из-за жары)[83], а румыны в имени Кирика услышали слово circă

---

[82] В болгарских селах считали, что Илия — брат или муж Марины. Марина по имени — «морская», антипод огня. «Святая Марина никогда не говорила Илие, когда его день, чтобы он не сошел с ума и не опустошил небо и землю. — Марино, когда мой день? — спрашивал он иногда сестру. — Он уже прошел, — солгала ему святая Марина, и святой Илия стал сердиться, топать и грохотать от гнева» (рассказ 86-летней бабушки Тодорки из села Бяла Вода записан Рачо Стоевым и передан мне).

[83] Да и страдания Юлита перенесла лютые: Иулитту строгали тело железными зубьями, поливали раны кипящей смолой и убили сына (Кирика) на ее глазах.

(около от лат. циркус) и вышло «около Марины» Circovii Mărinei (другое именование этих дней).

Понятно, что князья церкви боролись с таким «сибаритством». 29 мая 1874 г. синод Румынской Православной Церкви назвал эти верования языческими:

«Любые другие суеверные праздники, такие как: Joile după Paşti, Rusăliile, Ilie Pălie, Foca, Pintilie Călătorul, Răpotinul, Drăgaica, Paparuda, Circovii, Filipii, Chirică Şchiopul запрещены как пережитки времен идолопоклонства и которые не приносят никакой духовной дурным развлечениям. Мы рекомендуем священникам советовать прихожанам оставить такие языческие праздники, которые не совместимы с христианским достоинством и учением Святого Евангелия и Церкви»[84].

У этого синодального решения был вполне четкий классовый смысл: неработающие крестьяне — это убытки бояр и монастырей. А ведь некогда св. Кирилл Иерусалимский пояснял: «Рабу не иметь бы покоя от господ, если бы тьма не приносила с собою необходимой отсрочки» (Огласительные беседы. 9,7)[85].

Я не стал бы вспоминать эту классическую тему советской антицерковной пропаганды («церковники сами были крепостниками»).

Но, во-первых, выросли уже поколения, которые не учились в советской школе. А, во-вторых, в самой церкви слышатся бойкие голоса про то, что и не бывало такого, мол, никогда.

---

[84] Biserica Ortodoxă Română. 1907, №4. Цит. по: IPS Calinic: Încă din 1874 Sfântul Sinod a stabilit să nu se serbeze Ilie Pălie şi Foca (https://www.newsbucovina.ro/actualitate/367497/ips-calinic-inca-din-1874-sfantul-sinod-a-stabilit-sa-nu-se-serbeze-ilie-palie-si-foca-deoarece-sunt-sarbatori-paganesti).

[85] В День святой Варвары — покровительницы шахтеров — отдыхали даже советские военнопленные на шахтах Рейха: немцы-надсмотрщики категорически отказывались работать в этот день.

Некий игумен Тихон (Иршенко) много лет возглавляет тюремный отдел Приморской епархии. «Награжден серебряной медалью „За вклад в развитие уголовно-исполнительной системы России"»[86]. Соответствующий приказ был подписан директором Федеральной службы исполнения наказаний генерал-полковником внутренней службы А. А. Реймером (вскоре, правда, генерал Реймер сам попал под суд и в свою колонию). Также игумен Тихон назначен помощником руководителя краевого управления Федеральной службы исполнения наказаний.

Но главное, он — последовательный реставратор средневековья и игрун в него. Даже в духовенстве РПЦ не так уж много голов настолько отмороженных, чтобы рекламировать крепостное право. А он — в 2020 году от Рождества Христова — решился: «Было крепостное право, и церковь владела деревнями и крестьянами, но характер этого владения был настолько милостивый, что самим владеемым было достаточно приятно находиться во власти у церкви»[87].

Еще ранее протоиерей Алексей Чаплин, руководитель миссионерского отдела Валуйской епархии на официальном сайте этой епархии опубликовал подлинный гимн рабству: «Главная проблема современного православия и, собственно говоря, России (потому что России нет без православия) — это то, что мы разучились быть рабами. Мы должны взращивать в себе раба. Путь к рабству Божьему лежит через рабствование человеку: детей — родителям, жены — мужу, христианина — священноначалию, гражданина — государству со всеми чиновниками и силовиками, включая президента»[88].

Так что дай этим реставраторам волю — они вернут и крепостное право, и монастырские тюрьмы.

---

[86] https://www.vladivostok-eparhia.ru/news/mitropolia/2003_2011/?id=4922

[87] Видео тут: https://diak-kuraev.livejournal.com/4650232.html

[88] http://www.blagogon.ru/digest/737/

Есть очень простой факт, показывающий, как встряска гуманистами всей жизни, в том числе и церковной, помогает церковникам вспомнить о Евангелии.

В документах Первого Ватиканского собора, в 1870 году утвердившего догмат о папской непогрешимости, ни разу не прозвучало слово «любовь». А в текстах Второго Ватиканского собора сто лет спустя это слово использовалось 113 раз. Аналогично со словом мирянин (*laicus*): соотношение 0 к 200[89].

Изменились времена, и церкви пришлось адаптироваться к ним, и говорить, что церковь это не о власти, а о любви. И папская тиара ушла на благотворительный аукцион, и папские туфли перестали целовать, и самого папу перестали носить как китайского богдыхана на носилках с балдахином. И появились чернокожие кардиналы[90]. И папские энциклики о социальной справедливости.

Ватикан изменился или его изменили?

---

[89] Подсчеты диакона-кардинала Ива Конгара, консультанта-теолога (то есть соавтора многих решений) Второго Ватиканского собора. Gomez, Filipe. The Missionary Activity Twenty Years After Vatican II. East Asian Pastoral Review vol 23, p. 57.

[90] Первым чернокожим кардиналом в 1984 году стал Бернарден Гантен из Бенина.

Глава 4

ВОЦЕРКОВЛЕНИЕ ВОЙНЫ

Мы увидели, что такие формы насилия как гладиаторские бои, рабство, публичные пытки и казни не вызвали к жизни активное противодействие церковных риторов.

Следующий круг насилия — война.

В середине IV века император Константин сделал христианам огромный подарок. Он им подарил самого себя. Причем не свое сердце, покаянно умиленное[91] словом Евангелия, а свои полицейско-административные ресурсы.

Константин встретился со Христом (с идеей, символом Христа) по дороге к трону. Точнее, в одном шаге от трона — накануне решающей битвы с законным императором Рима.

«Равноапостольный Царь Константин, для чего первее всего употребил крест Христов, только что им познанный? — Для брани и победы»[92].

---

[91] Ключевое для понимания «этоса православия» славянское слово «умиление» (греческое «элиуса») С. Аверинцев предлагал перевести как «любовь с заплаканным лицом» // Аверинцев С. С. От берегов Босфора до берегов Евфрата. — М., 1986. С. 31.

[92] Митр. Филарет Московский Речь при благодарственном к Господу Богу молебном пении, в Высочайшем присутствии Его Императорского Величества, к собранным из безсрочного отпуска воинам 2 октября 1843 // Творения. Слова и речи. Т. 4. — М., 2007.

И это — факт. А как его оценивать? Это возвышение Креста или его осквернение?

В любом случае именно так в христианство перешло военно-политическое богословие — представление о том, что Богу желанны массовые кровавые жертвы на полях сражений. Перешло не сразу. И потому об отношении древней церкви к войне отдельный разговор был в моей книге «Священные войны православного мира».

Как-то очень символична судьба одного древнеегипетского обелиска. Он был поставлен между 1457 и 1448 гг. до н. э. в храме Амона в Фивах. Обелиском из розового гранита фараон Тутанхамон III воспел свои победы в далекой Месопотамии. В 390 году при имп. Феодосии Великом этот обелиск был установлен в православном Константинополе.

Нет, жители этого города (как и современные им египтяне) не могли прочитать иероглифы на обелиске. Но текст там был весьма кровожадный: юго-западная грань обелиска — та, что смотрит на Мраморное море, — имеет по вертикали следующую иероглифическую надпись: «Царь Верхнего и Нижнего Египта, перешел через Евфрат в мощи и победе во главе своего войска и учинил великое избиение»[93].

И это просто символ того культурного импорта, о котором говорит эта моя книга — не важно, кто «учинил великое избиение» — язычник Тутанхамон или православнейший император. Достойно и славно и то деяние, и это.

Ну в самом деле, есть ли разница между язычником Либанием и, скажем, русским православным летописцем?

Первый писал: «Понимая, что души их растлены не только негодностью военачальников, но еще и привычкой воевать без богов, девять месяцев государь провел с ними, внушая им рвение к благочестию, ибо знал, что толпы бойцов и острые мечи — всё ничто

---

[93] Иванов С. А. Прогулки по Стамбулу в поисках Константинополя. — М., 2016. С. 236.

и всё без пользы, ежели нет у воинства божественных соратников» (Либаний. Надгробное слово по Юлиану. 167).

Другой вторил: «И поможе Бог Жигимонту и много побил людей»[94].

Это — штамп средневековых летописей. Бог как помощник в массовых убийствах.

Можно ли эту благочестивую традицию перенести на XX век? «И помог Бог микадо, и потопил он русские корабли… И помог Бог Фрунзе и Махно, и перешли они море яко по суху и побили белых… И помог Бог Гитлеру и тьмы тем русских воинов взял он в полон в Киев-граде… И помог Бог Ельцину — и взял он Белый Дом».

Увы, ответ скорее зависит от политических симпатий ответчика. И традиция эта перенесена в христианство именно Константином и его придворными панегиристами.

В хрониках четвертого века не видно усилий епископов по упорядочиванию мировоззрения первого христианского кесаря. Ему не запрещают казни и расправы. Будь, какой ты есть — но хотя бы считайся христианином и помогай нам бороться с нашими врагами.

В IV веке церковная иерархия ошалела от такой мгновенной перемены своего статуса — из гонимых в господствующие — и приняла «константинов дар» без внутренней и внешней полемики, без его сопоставления со всё тем же Евангелием.

Те, кому это новое, имперское христианство было не по нраву — ушли в пустыни и создали монашество.

---

[94] ПСРЛ. Т. 15. С. 489.

Глава 5
ПРЕВЕНТИВНЫЕ ПРЕСТУПЛЕНИЯ

В мире людей есть нечто особо гнусное: превентивное преступление.

Говорят, Герасим вовремя утопил Муму: не утопи он ее, через пять минут она сама загрызла бы его спящего. Кроме того, литературоведы установили, что старушка-процентщица планировала убить Раскольникова, и тот опередил ее опять же лишь на минутку…

И вот сквозь многие века в историях православных царств проходят убийства принцев (при смене династии важно уничтожить законных наследников, чтобы они не стали знаменем гражданской войны; османы из тех же соображений убивали всех братьев нового султана).

В 602 году узурпатор Фока сверг императора Маврикия. 25 ноября Фока вошел в Константинополь, не встретив сопротивления. Маврикий бежал с семьей на азиатский берег и отправил из Халкидона своего старшего сына и наследника Феодосия за помощью к персам. 27 ноября 602 года Маврикий был убит после того, как перед его глазами были убиты его пятеро сыновей[95]. Принц Феодосий был настигнут в Никее и разделил участь отца.

---

[95] «Тиран устремился к убиению Маврикия, послал воинов и привели царскую фамилию в Халкидон, сперва при глазах родителя убили пятерых

Дворцовый евнух Схоластик помог жене Маврикия и трем принцессам укрыться в храме Святой Софии, но церковь передала их Фоке. Они были отправлены в монастырь и впоследствии убиты.

Фока был коронован святым патриархом Кириаком Вторым. Никаких обличений св. Кириак новому царю не адресовал.

В 820 году оскопили четырех сыновей свергнутого императора Льва Армянина (один из них от этого умер).

В 1259 году умер император Феодор Ласкарис. Его сыну и наследнику было 7 лет. Регент — Михаил Палеолог — дал клятву хранить династию Ласкарисов. В присутствии патриарха Арсения Михаил Палеолог и юный принц Иоанн дали друг другу клятвы верности. На народ при этом было возложено обязательство восстать с оружием в руках на любого из соправителей, который попытается низложить другого. Но планы основателя последней византийской династии были совсем иные.

Недолго законный принц пребывал в небрежении («Царевич проводил время в детских играх. Счастливый возраст! Несчастный отрок!»)[96].

В день Рождества Христова, 25 декабря 1261 года, слуги Палеолога с раскаленным прутом вошли в спальню к мальчику и выжгли ему глаза (скорее всего, долго водили раскаленным прутом перед глазами — пока те не ослепли).

Юному императору Иоанну IV было 9 лет. Остаток своих дней он провел в тюрьме. Императором стал Михаил VIII Палеолог.

Именно так расчищался путь к трону и для внука Ивана Третьего — Ивана Четвертого Грозного.

сынов его, чтобы растерзать сердце его убиением детей. Но Маврикий, с философским равнодушием взирая на несчастия, призывал Бога всячески, и часто провозглашал: „Праведен еси, Господи, и праведны судьбы твои“. И так смерть детей была надгробною похвалою для отца, который оказал мужество в величайшем несчастии. Нянюшка украла было одного из сынов его, и на место его представила собственного своего ребенка, но Маврикий не принял его, но взыскался своего. Говорят некоторые, что, когда убили его, то истекло млеко с кровью, и все при этом зрелище горько заплакали» (Феофан. Хроника 594 год).

[96] Еп. Порфирий Успенский. История Афона. Т. 1. — М., 2007. С. 701.

Дядя Грозного — Галичский князь Андрей Васильевич Большой, также называемый Горяй — младший брат великого князя Московского Ивана III.

Соответственно, согласно лествичному праву, по смерти Ивана III он мог вступить на престол. Ивану III эта перспектива была не по душе, и в 1491 году он арестовал своего брата и уморил его в Москве.

Сыновья князя Андрея, 13-летний Иван и 12-летний Дмитрий, были закованы в железо (ручные и ножные кандалы). Навсегда. Там, в тюрьме, они и умерли — Иван в возрасте 46 лет, Дмитрий — в возрасте 59. Братья до самой смерти не разлучались. Сперва их держали в тюрьме в Переяславле, потом перевели в монастырскую тюрьму Кирилло-Белозерского монастыря, а после — под Вологду, в темницу Спасо-Прилуцкого монастыря. Иван перед смертью (в 1523 году) принял монашество с именем Игнатий (и потом причислен к лику святых как святой Игнатий Прилуцкий[97].

Митрополит Московский Зосима печаловался перед Иваном III за князя Андрея (не за мальчиков, заметим), и великий князь ему очень спокойно и рассудительно ответил:

«Жаль мне очень брата; но освободить его я не могу, потому что не раз замышлял он на меня зло; потом каялся, а теперь опять начал зло замышлять и людей моих к себе притягивать. Да это бы еще ничего; но когда я умру, то он будет искать великого княжения подо внуком моим, и если сам не добудет, то смутит детей моих, и станут они воевать друг с другом, а татары будут Русскую землю губить, жечь и пленять, и дань опять наложат, и кровь христианская опять будет

---

[97] См. Житие преподобного отца нашего Игнатия Прилуцкого и брата его Димитрия.   https://web.archive.org/web/20090602051658/http://www.spaspriluki.orthodoxy.ru/saints/ign_pr.html). Позже старообрядческий писатель Семен Денисов писал о князе-схимнике: «Игнатий Углецкий, незлобивый Христова Евангелия ученик, изгнание, темницы и узы от близокровных претерпевый, за многолетныя нужды многорадостное на небесех мздовоздаяние обрете».

литься, как прежде, и все мои труды останутся напрасны, и вы будете рабами татар».

Через превентивное убийство ребенка пришла и эпоха «народного единства» в 1614-м: ради мира был повешен семилетний мальчик Ваня (сын Лжедмитрия II и Марины Мнишек):

«... Затем публично повесили Димитриева сына, которому было около 7 лет. Многие люди, заслуживающие доверия, видели, как несли этого ребенка с непокрытою головою. Так как в это время была метель и снег бил мальчику по лицу, то он несколько раз спрашивал плачущим голосом: „Куда вы несете меня?" Эти слова напоминают слова, которые поэт Эврипид заставляет произнести своего Астианакса: „Мать, сжалься надо мною!" Но люди, несшие ребенка, не сделавшего никому вреда, успокаивали его словами, доколе не принесли его [как овечку на заклание] на то место, где стояла виселица, на которой и повесили несчастного мальчика, как вора, на толстой веревке, сплетенной из мочал. Так как ребенок был мал и легок, то этою веревкою по причине ее толщины нельзя было хорошенько затянуть узел и полуживого ребенка оставили умирать на виселице»[98].

Так пришла и та эпоха, главным принципом которой патриарх Кирилл считает солидарность[99] — через расстрел царских детей.

---

[98] Элиас Геркман. Историческое повествование о важнейших смутах в государстве русском // Хроники смутного времени. — М., 1998. С. 259.

[99] «А в советское время? Как только начинаем говорить о советском времени — одни идеализируют, другие демонизируют. А было нечто такое, что это время породило и что сегодня мы смело можем принять, включить в свою собственную философию жизни? Было — солидарность» (Слово патриарха Кирилла 22 января 2015 года на III Рождественских Парламентских встречах. http://www.patriarchia.ru/db/text/3960558.html) По словам патриарха, учитывая этот накопленный за века положительный опыт, можно вывести своего рода девиз — ценностную формулу для россиян из пяти простых составляющих, звучащую как «вера — державность — справедливость — солидарность — достоинство». «„Вера — Древняя

Там, где мерцает тускло киот,

Перед иконой

Старый священник истово бьёт

В землю поклоны.

Перед иконой царской семьи,

Светлой и новой,

Вслух повторяет мысли свои

Снова и снова:

«Плачет душа,

Боже, за что в тёмном подвале

Юных княжон и малыша

В ночь расстреляли?

Боже, за что детям царя

Путь сей тернистый?..

В пламени адском вечно горят

Пусть коммунисты!!!»

Старый священник вышел за дверь,

Всхлипнувши тонко;

Если б другого вспомнил теперь

Он ребятёнка...

Если бы вспомнил, как на мороз,

В лёгкой рубашке

Царский прислужник спешно принес

«Вора-Ивашку» —

В кражах невинный, с малых годов

Звался «ворёнком»,

Сын самозванца и молодой

Польской панёнки.

Русь. Державность — Российская империя. Справедливость — революция. Солидарность — советское время. И достоинство — новая Россия", — пояснил патриарх» (Рождественское интервью Дмитрию Киселеву. 7 января 2015). https://ria.ru/20150107/1041717942.html).

«Дядя, куда ты тащишь меня?» —

Плакал он горько.

Царский прислужник, службу кляня,

Хмурился только.

Первый Романов, супя чело,

Молвил неспешно:

«Что ж тут поделать — жалко зело

Мальчика вешать.

Но не могу я жизнь сохранить —

Трону угроза.

Новые смуты станет чинить,

Новые грозы.

Ну, выполняйте».

Дело палач сробил толково,

И оборвался мальчика плач

В петле пеньковой.

...Кто-то негромко вслух обронил,

Глядя, как в воду:

«Счастья не будет, царь Михаил,

Вашему роду!»

(А. Измайлова)

Юный император Иван VI (в официальных прижизненных источниках упоминается как Иоанн III Антонович) формально царствовал лишь первый год своей жизни при регентстве собственной матери Анны Леопольдовны. Император-младенец был свергнут Елизаветой Петровной, провел почти всю жизнь в одиночном заключении и уже в царствование Екатерины II был убит охраной в 23-летнем возрасте (весьма вероятно, что с дозволения императрицы).

Понимаю, этому есть оправдание. Мол, лучше смерть одного, пусть и ребенка, чем ужас династической гражданской войны. Но ведь это формула иудейского первосвященника, распинателя Христа: «Лучше нам, чтобы один человек умер за людей, нежели чтобы весь народ погиб» (Ин. 11, 50).

В этих убийствах не было религиозного подтекста. Но тут важны а) не-протест церковной иерархии[100] и б) ее готовность не считать эти убийства препятствием для канонизации убийц. Тем самым процесс деградации моральных требований в угоду реалполитик начался.

И начался он вовсе не с убийства польско-московского «ворёнка». А с казни святым равноапостольным императором Константином своего сына Криспа в 326 году.

А вот превентивное убийство не ради сохранения своего храма, а ради недопущения строительства чужого:

«После всего этого, — говорил католикос и бывшие с ним, — он [Хосров] послал одного марзбана с 15 000 вооруженных всадников, прибывшего прежде всего к нам, в наш город и доставившего приказ построить там храм огня для почитания царя». Так рассказывал и говорил католикос: «Когда он показал приказ мне и горожанам, то я распалился ревностью и восстал против него, я со всеми горожанами. Мы сказали: „Хоть мы и рабы царя царей и платим ему подать, но мы христиане и в делах веры не подчиняемся, даже если нам придется умереть за истинность нашей веры“. Но он не согласился с нами и, как было приказано, насильно приложил руку, чтобы очертить, углубить и заложить фундамент, и начал строить, совершенно готовый к [нашему] сопротивлению и войне. Хотя я многократно просил его, но он не послушался меня и не выказал мне внимания. Наконец, я послал [сообщить] во все места, всем жителям области. Когда они это услыхали, они распалились ревностью ради веры во Христа, собрались все, как один человек, около 10 000 вооруженных для войны, чтобы жить или умереть

---

[100] В случае с ослеплением византийского принца Иоанна был протест патриарха Арсения. Он исключил из утреннего богослужения псалом, положенный за императора. но собор других епископов быстро и послушно сверг этого патриарха.

ради Христа и не дать построить в их земле храм магизма и язычества. Когда собрались все богатые и главы земли, они отправились к марзбану туда, где он начал постройку храма огня, и много говорили с ним; споря с ним, мы говорили: „Мы христиане, подчиненные царю царей, в делах же веры мы не можем подчиняться людям и не слушаемся. И даже если придет сам царь, прежде чем мы все не перемрем, никогда не будет построен языческий храм. Но без войны и резни уйди из [нашей] земли и пойди к царю, сообщи о нашем желании и относительно нашей веры. Он имеет власть приказать нам всё делать, но, пока мы все не умрем, мы не допустим, чтобы был построен храм магизма в нашей земле"… Жители области собрались как один человек, чтобы биться за свое христианство до смерти в количестве 20 000 человек. Когда те [войска шаха] прибыли и расположились против них для боя, **эти призвали имя Господа Иисуса Христа и выступили на них. И смирил их Христос перед жителями области, и они перебили всех их, до одного человека. Они убили и марзбана, и взяли его голову**» (Иоанн Эфесский. Церковная история 2,20).

Я полагаю, что в Евангелии осуждение превентивных убийств, в том числе и превентивной войны, включено в общий запрет: «Итак не заботьтесь о завтрашнем дне, ибо завтрашний сам будет заботиться о своем: довольно для каждого дня своей заботы» (Мф. 6,34).

Неужели эти слова Христа только о съестных запасах и «пенсионных фондах»? Мне кажется, их стоит помнить и при принятии любого морально значимого решения, главным аргументом в пользу которого является опасение завтрашних невзгод. Вряд ли с этим словом Христа совместимо поведение по принципу «Я сегодня стану людоедом, иначе послезавтра меня могут укусить».

Но историческое христианство признало право по крайней мере правителей на превентивные убийства (и войны): чтобы не было лиха потом и нам, совершим мерзость мы и сейчас[101].

---

[101] 18 декабря 1882 года посол России в Османской империи А. И. Нелидов направил Александру III записку «О занятии проливов». Отметив потерю

Патриарх Кирилл так и сказал: «Государство имеет законное право употреблять силу, принуждая другие страны, если видит в них угрозу, к тому, чтобы этой угрозы не было»[102]. Сила — в ответ на всего лишь угрозу, которая то ли есть, то ли кому-то померещилась.

А как же насчет того, что «гарантии безопасности должны быть взаимными», что «укрепление безопасности одной страны не должно достигаться за счет другой»?

Из уст патриарха РПЦ, пожалуй, еще никогда и нигде не звучало оправдание превентивной агрессии. Так что теперь уж точно Кирилл войдет в историю. Запасы его «днов» бездонны... Его проповедь превентивной войны была особенно уместна накануне Пурима (16 марта 2022) — тоже превентивной зачистки.

Конечно, не только православные признают за собой право на перво-превентивный удар.

Весьма прямо говаривал и немецкий генерал Людендорф в марте 1913-го: «Нужно заставить народ привыкнуть к мысли о том, что наступательная война с нашей стороны является необходимостью, чтобы разрушить замыслы противника»[103].

В 1918-м его коллега генерал Гинденбург, по сути, обрек Германию на капитуляцию в Мировой войне тем, что отверг предложение Ленина о мире без аннексий, прибегнув к удивительному аргументу. На вопрос министра иностранных дел Германии Кюльмана «Зачем вам так нужны эти территории?» (линия восточного фронта доходила до Риги), Гинденбург сказал: «Они мне

Турцией в последние годы некоторых владений, включая Египет, он указал на близость окончательного распада Османской империи и опасность того, что Австро-Венгрия или Англия попытаются в этот момент утвердиться в проливах. «Из этого, — считал А. И. Нелидов, — для нас является настоятельная необходимость предупредить наших противников...» Александр III. Миротворец отозвался на процитированную фразу пометой: «Это главное». (Красный Архив. 1931. Т. 3 (46). С. 183).

[102] Патриаршая проповедь в среду первой седмицы Великого поста 2022 http://www.patriarchia.ru/db/text/5907484.html

[103] https://dlib.rsl.ru/viewer/01008063129#?page=155

нужны для обеспечения маневра на левом фланге в ходе следующей войны»[104].

С другой стороны 18 апреля 1933 года маршал и фактический правитель Польши Пилсудский лично написал инструкцию, которую стали называть «В случае войны с Германией». В тот же день маршал отнес документ президенту И. Мосцицкому и вернулся с его подписью. Когда адъютант Пилсудского майор М. Лепецкий задал маршалу вопрос, намеревается ли Гитлер напасть на Польшу, то услышал в ответ: «Даже если мы его атакуем, то это также будет защитой»[105] (в те дни скорее Польша задирала и провоцировала Германию, чем наоборот).

Но это хотя бы честнее, чем колыбельная песенка про «мы никогда не нападали».

И еще тут непростой богословско-этический вопрос. Есть русская поговорка — «Бог на зачинающего». Не «за», а «на». То есть Бог не на стороне зачинщика конфликта.

Но и житейский, и исторический опыт говорит, что агрессор весьма часто добивается того чужого, что он неправедно возжелал. И тут адвокаты и проповедники победившей стороны (страны) говорят, что победу им даровал Бог и тем самым вынес им оправдательный вердикт.

А те, кто претерпевает его победу, надеются, что хотя бы в загробном мире или в далекой исторической перспективе Бог еще накажет виновную сторону. «Наши внуки отомстят за нас».

---

[104] Уилер-Беннет Дж. Брестский мир. Победы и поражения советской дипломатии. — М., 2009. С. 112. Условия Брестского мира ужаснули западный мир, и после этого переговоры с Германией стали невозможны, а голоса европейских сторонников ленинской идеи «мира без аннексий и контрибуций», то есть простого возврата к довоенной конфигурации границ, перестали быть привлекательны... В январе 1906 года в газете «Новое время» была помещена карикатура по поводу Портсмутского мира. Тень кайзера Вильгельма нависла над микадо, подписывающим мирный договор. «Как? Мир без аннексий и контрибуций?» — «Но зато и без реванша!»...

Реванш всё же последовал в 1945-м...

[105] Jędrzejewicz W. W. The Polish plan for a «preventive war» against Germany in 1933 // The Polish Review. 1966. P. 83.

Глава 6

Первые законы
против свободы совести

«Христианство никому не навязывает себя. В истории Православной Церкви все-таки такого не было, чтобы на кострах сжигали, отдавали под суд»[106].

Так митрополит Иларион Алфеев гипнотизирует телезрителей. Он образованный человек. Он знает, что говорит неправду. Но поскольку не все его читатели-слушатели знакомы с историей церкви, стоит напомнить кое-что из того, что в ней было.

В этой книге я исхожу из традиционного для РПЦ понимания миссии: миссия — это не только возвещение своей веры, но и борьба с иноверием, а также с сектами, ересями и расколами[107].

---

[106] 6 апреля 2015 года гостем программы «Познер» на Первом канале стал митр. Иларион http://www.hilarion.ru/social/mitropolit-ilarion-otnosheniya-mezhdu-tserkovyu-i-gosudarstvom-konstruktivny.html http://www.youtube.com/watch?v=VcIRl-VTnPA на 12–30 мин.

[107] «Мне было приятно в Перми встретить одушевленных деятелей на поприще епархиальной миссии. И действительно, самое отрадное явление в Перми — это внутренняя противораскольничья и противосектантская миссия, своим возрождением и процветанием обязанная Куляшеву. Сделавшись епархиальным миссионером, он отыскивает старопечатные книги, доискивается установки новых методов в полемике с раскольниками, ищет себе деятельных помощников, разъезжая для этого по селам

У миссионера четыре задачи (как видно из приводимых ниже материалов Третьего миссионерского съезда в Казани):

1. Привлечь не-христиан к вере во Христа.

2. Дискредитировать и погасить чужие голоса, говорящие об иных богах.

3. Сделать то же самое с не-православными проповедниками Христа.

4. Помешать уже крещеным покинуть зону церковного контроля.

Или иначе: миссия привлечения, миссия отвлечения и миссия удержания людей.

Так задействовала ли православная церковь полицейскую силу для своих миссионерских целей?

Ответ — положительный. И начало этой практики всячески восхваляется православными риторами.

312 год. Будущий император Константин снимает свои рейнские легионы с германской границы и ведет их против своего шурина — правящего Римом императора Максентия.

Шансов у Константина никаких: у Максентия в два раз больше войск, на его стороне преторианская гвардия и даже армия Карфагена. Римские стены не поддались даже Ганнибалу. Запасов продовольствия накоплено достаточно для того, чтобы выдержать осаду. Но эта перспектива совсем не нравится горожанам. Да и зачем им рисковать своими виллами на местной «Рублевке», находящимися за пределами стен?

Под их давлением Максентий отказывается от обороны, выходит за стены, и на три километра отходит от них. Более того — он решает переправиться через Тибр (мост через который по его же приказу был разрушен накануне).

и городам, изучая красноречие и одушевляя членов клира» (еп. Саратовский Палладий в 1915 г. Цит. по: Открытие миссионерского кружка в саратовской духовной семинарии // Саратовский епархиальный вестник 1915, № 12).

На пересмотр его стратегии повлияли и добрые предзнаменования, поведанные ему придворными жрецами. Боги, мол, покарают того, кто вредит Риму (Зосим. Новая история. 2.15,16). Конечно, к себе он эти слова Сивиллиных книг отнести никак не мог.

В языческом мире земная победа считалась лишь проекцией небесной битвы богов: исход сражения на земле зависит от исхода сражения богов на небе. И если бы боги ограничивались лишь гуманитарной помощью (как сын бога Асклепия Махаон был главврачом греческой армии при осаде Трои)! Нет, боги именно сражались.

Почему афиняне выстояли против персов при Марафоне? Потому что с ними был бог Пан (Геродот. История. 5,1,105).

О том, как работал этот миф, можно прочитать у Тита Ливия (Кн. 5, 21 и 22) на примере взятия римлянами городка Вейи. Римские солдаты сделали подкоп прямо к святилищу осажденного городка, украли там животное, приготовленное в жертву местному богу, и принесли его в жертву этому самому богу — но уже от имени Рима. Коррумпированный божок обеспечил римлянам победу. С той поры в Риме прижился обычай эвокации: вызова и вывоза враждебных богов в Рим, чтобы те свои силы направляли на пользу Империи (см. также Макробий. Сатурналии. III. 9, 4–6 и Плутарх (Камилл 5-6)). Поэтому в центре Рима появился Пантеон — храм богов всех народов, покоренных Римской империей.

Было известно, что Максентий — очень суеверный человек, и было понятно, что богам всего пантеона он уже принес жертвы. Значит, по мнению его оппонента, все известные Риму боги уже завербованы против него.

Вот поэтому в ночь перед боем, «Уразумев, что ему нужна помощь выше воинских средств, Константин, для отражения злоумышлений и чародейских хитростей, которыми любил пользоваться тиран, искал помощи Божьей, поэтому стал думать, какого Бога призвать бы себе на помощь» (Евсевий. Жизнь Константина. 1, 27). «Он спросил себя, какого бы Бога призвать ему помощником в битве?» (Сократ. Церковная история. 1, 2). Поскольку его противник шел из Рима, где в Пантеоне были все боги Империи, Константин мог возложить свои надежды лишь на того из богов, кто точно никак не входил в императорский миропорядок — на Распятого Еврея.

Константин решает обратиться к нему — и побеждает.

Константин встретился со Христом (с идеей, символом Христа) по дороге к трону. Точнее, в одном шаге от трона — а потому и воспринял Христа как своего пажа, помогающего подняться по ступенькам трона.

Он счел, что желанную победу он получил от Христа. Так он стал христианином, не пережив личного покаяния, не оцарапав свою совесть чтением Евангелия и вообще — мимо Церкви и ее проповеди.

В истории обращения императора Константина нет чувства потрясенности Евангелием, нет совестного кризиса, нет раздумий о том, что теперь можно и нельзя тебе в качестве христианина, как совместить императорскую всемогущую власть с христианской верой…

В общем, Римская империя как бы по инерции въезжает из языческого периода в христианский, ничего всерьез не меняя в свой жизни и не испытывая потребности в пересмотре своих основ.

Главное: в светлое христианское будущее перешла привычка решать проблемы насилием.

«Так как живущие в Египте и самой Александрии имели обычай для служения своей реке назначать мужеложцев, то к ним послано было также **повеление Константина: истребить весь род подобных людей,** *как скверну, чтобы страдающих таким недугом разврата и глаза не видели» (Евсевий. Жизнь Константина. 4, 25).*

Законы св. императора Константина полны самыми крайними мерами — они умножают поводы для смертных казней вкупе с изощренными мучительными экзекуциями (см. Кодекс Феодосия X. 10. 2 — урезание языка и пытка плюс смертная казнь за доносительство).

Среди мер, предложенных первым христианским правителем — poena cullei — казнь путем утопления в кожаном мешке вместе с живыми змеей, обезьяной, петухом и собакой (Кодекс Феодосия IX. 15. 1; Кодекс Юстиниана IX. 17. 1 — это наказание за убийство родственника по закону Константина), или отрубание ног беглым рабам (Кодекс Юстиниана VI. 1. 3).

Закон от 320 г. за похищение девушек и участникам и пособникам этого деяния предписал залитие горла расплавленным свинцом (Кодекс Феодосия IX. 24. 1). По закону 326 года свободная женщина, вступившая в связь с рабом, карается sententia capitali, а ее любовник сжигается на костре (tradendo ignibus verberone). Их дети обращаются в рабство.

Одновременно явно под влиянием церкви Константин ужесточает брачное законодательство, по сути запретив разводы: по закону 331 г. (Кодекс Феодосия III. 16. 1) женщина более не может дать развод мужу на основании того, что он склонен к азартным играм, пьянству или супружеской измене. Причинами развода могут быть только тяжкие преступления мужа — убийство, отравительство, осквернение могил. Аналогичным образом, муж может развестись с женой, только если она окажется сводницей, отравительницей или нарушит супружескую верность. Тут император настойчив. В 320 г. вышел указ Константина ad populum, в котором запрещается человеку, состоящему в постоянном браке (constante matrimonio), иметь еще и любовницу — конкубину (Кодекс Юстиниана V. 26. 1). Осенью 336 г. другое распоряжение императора (Кодекс Юстиниана V. 27. 1) воспретило узаконение сенаторами и другими высокопоставленными отцами детей от конкубины, если она являлась актрисой, проституткой, лишенной гражданской чести, вольноотпущенницей или дочерью человека такого звания. Этим законом запрещались дарения и иные способы передачи имущества как самим конкубинам, так и их детям.

При этом греческий язык обогатился словом «домочадец» Этим словом обозначался раб, рожденный в доме хозяина. Oikogenis = доморожденный[108]. Интересно, были ли какие-то обязательства хозяина перед этим ребенком?

Это стало константой: придя к власти, церковь берется за три задачи: укрепление своего статуса, уничтожение конкурентов, и — насаждение своей модели сексуальных отношений. Других вопросов как бы и нет. Христиански мотивированная гуманизация на этом считается состоявшейся.

Итак, император Константин сделал христианам огромный подарок. Он им подарил самого себя. Причем не свое сердце, покаянно умиленное[109] словом Евангелия, а свои полицейско-административные ресурсы. В результате «церковь с трудом находила свое место между Богом и императором»[110]. Впрочем, еще более странно, что ученики Христа именно это место и хотели занять...

Уже в 326 году имперский закон установил: «Привилегии, дарованные для культивирования религии, необходимо предоставлять только последователям кафолической веры. Мы желаем, чтобы еретики и раскольники (схизматики), не только были удержаны от этих привилегий, но и подвергались различным штрафам» (Кодекс Феодосия. XVI.5.1)[111].

---

[108] См. комментарий А. П. Каждана: Две византийские хроники X века. Псамафийская хроника. — М., 1959. С. 91.
http://dgve.ru/bibl/Dve_byz_chronky_1959.shtml

[109] Ключевое для понимания «этоса православия» славянское слово «умиление» (греческое элиуса) С. Аверинцев предлагал перевести как «любовь с заплаканным лицом» (Аверинцев С. С. От берегов Босфора до берегов Евфрата. — М., 1986. С. 31).

[110] Дагрон Ж. Император и священник. — СПб., 2010. С. 172.

[111] Кодекс Феодосия — сборник постановлений императоров, составленный между 429 и 438 гг. по приказу восточного августа Феодосия II Каллиграфа, и содержащий законы, изданные начиная с периода правления Константина I по 435 г. Последняя — шестнадцатая — книга Кодекса полностью посвящена вопросам религии: правовому положению религиозных групп и организаций, статусу и привилегиям служителей религиозных культов. В шестнадцатой книге Кодекса Феодосия в 11 титулах

Первый церковный историк сообщает о деянии первого христианского императора: «Тотчас вслед за тем по тому же поводу были ниспосланы два закона, один же затворяющий позорища издревле совершаемого по городам и весям идолослужения, чтобы и не отваживались пробуждать истуканов и предпринимать гадания и прочие суетные дела, и вообще вовсе не совершали жертвоприношений» (Евсевий Кесарийский. Жизнь Константина II, 45, 1). «А подчиненным римской власти народам и войскам повсюду закрывались ворота всякого идолослужения, и всякий вид жертвоприношений запрещался»[112].

В ведение церкви было передано имущество осужденных на смерть, не имеющих прямых наследников, ранее переходившее в распоряжение городских курий (Созомен. Церковная история. I. 8).

При Константине государство начало проводить конфискации храмовых земель и изъятия храмовых сокровищ (Юлиан. Речь

собран 201 фрагмент императорских конституций по следующей тематике:

Первый титул посвящен общим вопросам христианской веры.

Второй титул посвящен христианским епископам и клирикам.

Третий — монахам.

Четвертый — догматическим спорам в христианской Церкви.

Пятый — различным ересям и еретикам (с 380 по 392 год Феодосий издал 17 законодательных актов против еретиков — Кодекс Феодосия. 16. 5, 6–24).

Шестой — запрету повторного крещения.

Седьмой — вероотступникам.

Восьмой — иудеям.

Девятый — запрету иудеям владеть рабами-христианами.

Десятый — языческим верованиям.

Одиннадцатый — различным религиозным вопросам.

Десятый титул 16-й книги Кодекса носит название «О язычниках, жертвоприношениях и храмах». Перевод: Ведешкин М. А. Кодекс Феодосия «О язычниках, жертвоприношениях *и* храмах» // Научные ведомости Белгородского государственного университета. 27.2013. https://cyberleninka.ru/article/n/kodeks-feodosiya-o-yazychnikah-zhertvoprinosheniyah-i-hramah

[112] Там же.

VII.288B–C; Либерий. Речь XXX, 6; LXII, 8–9; Anonimus. De Rebus Bellicus. II.1–2)[113]. Незадолго до своей смерти в 337 году «император Константин издал указы о том, что три [языческих] храма в Константинополе, ранее известные как храмы Акрополя — храм Гелиоса, Артемиды Луны и Афродиты — должны остаться в будущем без доходов» (Иоанн Малала. Хроника. Кн.13, Глава «Правление Константина»,13).

Уже в последние годы правления Константина (сконч. в 337 году) были разрушены отдельные языческие святилища, культовые практики которых император считал аморальными: в 335 году «По эдикту Константина разрушены языческие храмы» (Иероним Стридонский. Хроника. 335.2). С чем не согласен, однако, Феодорит: «Константин Великий, первый, украсивший императорскую власть благочестием, видя свое государство еще в безумии, хотя решительно запретил приносить жертвы демонам, однако храмов их не разрушил, а только приказал их запереть» (Феодорит Кирский. Церковная история. 5, 21).

При его преемниках государство перешло в решительное наступление на язычество.

В 341 г. был издан закон, осуждавший жертвоприношения. Сыновья св. Константина Великого императоры Констанций и Констант обязали викария Италии Луция Креперия Мадалиана назначать быстрое и подходящее наказание любому, кто «против закона Божественного Принцепса отца нашего и этого нашей милости приказания отважился бы исполнять жертвоприношения» (contra legem divi principis parentis nostri et hanc nostrae mansuetudinis jussionem ausus fuerit sacrificia celebrare) (Кодекс Феодосия. XVI.10.2).

«Все маги, в какой бы части света они ни находились, должны считаться врагами человеческого рода. Если какой-либо маг, или привыкший к магическим осквернениям, которого обычно

---

[113] Аноним. О военных делах. Перевод А. К. Нефёдкина. — СПб., 2014. С. 9.

называют злодеем, или прорицателем, или гадателем, или, конечно, авгуром, или даже математиком, или скрывающий какое-либо искусство прорицания посредством рассказа снов, или, конечно, практикующий что-либо подобное этому, будет пойман в моем обществе или в обществе Цезаря, пусть он не избежит пыток и мучений ради своего достоинства. Если же он, будучи обличён, противится тем, кто разоблачает его преступление, отрицая его, то да будет он предан дыбе» (Кодекс Феодосия. IX.16.6).

В 354 году: «Повелеваем: во всех областях и также во всех городах немедленно закрыть храмы и, тем самым, запретив доступ [к ним], отказать в возможности свободно грешить всем развращенным [суевериями людям]. Также постановляем удерживать всех от совершения жертвоприношений. В случае, если кто-то нечто подобное хоть раз совершит, он будет казнен карающим мечом. Дано в декабрьские календы в год четвертого консульства Констанция и третьего консульства Константа августов» (Кодекс Феодосия. XVI.10.4).

И этот закон был повторен через два года, 19 февраля 356 года. Но теперь под ним стояла подпись Юлиана. Он, еще не будучи полновластным властителем Империи, вместе с христианским императором Констанцием подтвердил: «Тот же август (Констанций) и цезарь Юлиан. Никто да не обращается к прорицателю, математику или гадалке. Да умолкнут злые проповеди авгуров и провидцев. Халдеи, маги и другие, которых простые люди называют злодеями из-за величины их преступлений, даже не пытаются что-либо сделать в этом направлении. Пусть всякий интерес к гаданию навсегда утихнет. Ибо всякий, кто откажется подчиниться приказу, будет наказан усечением головы и повержен карающим мечом. Издано в 11 день до мартовских календ в Медиолане в 8-е консульство августа Констанция и в консульство цезаря Юлиана» (Кодекс Феодосия. IX.16,4).

Тут стоит нажать на паузу в листании летописной ленты.

Дело в том, что вышеупомянутый Юлиан, став на два года полновластным императором, попробовал восстановить могущество римского язычества. Христиане заговорили о новых гонениях на себя. И в церковной версии истории Юлиан — соавтор закона о смертной казни для язычников — стал автором закона о смертной казни для христиан. «Желая восстановить в Римской империи культ языческих богов, Юлиан разослал по всем областям указ, согласно которому всех христиан следовало предавать смерти»[114].

Это вранье. Не было такого указа. Юлиан не отличался кровожадностью. По слову блаж. Иеронима Стридонского, «После того как Юлиан обратился к служению идолам, началось льстивое гонение, более заманивающее, чем принуждающее к языческому жертвоприношению, гонение, в которое многие из наших пали собственною волею» (Хроника. 365.1). Оппонент Иеронима Руфин с ним в этом вопросе согласен: «Вознаграждениями, почестями, лаской, уговорами вырвал чуть ли не большую часть паствы, как если бы жестоко преследовал ее» (Руфин. Церковная история. I.32).

Христиане отступали от своей веры не из страха, а из корысти: «Когда известный царь <…> желающим делать это (приносить жертвы) предоставлял большие почести — то сколько людей, оставив Церковь, побежали к жертвенникам? Сколько, приняв на себя эту приманку государственных почестей, попались вместе с ним на удочку отступничества?» (Астерий Амасийский. Речи. III.10.3).

Св. Григорий Богослов среди мер юлианова гонения не упомянул казни:

«Посмотрите на прошедшее! Были времена и нашего могущества и вашего, и оно переходило попеременно то в те, то в другие руки. Какие же напасти терпели вы от христиан подобные тем, кои так часто терпят от вас верующие? Лишали ли мы вас каких-либо прав? Вооружали ли против кого неистовую чернь? Возбуждали ли против кого начальников, которые бы поступали строже, нежели как им предписано?

---

[114] http://www.patriarchia.ru/db/text/910336.html

Подвергли ли кого опасности жизни? Отняли ли у кого власть и почести, принадлежащие мужам отличным? Словом, нанесли ли кому такие обиды, на которые вы так часто отваживались или которыми угрожали нам?» (Слово 4. На царя Юлиана)[115].

Какие замечательные слова! Как красиво и убедительно св. Григорий возвысил христианство над язычеством. Но если в его описании политики Юлиана нет оснований сомневаться, то в его презентации истории самого христианства есть, увы, не то что неточность, а прямая нечестность.

Но сначала напомню, что за полвека до св. Григория Богослова подобное сказал другой христианский писатель — Лактанций.

Незадолго до обращения императора Константина Лактанций мечтал: «Поймите же, если у вас еще есть ум, что люди потому злы и несправедливы, что почитают [ложных] богов. Ибо если бы почитался только один Бог, не было бы раздоров и войн, поскольку люди знали бы, что они дети одного Бога и потому связаны узами и неразрывной нитью божественного родства. Не было бы никаких

---

[115] В другом Слове, обращенном к столичным арианам: «Какой дерзостно устремляющийся народ навел я на тебя? Каких вооружил воинов? Какого поставил военачальника, кипящего гневом, превосходящего дерзостью самих повелителей, притом не христианина, но такого, который бы свои нечестивые с нами поступки почитал приличным для него служением чтимым им демонам? Держал ли я в осаде кого молящегося и воздевающего руки к Богу? Остановил ли звуком труб какие псалмопения? Смешал ли у кого таинственную кровь с кровью, проливаемой убийцами? Заставил ли кого духовные вопли заменить плачем погибельным, и слезы сокрушения — слезами страдания? Превратил ли какой дом молитвы в место погребения? Издевался ли над вами, по нашему наущению, какой-либо бесстыдный юноша, и поющий представляющий из себя срамное? Отсекал ли я руки у кого живого или мертвого, и лгал ли на святых, чтобы клеветой вооружиться против Веры? Чьи изгнания перечислял я как благодеяния? Кого из благочестивых, изгнав из отечества, предал я в руки людей беззаконных, чтобы заключенные, подобно зверям, в мрачные жилища и разлученные друг с другом (что всего тягостнее в этом печальном событии) томились они голодом и жаждой, получая скудную пишу и то через узкие скважины и не имея возможности видеть страждущих вместе с ними?» (Григорий Богослов. Слово 33. Против ариан и о самом себе).

интриг, поскольку [люди] знали бы, какого рода кары приготовил убийцам Бог, Который видит тайные преступления и даже помыслы. Не было бы обманов, грабежей, если бы учились наставлениям Бога и довольствовались бы своим и немногим, предпочитая слабым и тленным [выгодам] прочные и вечные. Не было бы разврата, прелюбодеяний и растления женщин, если бы всем было известно, что Бог осуждает любую страсть, направленную не на рождение детей. Необходимость не толкала бы женщину осквернять честь свою, добывая себе пропитание непристойнейшим образом, поскольку мужчины сдерживали бы свою страсть, да и благочестивая и религиозная жертвенность имущих помогала бы неимущим. Итак, не было бы, как я сказал, на земле всего этого зла, если бы все были связаны законом Божиим, если бы все поступали так, как поступает только наш народ [христиан]. Сколь благостным, сколь [воистину] золотым было бы состояние человеческих дел, если бы на всей земле пребывали кротость, милосердие, мир, бескорыстие, равенство, умеренность и верность! Наконец, для управления людьми не нужны были бы столь многочисленные и столь разнообразные законы, когда бы для сохранения честности было бы достаточно одного-единственного закона — Божия. Не нужно было бы ни тюрем, ни мечей охранников, ни страха наказания, когда целебность небесных предписаний, поселенная в человеческих сердцах, сама по себе наставляла бы людей на праведные поступки» (Божественные установления 5, 8, 6–9; написано в 303–313 годах).

Еще раньше (?) аналогичный акцент звучал в проповеди ап. Фомы: «Провозглашая Его человеколюбие по отношению к людям и безмерную к ним жалость, я дошел до вас свободными ногами. Я был причастником Его тайн и слугой, и собственными глазами убедился в том, что говорю. Я не [тащу] силой тех, кто отказывается, но принимаю в объятия тех, кто добровольно поверил»[116].

---

[116] Иванов С. И. «Апостольская Сирена»: памяти Симеона Метафраста на апостола Фому (BHG,1835) // Византийский временник. — М., 2006. Т. 65 (90). С. 322. По крайней мере Симеон Метафраст полагал, что именно так

Увы, сегодня ни один христианин не имеет права повторить те слова ап. Фомы, Лактанция или св. Григория Богослова и не стать при этом лжецом или невеждой… Обиды, причиненные христианами язычникам и иноверцам уже давно превзошли обратные.

Но когда же именно христианские инквизиторы превзошли языческих? До имп. Юлиана и слов св. Григория о нем или уже после?

Эдикт об учителях, запрещавший христианам преподавание в университетах и школах, более всего возмутивший св. Григория, император Юлиан Отступник издал летом 362 года.

Умер Юлиан 26 июня 363.

Григорий Богослов свои «Слова на царя Юлиана» написал уже в безопасности — после смерти адресата. Хотя начаты они, вероятно, были ранее, но закончены и опубликованы лишь в конце 364 — начале 365 г. Важно также, что эти свои неправдивые, хотя и добрые слова он пишет и публикует, еще не будучи епископом (хиротония — в 370-м году), то есть еще не получив власти.

Так точно ли христиане были «белы и пушисты» до 60-х годов IV столетия?

Вспоминаем про законы 354 и 356 годов, и понимаем, что в своем упреке уже мертвому Юлиану св. Григорий Богослов сказал неправду.

С 326 года христианские императоры стали притеснять язычников, а с 354 года — прямо преследовать их.

То есть за 10 лет до слов св. Григория про «а нас-то за что?» уже был закон о смертной казни практикующих язычников. За эти 10 лет закон, изданный для всей империи в далеком Медиолане (Милане), полагаю, мог достигнуть ушей образованнейшего священника Назианза.

апостол Фома должен был говорить. Но сам Симеон жил уже в X веке. В современном Житии ап. Фомы таких слов нет, но Симеон читал утраченный ныне источник.

И эти законы вовсе не просто пылились в архиве.

В 358–362 годах в египетской Александрии у власти находился христианский генерал-губернатор Артемий. «Начальствовавший над египетскими войсками Артемий разрушил множество идолов» (Феодорит Киррский. Церковная история. 3, 18). «Дукс Египта (Артемий) захватил святейший храм бога, похитив там изображения, дары и украшения святилища; когда же вы справедливо вознегодовали и попытались защитить бога, вернее собственность бога, он осмелился послать против вас солдат» (Письмо императора Юлиана народу Александрии. Цит. по: Сократ. Церковная история. 3, III, 4–25).

Ограничения в правах, штрафы, запрет на наследство, препятствия в карьерном росте (то, что перечисляет св. Григорий) начались очень рано, уже в 326 году.

Увы, и подстрекательства «черни» к преследованию язычников имели место задолго до воцарения Юлиана.

Уже около 346 года Юлий Фирмик Матерн, направил принцам — сыновьям Константина Великого трактат с богословским обоснованием инквизиционных казней. Он называется De errore profanarum religionum (О заблуждении языческих религий)[117].

«До тех пор нравы в городе Риме были чистыми, и никто не искал иностранных суеверий с их смутными обычаями. Но после тщательного расследования действий всех тех, кто принес в Рим нечистую ложь священных обрядов вакханалий, суровое наказание, с применением пытки и смертной казнью, было назначено постановлением консула Постумия. И меч его не отдыхал долгое время, пока зло не было отсечено от самых

---

[117] При этом другое его сочинение его Matheseos libri VIII, законченное в 354 году, является наиболее подробным учебником по античной астрологии. Источники Фирмика Матерна столь же удивительны, как и самый трактат; например, автор ссылается на сочинения библейского праотца Авраама и «основателя медицины» Эскулапа. Весьма любопытно также стремление автора защитить астрологию от преследования высшей власти заявлением, что император один не подвержен влиянию звезд.

корней. Поистине, наказание, достойное имени римлян! Как похвальна незыблемость древней добродетели! Консул не берег себя до тех пор, пока его собственные граждане не были избавлены от иностранных пороков, а отечество — очищено (6).

Эти вещи, о Констанций и Констанс, Святейшие Императоры, должны быть вырезаны под корень и уничтожены, и это должно быть сделано самыми суровыми законами и указами, чтобы никогда больше несчастные ошибки в верованиях не разоряли римский мир, чтобы эти гнусные обычаи не окрепли, чтобы никакие правила на земле больше не могли уничтожить человека Божия. Ум, захваченный по вине слабости, всегда желает помощи болезни и, отказавшись от медицины, презрев врача, хватается сам за лекарства по собственному разумению и ускоряет свое собственное разрушение торопливостью. Тогда, если болезнь становится тяжелее, страждущий ищет более сильных лекарств, и для того, чтобы помочь ему, врач вынужден назначать их. Продукты питания с сильным вкусом и спиртные напитки назначаются больному, не желающему их, а если болезнь становится еще тяжелее, применяются огонь и меч. И если человек, восстановив свое здравомыслие и здоровье, приходит в себя, независимо от того, что он невольно перенес по вине больного тела, он не согласится с тем, что всё это было сделано во имя его собственной безопасности и по приговору здравого ума (16).

Святейшие Императоры, вы, кого Бог сотворил, чтобы быть участниками своего царства и проводниками своей воли. Милосердная божественность Христа предусмотрела для ваших рук уничтожение языческих храмов и свержение идолопоклонства. Он выступал против духовных пороков, вы победили земные. Поднимите трофей победы, и пусть огромный триумфальный список несут перед вами! Радуясь уничтожению языческих скверн, ликуйте сильнее, ликуйте уверенно! Вашим счастьем будет впрячься в ярмо с силой Бога. В результате сражений за Христа вы завоюете от его имени спасение людей! (20)

Срывайте, несите без страха, украшения из храмов, Святейшие Императоры. Пусть огонь денег или пламя металлов пожирает этих богов. Забирайте всё их достояние в свою собственность, потому что после разрушения храмов, вы значительно продвинетесь вперед силой Бога (28).

Но вам, Святейшие Императоры, надлежит преследовать и наказывать это зло, и это приказано вам законом Всевышнего Бога, и везде ваша строгость должна преследовать злые дела идолопоклонства. Слушайте, доверившись вашим святым чувствам, что Бог повелел этим приказанием. Ибо во Второзаконии значится: Если будет уговаривать тебя тайно брат твой, сын матери твоей, или сын твой, или дочь твоя, или жена на лоне твоем, или друг твой, который для тебя, как душа твоя, говоря: „пойдем и будем служить богам иным, которых не знал ты и отцы твои", богам тех народов, которые вокруг тебя, близких к тебе или отдаленных от тебя, от одного края земли до другого, — то не соглашайся с ним и не слушай его; и да не пощадит его глаз твой, не жалей его и не прикрывай его, но убей его; твоя рука прежде всех должна быть на нем, чтоб убить его, а потом руки всего народа; побей его камнями до смерти, ибо он покушался отвратить тебя от Господа, Бога твоего (Втор. 13:6–10) Если услышишь о каком-либо из городов твоих, которые Господь, Бог твой, дает тебе для жительства, что появились в нем нечестивые люди из среды тебя и соблазнили жителей города их, говоря: „пойдем и будем служить богам иным, которых вы не знали", — то ты разыщи, исследуй и хорошо расспроси; и если это точная правда, что случилась мерзость сия среди тебя, порази жителей того города острием меча, предай заклятию его и все, что в нем, и скот его порази острием меча; всю же добычу его собери на средину площади его и сожги огнем город и всю добычу его во всесожжение Господу, Богу твоему, и да будет он вечно в развалинах, не должно никогда вновь созидать его; ничто из заклятого да не прилипнет к руке твоей, дабы укротил Господь ярость гнева Своего, и дал тебе милость и помиловал тебя, и размножил тебя, как клялся отцам твоим, если будешь слушать гласа Господа, Бога твоего, соблюдая все заповеди Его, которые ныне заповедую тебе, делая угодное пред очами Господа, Бога твоего (Втор. 13:12–18). Всевышний обещал вам в награду свое милосердие, о, Святейшие Императоры, и Он дал вам множество возможностей заслужить ее. Так сделайте то, что он велит! Исполните то, что предписано (29)»[118].

Как сказал историк, Юлий Матерн, «очевидно, даже и не задумывался над тем, что слова могут убивать, но — печальное первенство! — никто из латинских писателей до него не делал насильственное подавление инакомыслящих своей открытой литературной целью… Одиозный памфлет De errore делает понятным, почему некоторое время спустя такая благородная натура, как император Юлиан, чтобы спасти цивилизацию, прибегнет к такому отчаянному и заранее обреченному на провал средству, как реставрация языческой религии»[119].

Эти призывы звучали до воцарения Юлиана Отступника. И до заверения Григория Богсовра о том, будто христиане всегда бывали белыми и пушистыми.

И всё равно св. Григорию надо быть благодарным хотя бы за то, что он или искренне осуждал насилие в религиозных вопросах,

---

[118] Юлий Фирмик Матерн. О заблуждении языческих религий. — М., 2025.

[119] М. фон Альбрехт М. фон Альбрехт. История римской литературы. Том III. — М., 2005. С. 1752–1753.

или хотя бы считал, что христианский пастырь должен обличать такое насилие в своих словах[120].

Быть может, к этому времени христианин лишь путем такого рода фейка мог обличить христианские власти в том, что их действия несовместимы с Евангелием.

Может, святой ритор был увлечен плетением своих словес и «ради красного словца» приврал.

Может, сознательно пошел на полемическое «приукрашение действительности» «ради блага церковного».

Может, он не-сознательно временно отключил все те свои знания, которые были малосовместимы с поставленной апологетической задачей. Такое бывает с увлекающимися людьми…

Но вышло всё равно вранье. Если бы кто-то в эту минуту взял его за руку и спросил: «Ты всерьез утверждаешь, что, обретя власть, христиане за истекшие 40 лет никого не обидели и не утеснили?», — св. Григорий, полагаю, признал бы неправоту своей риторики.

Еще вариант: до поры до времени закон в самом страшном своей аспекте не применялся. То есть норма смертной казни за участие в неверных обрядах уже была, но еще не было политической воли к ее активному применению[121].

---

[120] «По закону нашему должно водить не насильно и «не принужденно, но охотно» (1 Пет. 5:2). И другое начальство не может утвердиться принуждением, управляемое с насилием при всяком удобном случае старается освободиться, тем паче наше, не столько начальство, сколько детоводжение, всего более соблюдает свободу. Ибо тайна спасения — для желающих, а не для принуждаемых» (Слово 12. Говоренное отцу, поручившему ему попечение о Назианзской церкви).

[121] А. Д. Рудоквас приходит к заключению, что гонения на язычников во второй половине царствования Константина действительно имели место, но не проводились государством, а только санкционировались им, и, следовательно, не были повсеместными. Принятые при Константине законы носили прохристианский характер, но вопрос о дальнейшей судьбе тех или иных языческих храмов и культов передавался на усмотрение муниципальных органов власти, действовавших сообразно с местными условиями. «Таким образом, можно констатировать, что гонения на язычников имели место во второй половине времени правления Константина, но не

Также стоит заметить, что языческие авторы отрицали гонения на их религию при Константине[122], а христианские хронисты утверждали, что они были. Тем самым первые хотел образумить преемников Константина, а вторые хотели удревнить желаемые ими репрессии против своих оппонентов.

Тут важно отметить, что очень рано — со времен Евсевия Кесарийского — «нормой» христианской политики церковные писатели стали считать репрессии против язычников.

Уже после Юлиана снова христианские императоры Валентиниан и Валент указом от 12 декабря 370 года запретили «математиков»: «Пусть прекратятся трактаты математиков. Ибо если кто-либо будет застигнут, публично или тайно, днем или ночью, совершающим запрещенное заблуждение, то оба должны быть приговорены к смертной казни» (Кодекс Феодосия IX. 16, 8)[123].

Язык той культуры словом «математика» обозначал ученых и учеников как таковых, вне зависимости от предмета и метода их штудий. Поэтому даже страницы Евангелия полны математиками: «Увидев народ, Он взошел на гору; и, когда сел, приступили к Нему ученики μαθηταὶ Его» (Мф., 5:1). «Ученик (μαθητὴς) не выше учителя, и слуга не выше господина своего: довольно для ученика (μαθητῇ)» (Мф., 10:24-25).

Император Феодосий Великий указом 380 года выразил свое отношение к людям иной веры, нежели его: «наша воля, чтобы все народы, подчиненные нашему милостивому господству,

---

проводились государством, а только санкционировались последним, и следовательно, имели не повсеместный характер» (Рудоквас А. Д. О законодательстве против язычества императора Константина Великого // Античный мир. Проблемы истории и культуры: сб. науч. ст. К 65-летию со дня рождения проф. Э. Д. Фролова. — Спб., 1998. С. 386–387).

[122] Подробно об этом: Рудоквас А. Д. Религиозная политика императора Константина Великого. — СПб., 1996.
http://ancientrome.ru/publik/rudokvas/rud01-3.htm

[123] Ad Modestum praefectum praetorio. Cesset mathematicorum tractatus. Nam si qui publice aut privatim in die noctuque deprehensus fuerit in cohibito errore versari, capitali sententia feriatur uterque.

исповедывали ту религию, которой апостол Петр научил римлян. Мы повелеваем, чтобы исповедники этого учения носили имя кафолических христиан и чтобы все остальные, которых мы почитаем безумными и сумасшедшими, клеймились позорным названием ереси, а их сборища не принимали наименование церквей, и чтобы они кроме божественного возмездия подлежали и тому наказанию, которое определит наша воля, руководимая небесным вдохновением» (Кодекс Феодосия XVI, 1, 2).

«В эдикте устанавливается, что только те, кто исповедуют Никейскую веру, могут называться «кафолическими христианами». Всё же прочие должны претерпеть «бесчестие» (infamia) как последователи еретического учения. В данном случае император мог употребить это слово не как юридический термин. Можно, впрочем, предположить и собственно техническое употребление термина, что означало тяжкие юридические последствия для еретиков. Лицо, покрытое «бесчестьем» (infamia), по римскому праву не могло выступать процессуальным представителем, не могло быть назначено опекуном, привлечено в свидетели и т. п.»[124]

30 июля 381 года уже звучат угрозы: «Пусть разрешение собираться простирается на тех, кому мы дали такой приказ, и пусть знают те, кто полагает, что только они получили право собраний, что, если они попытаются устроить какое-либо возмущение против предписания Нашей Светлости, они ответят головой как устроители мятежа, нарушители мира в Церкви, и даже как виновные в оскорблении величия, и равное наказание устанавливается по отношению к тем, кто вопреки этому Нашему распоряжению попытается исподтишка или тайно просить милости». (Кодекс Феодосия. XVI.1.4).

---

[124] Сильвестрова Е. В. Первый титула шестнадцатой книги Кодекса Феодосия // Вестник ПСТГУ. I: Богословие. Философия. — М., 2009. Вып. 2 (26). С. 16.

Арианам запрещалось строить церкви (Кодекс Феодосия. XVI.5,8). Их храмы должны быть конфискованы и переданы православным (Кодекс Феодосия. XVI.1, 3).

В том же 381 году Феодосий пригрозил язычникам: «Императоры Грациан, Валентиниан и Феодосий августы префекту претория Флору. Если какой-то безумец и святотатец совершит священнодействия дневные или ночные, или займется гаданием, или станет использовать святилище или храм для такого рода преступных занятий, пусть знает и будет уверен, что подвергнется проскрипциям, ибо мы справедливым приговором напоминаем, что Богу должны воссылаться чистые молитвы, а не зловещие колдовские напевы. Издано в 12-й день до январских календ в Константинополе в консульство Евхерия и Сиагрия. (381, 21 декабря)». (Кодекс Феодосия. XVI.10.7).

В 383 году Феодосий предписал конфисковывать здания, в которых еретики проводят свои собрания (Кодекс Феодосия. XVI.5.11-12). Также еретикам запрещалось посвящать священников. Госслужащие, замеченные в покровительстве еретикам, должны быть уволены.

Феодосий вместе с сыном Гонорием определил: «хотя мы верим, что не осталось уже никаких язычников… пусть будут наказаны [в соответствии] с уже давно обнародованными предписаниями те, что [еще] уцелели» (Кодекс Феодосия XVI.10.22). «Если уцелевшие язычники будут застигнуты за гнусными жертвоприношениями демонам, то, хотя и должно подвернуть их смертной казни, пусть [всё же] они будут наказаны проскрипцией имущества и изгнанием» (Кодекс Феодосия. XVI.10.23).

В 382 году Феодосий ввел смертную казнь для манихеев (Кодекс Феодосия. XVI, 5,7,9). Причем для их выявления были назначены специальные чиновники. Также Кодекс Феодосия предписывает казнь еретикам — квадридециманам (XVI, 5, 9), чья «ересь» были всего лишь в том, что у них была своя дата празднования Пасхи.

16 июня 388 г. новый эдикт Феодосия запретил споры о религии и высказывание мнений, противоречащих решениям церковных соборов (Кодекс Феодосия. XVI, 4, 2).

Запрещение публично (ad publicum) спорить о религии в эдикте разветвляется на три частных пункта: во-первых, запрещается disceptare de religione, т. е. спорить о религии; во-вторых, tractare — говорить речи к народу; в-третьих — concilii aliquid deferre, т. е. запрещается расходиться с Собором, определившим раз навсегда православную догму. За нарушение закона Феодосий угрожает двумя наказаниями: 1) poena и 2) supplicium. Первое понятие (poena) не устанавливает никакого определенного рода наказания, так как на языке римского права poena означает вообще возмездие за нарушение права, налагаемое государством. Первоначально оно соединялось с денежным взысканием. Гораздо определеннее понятие supplicium. По существу, оно имеет сакральный смысл и первоначально значило «принесение умилостивительной жертвы». «С течением времени понятие supplicium стало одним из терминов для обозначения смертной казни. Так Феодосием за свободное слово была назначена смертная казнь»[125].

В 388 году еретических священников (аполлинаристов) предписано отправлять в ссылку. Апелляции от них не принимались (Кодекс Феодосия. XVI. 5, 14-15).

В 389 году закон Феодосия запрещает еретикам (аномеям) завещать свое имущество и получать имущество от других лиц по завещанию. (Кодекс Феодосия. XVI. 5,17). Аналогичные меры прилагали к тем, кто из христианства возвращался в язычество (Кодекс Феодосия. XVI. 7, 1–3).

В феврале 391 году новый эдикт Феодосия запрещал язычникам не только принесение кровавых жертв, но и вообще посещение храмов и поклонение изображениям богов (Кодекс Феодосия XVI, 10, 10). А позже в том же году появился закон, повелевавший закрыть все языческие храмы в Египте (Кодекс Феодосия. XVI, 10, 11).

---

[125] Чернявский Н. Ф. Император Феодосий Великий и его царствование в церковно-историческом отношении. — Сергиев Посад, 1913.

Итогом этого эдикта стала гражданская война в Александрии: египтяне полагали, что без жертвоприношений не будет разлива Нила, а, значит, и урожая. Церемонии, связанные с измерениями разлива Нила совершались в великом храме Сераписа.

Христиане во главе со святым архиепископом Феофилом «Флюгером» осадили этот храм; язычники во главе с философом Олимпием его обороняли. Уличные бои шли несколько месяцев. Но император ввел в город армию. Храм Сераписа был разрушен (см. главу «От законов — к практике»).

Наконец, эдиктом от 8 ноября 392 года Феодосий называет язычника виновным в оскорблении величества — majestatis reus (Кодекс Феодосия XVI, 10, 12) просто за то, что тот не разделяет веру самого императора. С ним уже должна была считаться не Церковь, а государство. Спокойно приносить жертвы, посещать языческие храмы, невзирая на то, что государь молится иному Богу и повелел подданным считать для себя священной, а, следовательно, и обязательной, веру Никейского собора, значит нанести самое тяжелое оскорбление государю. Впервые в Риме запрещены традиционные государственные церемонии.

— *«Никто совершенно, из какого он состояния или звания ни был... ни в каком абсолютно месте, ни в каком городе пусть не убивает невинных жертвенных животных пред бездушными священными изображениями, или пусть не почитает посредством тайной очистительной жертвы, или своих лар (домашних богов) посредством огня или своего гения посредством вина или своих пенатов благовониями, пусть не возжигает светилен, не всыпает священного курения и не развешивает венков».*

— *«Если кто осмелится приносить жертву, гадать по внутренностям, то, как виновный пред величеством [majestati reus], пусть получит приличное осуждение, хотя бы он ничего не исследовал относительно спасения или против спасения своих начальников. Достаточно уже для тяжести преступления желания разрубить законы самой природы, исследовать непозволенное, открыть тайное, испытать запрещенное, искать окончания чужой жизни и возбуждать надежду на гибель чужого».*

— «Если кто-либо почитает сделанные человеческой рукою, тленные идолы священным курением, или дерево, украшенное лентами, или также алтарь, выстроенный из дерна, тот должен, как виновный в осквернении религии, быть наказан лишением дома или владения, в которых он служил богам».

— «Если же кто рискнет совершить жертвоприношение в храмах, публичных капищах или (не в своих) в домах и полях, то, когда будет известно, что захват был произведен без воли владетеля, последний должен уплатить 25 фунтов золота: соучастника и приносящего жертву постигнет равная кара».

Этим законом преследуется не какая-либо из форм языческого культа, но вся структура его: культ публичный, домашний или семейный; культ в полях, жертвоприношения, культ изображений. Причем язычество в нем теперь трактуется как superstitio gentilica. Таким именем обычно в древнем священном римском праве обозначалось почитание всякого культа, которому государство не предоставляет гражданских прав. Следовать такому культу значило быть уголовным преступником.

Указ боролся с самыми простыми, а следовательно, и с самыми естественными традициями, особенно сельскими. Каждый, украсивший дерево ленточкой, или построивший простенький полевой алтарь, обложенный дерном, оскорблял тем самым религию и императора.

Кроме того, штраф налагался за потворство тайным врагам христианской религии, которые небрежно исполняли свою обязанность обнаруживать или наказывать тех, кто провинился в идолопоклонстве. Влияние, которое было приобретено св. Амвросием

Медиоланским и его собратьями на юность Грациана и на благочестие Феодосия, было употреблено на то, чтобы влить принципы религиозного гонения в душу их царственных приверженцев. Они установили следующие два благовидных принципа религиозной юриспруденции, из которых сделали прямой и немилосердный вывод, направленный против тех подданных империи, которые не переставали держаться религиозных обрядов своих предков: что **судья в некоторой степени виновен в тех преступлениях, которые он не старается запрещать или наказывать**; и что идолопоклонническое поклонение баснословным богам и настоящим демонам есть самое ужасное преступление против верховного величия Создателя» (Гиббон Э. История упадка и разрушения Римской империи. 3, 28).

В итоге языческие культы запрещены вообще; а против христианских еретиков (арианам) Феодосий издал 17 законов (Кодекс Феодосия. XVI, 5, 6 – 24).

Опять вспоминаем слова св. Григория Богослова Юлиану: «Вооружали ли против кого неистовую чернь?»

Если бы отношения церкви и империи остались на уровне раннего Константина, а не Феодосия, на уровне Миланского эдикта о веротерпимости[126], а не Кодекса Феодосия — много позора не пало бы на церковь. Но от простой помощи Церкви (Константин) был сделан шаг к уничтожению и запрету всего остального (Феодосий).

Как резюмировал прот. Александр Шмеман — «Надо открыто признать, что именно Церковь требует от государства борьбы с язычеством, отрицает сам принцип терпимости. Забыв о словах Тертуллиана, обращенных к гонителям христианства: „не подобает

---

[126] А. Каждан сомневается в том, был ли вообще Константином опубликован Миланский эдикт. Ведь Лактанций о нем в связи с Константином не упоминает, но приводит его текст как эдикт имп. Лициния. См. Каждан А. От Христа к Константину. — М., 1965. С. 16–21. Рассказ же Евсевия является поздним авторским дополнением к собственной хронике. Напомню, что Лактанций писал до того, как Константин стал единоправным правителем Империи, а Евсевий — после.

религии насиловать другую религию", христианский писатель Фирмикус Матернус в произведении „о заблуждениях языческих религий", которое написал он для сыновей Константина, сам призывает их теперь к насилию: „придите на помощь этим несчастным, лучше спасти их помимо их, чем позволить им погибнуть". С Феодосия Великого Церковь — это уже не только союз поверивших, но и союз обязанных верить. Государственная санкция даст Церкви небывалую силу, и, может быть, действительно, многих приведет к вере и новой жизни. Но, в конечном итоге, от нее же для христианского мира придет начало его теперешнего распада и разложения, восстание самого мира против Церкви»[127].

Сегодняшний переводчик и публикатор этого закона (Т. Л. Александрова, преподаватель Православного Свято-Тихоновского университета) итожит:

«Язычники-то в отношении христиан довольствовались указанием Траяна: разыскивать христиан не надо, но если попались, тогда наказывать в случае упорства. Христиане карательную практику усовершенствовали и поставили на экономические рельсы. При этом чем жестче репрессивные законы, тем более император прославляем церковью. Когда узнаешь эти законы (я их прочувствовала, когда случилось перевести примерно два авторских листа таких текстов), распространенные утверждения, что в послеконстантиновскую эпоху язычники массово хлынули в церковь и испортили ее, вызывают только нервный смех»[128].

Так что современный публицист Яков Кротов имел основания для иронической реплики: «В 381 г. Церковь получила от государства столько гарантий, что могла, казалось, в случае крайней необходимости, существовать вообще без верующих»[129].

---

[127] Шмеман А. Исторический путь православия. — Париж, 1989. С. 151.

[128] https://www.facebook.com/permalink.php?story_fbid=20232399912577 10&id=100007151859277

[129] Кротов Я. Размышления о разном. — М., 1992. С. 33.

Император Феодосий[130] канонизирован. Его память 17 января. Он также чествуется вкупе со «святыми Отцами Второго Вселенского собора».

А после его смерти — «Вполне согласно с непреодолимым желанием царя обратить государство в церковь, советники Адриана стремились достигнуть этого путем продолжения церковной политики императора Феодосия Великого»[131].

В 394 году императоры Аркадий и Гонорий издали очередной указ о запрещении еретических и языческих богослужений. Также им запрещалось создание организаций и обучение (Кодекс Феодосия. XVI, 5, 243).

В 395 году императоры Аркадий и Гонорий, подтверждая былые запреты, уточнили: «служащих, которых должно покарать за пренебрежение {нашими} постановлениями, мы приговариваем к смертной казни» (Кодекс Феодосия. XVI, 10, 13).

В 397 году по повелению Аркадия материал разрушенных языческих храмов Сирии направили на строительство мостов, дорог, водопровода и городских стен (Кодекс Феодосия. XVI, 1,36).

В 399 году последовал указ о том, чтобы «без шума» (sine turba ac tumultu) разрушить все оставшиеся языческие храмы (si qua in adris templa sunt) (Кодекс Феодосия. XVI, 10,16).

В 401 году были разрушены Марнейон и еще семь храмов в Газе (см. Главу 7. От законов — к практике).

В 409 году императоры Гонорий и Феодосий Второй определили: «Мы постановляем, что математики, если они не готовы сжечь свои собственные тома ошибок на глазах у епископов и отказаться от своей веры ради поклонения кафолической религии, дабы никогда не возвращаться к прошлым ошибкам, должны быть изгнаны не только из города Рима, но и из всех городов. Но если

---

[130] Тот, который издавал большинство из этих законов, а не тот, кто составил Кодекс.

[131] Гидулянов П. В. Восточные патриархи в период четырех первых Вселенских Соборов. Из истории развития церковно-правительственной власти. Историко-юридическое исследование. — Ярославль, 1908. С. 560.

они не сделают этого и будут пойманы в государстве вопреки благим установлениям нашего милосердия или если они выдадут тайны своего заблуждения и исповедания, то они подлежат наказанию в виде высылки» (Кодекс Феодосия IX. 16,12).

Кроме того, Гонорий отреагировал на весть из Рима: при осаде Рима Аларихом декабре 408 г. префект Рима Габиний Барбар Помпеян (Gabinius Barbarus Pompeianus) попытался спасти город с помощью публичного совершения жертвоприношений[132]. После такого «хотя мы верим, что не осталось уже никаких язычников… пусть будут наказаны [в соответствии] с уже давно обнародованными предписаниями те, что [еще] уцелели» (Закон от 9 апреля 423 г. Кодекс Феодосия. XVI, 10,22)

В законах 407—408 гг. язычество клеймится как суеверие (superstitio), а жертвоприношения именуются «кощунственными» (sacrileges ritus — Кодекс Феодосия. XVI, 10,19,3).

---

[132] «Во время этих событий префект города Помпеян столкнулся с некими тусками — жрецами, прибывшими в Рим. Они сказали, что их город называется Нарния, и что они должны избавить Рим от опасности с помощью самих граждан, которым нужно вознести мольбы к богам, быть набожными в укладе жизни. Всё это, словно яростные удары грома и молнии должны были прогнать прочь варварскую грозу. Переговоры с этими людьми сделали Помпеяна действительно добродетельным человеком, насколько жрецы могли повлиять на это. Однако, помня о том, что большинство граждан были уже христианами, он вел дела с тускскими жрецами с великой осторожностью, но, вместе с тем, полностью открылся епископу Рима Иннокентию. Последний счел спасение города делом более важным, чем его собственные религиозные убеждения, и разрешил частное отправление языческих культов. Жрецы, однако, объявили, что это не поможет городу. Традиционные обряды должны были быть публично восстановлены сенатом на Капитолии и на форуме. Но никто не осмелился принять участие в отправлении древних культов. Поэтому римляне отпустили тосканцев к себе на родину и опять стали тешить себя надеждой на то, что варвары окажутся лучше, чем они есть на самом деле» (Зосим. Новая история 5, 41, 1–3). «Тогда сенаторы из язычников нашли необходимым принести жертвы в Капитолие и других храмах; ибо некоторые Этруски, призванные для того префектом города, торжественно обещались прогнать Варваров молниями и громами» (Созомен. Церковная история. 9, 6). О его убийстве см. в следующей главе.

Закон от 14 ноября 408 г. отдавал ортодоксальным христианам предпочтение при назначении на высокую военную должность: Eos, qui catholicae sectae sunt inimici intra palatium militare prohibemus. (Кодекс Феодосия. XVI, 5, 42).

В 416 г. закон вообще запретил язычникам занимать любые военные, судебные и гражданские должности (Кодекс Феодосия. XVI, 10, 21).

«Привилегиями в делах веры должны пользоваться только соблюдающие кафолический закон. Мы желаем, чтобы еретики и раскольники не только были чужды этих привилегий, но и подвержены различным повинностям. Заклейменные позорным именем еретиков, они, кроме осуждения божественного правосудия, должны ожидать еще тяжких наказаний, которым по внушению небесной мудрости заблагорассудит подвергнуть их наше величество» (Кодекс Феодосия. XVI, 1, 2).

В 416 году Феодосий II издал указ, отстраняющий всех язычников от военной службы или запрещающий им служить в армии (Кодекс Феодосия. XVI, 10, 21)[133].

Император Феодосий Второй издал новеллу «Об иудеях, самаритянах, еретиках и язычниках», в которой перевернул аргумент последних апологетов язычества. Те беды, постигшие Римскую Империю, объясняли отказом от древних богов. Феодосий же, напротив, даже в природных необычностях винит язычников, не замечая, что тем самым воспроизводит как раз языческий штамп:

«Если же мы попробуем обратить их к здравости врачующим законом, то сами будут в ответе за суровость [воздаяния] те упрямцы, что решатся на преступление и не оставят нам

---

[133] qui profano pagani ritus errore seu crimine polluuntur, hoc est gentiles, nee ad militiam admittantur — «Те же, кто осквернен заблуждением или преступлением нечестивых языческих обрядов, то есть язычники, даже не допускаются к военной службе».

возможности для прощения (7). Но грешат они с исступленной яростью, и Наше терпение столь оскорбляется ими, что если даже и захотим забыть, то и тогда не сможем оставить их без внимания. Поэтому, хотя никогда не может быть беспечна любовь к благочестию, хотя языческое безумие требует суровости всех кар, всё же, помня о Нашей врожденной кротости, Мы нерушимым указом постановили, что воспылает Наш гнев и на состояние, и на саму жизнь всякого нечистого и порочного помыслами, пойманного за жертвоприношением в каком бы то ни было месте. Или и дальше мы, вызывая гнев небесного порядка, который не знает, как спасти мировое равновесие от озлобленной нечестивости язычников, будем сносить превратности судьбы? Отчего ж отрекается весна от привычной благодати? Отчего отказывает в скудной жатве лето трудолюбивому земледельцу, на колосья уповающему? Отчего поражает плодородие земель пронизывающим морозом, увечьем бесплодия неистовая жестокость зимы? Не оттого ли, что ради наказания нечестия отступает [сама] природа от своего порядка. (8). Остается [в силе] то, что бесчисленными постановлениями утверждено относительно вечно отвратительных Богу манихеев, в отношении сторонников еретической глупости аномеев, в отношении монтанистов, фригийцев, фотиниан, присциллиан, аскодрогов, гидропарастов, борборитов, офитов. Да будет [все это] приведено в исполнение быстро и [да будет] бездействие прекращено (9)»[134].

И, наконец, 14 ноября 425 года Феодосий II повелел разрушить все, еще уцелевшие языческие храмы: «Всем, чей разум в языческих злодеяниях укоренен, мы воспрещаем: гнусные жертв заклания и все прочие [обряды], запрещенные властью прежних

---

[134] Позднеримское законодательство о язычниках, храмах и жертвоприношениях / пер. с лат. М. А. Ведешкин // Император Юлиан. Полное собрание творений. — Спб., 2016. С. 808–810.

постановлений; и все их священные места, храмы, святилища, ежели какие даже [и] сейчас остались нетронуты, приказываем, по предписанию властей, разрушить и очистить [от скверны] установкой символа досточтимой христианской религии. В то же время [пусть] все знают: если станет известно, что кто-то над этим законом насмехался, и [это] пред законным судьей надлежащими свидетельствами [будет доказано], он будет наказан смертью» (Кодекс Феодосия. XVI, 10, 25)

Феодосий II умер в 450 году — упал с коня на охоте, повредил позвоночник и в два дня скончался...

Закон императоров Валентиниана и Маркиана от 451 года вменял в вину и вполне безобидные не-кровавые ритуалы: «[да не будут] обвиваться гирляндам и нечестивые косяки храмовых врат, возжигаться огни на жертвенниках кощунства, воскуриваться фимиам, из чаш возливаться вино» (Кодекс Юстиниана 1, 11, 7).

Этот же закон карал не только ренегатов от христианства, но и традиционных язычников: «Всякий, кто, вопреки постановлению Нашей светлости и вопреки запретам предшествующих святейших постановлений, попытается совершить жертвоприношение, будет перед государственным судьей по закону обвинен в этом преступлении и после того, как будет изобличен, подвергнется смертной казни и проскрипции всего своего имущества».

В 471 году императоры Лев и Анфимий издают закон о конфискации домов и земель, в которых допускались языческие обряды. Кроме того, хозяева лишались званий и должностей, «привлеченные же плебеи или [люди] частного положения или ответственности после пытки будут навечно сосланы на рудники» (Кодекс Юстиниана. 1, 11, 8).

Сам Юстиниан повелел: «Если же кто-то в нашем государстве будет скрывать, что участвовал в жертвоприношениях или почитании идолов, и будет пойман на этом — то будет поражен той смертной казнью», (Кодекс Юстиниана. 1, 11, 10,4).

Колдуны и знахари подвергаются казни (Кодекс Юстиниана. IX, 18). Эклога в VIII веке уточнила: «Колдуны и знахари, которые к вреду людей обращаются к демонам, подлежат казни мечом» (Эклога 17,43).

Впрочем, как всегда в православном мире, жесткость законов умягчается необязательностью их исполнения: коррумпированность церковных иерархов и государственного аппарата Восточной Римской империи позволяла язычникам выживать.

Так, в начале V в. чиновник Иларий, присланный в Газу для закрытия местных храмов, за взятку, полученную от представителей местной знати, согласился оставить открытым главный храм города (Марк диакон. Житие св. Порфирия Газского. 27)[135]. Псевдо-Диоскор в Похвальном слове Макарию Тковскому упоминал, что язычники египетского нома Шмим во главе со жрецом по имени Гомер открыто приносили жертвы богам, по той причине, что «власти этого нома были люди корыстолюбивые»[136]. На Эфесском Разбойничьем соборе епископ Даниил Каррский был осужден

---

[135] «Иларий захватил трех знатных и, получив от них удовлетворение, предъявил им царскую грамоту, повелевавшую, чтобы капища города Газы были заперты под опасением смерти первых этого города, и, свергнув в них всех идолов, запер их. Святилище же Марны он оставил тайком действовать, взяв за это весьма большие деньги».

[136] «К западу от реки было одно селение, где поклонялись идолу, называемому Кофос. И пришли пресвитеры этого места и рассказали отцу моему обо всем, что делают язычники, как они уводят маленьких христианских мальчиков и приносят их в жертву своему богу Кофу. Однажды наконец их поймали, захватили их на месте преступления, когда они приносили христианских мальчиков в жертву своему богу на жертвеннике. Многих из них схватили, отдали под стражу и произвели следствие об этом происшествии. Не доводя дела до пытки, они сознались и сказали: „Мы подзываем маленьких христианских мальчиков, даем им куски хлеба или чего-нибудь съестного и заманиваем их в потаенное место, откуда не слышно их крика. Таким образом, мы их убиваем, кровь их возливаем на жертвенник, из их внутренностей делаем струны, натягиваем их на кифары и поем нашим богам. Тело мы сжигаем и пеплом пользуемся для того, чтобы узнавать, на каком месте зарыт клад. Мы берем несколько пепла, высыпаем его [на землю] и начинаем играть на кифарах со струнами из внутренностей маленьких мальчиков, и тотчас клад выходит

за «принятие подарков от эллинов, попадающихся на грехе жертвоприношения» и освобождение их от обвинения[137].

По данным Захарии Митиленского язычники египетского селения Менуфис, расположенного совсем рядом с Александрией, за золото «покупали» у местного клира право на принесение жертв (Захария Ритор. Житие Севера. 29–30).

И в целом решительные антиязические законы византийских василевсов в IV–V веках всё же исполнялись безо особого усердия — «В действительности, большинство поздне-римских законов доказывают (по словам А. М. Джонса) лишь то, что злоупотребления, которые они намеревались пресечь, были известны центральному правительству»[138]. За весь V в. известно лишь два уголовных процесса против нарушавших религиозное законодательство язычников, причем в обоих случаях религиозные воззрения обвиняемых являлись не причиной, но лишь поводом для судебного разбирательства[139].

Но пугающие законы и притеснения не-христиан — были.

наружу, и мы берем что хотим". И эти арестованные люди дали денег, и их отпустили на свободу, потому что власти этого нома были люди корыстолюбивые» (Pseudo-Dioscorus. Panegyric on Macarios of Tkow, 10. Рассказы Диоскора о Халкидонском соборе // Болотов В. В. Из церковной истории Египта. Ч. I. — СПб., 1884). Эти обряды прекратились только после того, как монахи Белого монастыря, где настоятельствовал Шенуте, организовали поход на языческую деревню, убили жреца и сожгли храм.

[137] Деяния Вселенских Соборов. Т. IV — Казань, 1908.

[138] Камерон А. Последние дни Академии в Афинах
https://nsu.ru/classics/plato/Cameron-Academy-in-Athens.pdf

[139] Ведешкин М. А. Языческая оппозиция христианизации Римской империи IV–VI вв. — СПб., 2018. С. 283–285.

Глава 7

ОТ ЗАКОНОВ — К ПРАКТИКЕ

Император Феодосий запретил язычникам критиковать христианство. При этом сам он позволял себе издеваться над святынями и чувствами любителей древних богов.

«Император Феодосий в этом году снес три [языческих] храма в Константинополе, на месте прежнего Акрополя. Он запер храм Гелиоса во внутренний двор, окруженный домами, и даровал его Великой Константинопольской Церкви. Этот двор называется „Двор Гелиоса" и по сей день. Храм Артемиды он обратил в игорный зал для игроков в кости. Это место называется „Храм" и по сей день, а ближняя улица называется „Пожарище". Храм Афродиты он обратил в штаб префекта претория; и также он построил рядом ночлежки и распорядился, чтобы нищие проститутки могли останавливаться там бесплатно» (Иоанн Малала. Хроника. Кн.13. Глава «Правление Феодосия», 39).

Конечно, и простым христианам император разрешал любым образом оскорблять чувства иноверных сограждан и разрушать их святыни.

Есть рассказ блаж. Феодорита Киррского о событиях 389 года:

«Благовернейший царь Феодосий застал всё это и до конца истребил и предал забвению. Первый из всех, отличный по всему архиерей Маркелл, быв уполномочен указом, разрушил капища во вверенном ему городе… Между тем в Апамею прибыл префект Востока[140] и привел с собою двух тысяченачальников с их подчиненными… Тогда как, боясь воинов, народ оставался в покое, префект пытался разрушить капище Юпитера, величайшее и убранное разнообразными украшениями здание, но, видя крепость и твердость постройки, он понял, что людям невозможно расторгнуть связь камней, ибо они были величины огромной и прилажены один к другому плотно, да еще связаны железом и свинцом. Заметив раздумье префекта, божественный епископ Маркелл послал его в другие города, а сам начал молить Бога о ниспослании пособия к разрушению. И вот наутро сам собою пришел к нему некто — ни строитель, ни каменотес, ни знаток какого-либо другого искусства, а просто человек, привыкший носить на плечах камни и деревья. Пришедши к Маркеллу, он обещал легко разрушить капище и только просил платы двум работникам. Когда же блаженный архиерей обещал дать ее, тот человек придумал следующее: храм, расположенный на высоте, обнесен был с четырех сторон пристроенным к нему портиком. Колонны его были огромны и одной высоты с храмом; в окружности же каждая имела шестнадцать локтей, и камни в них, по своему свойству сохраняя какую-то особенную твердость, нелегко уступали орудиям каменотесов. Тот человек начал подрывать их кругом и подпирать оливковыми деревьями и, подрыв одну, тотчас переходил к другой. Подкопав таким образом три колонны, он подложил под дерева огонь. Но какой-то по виду черный демон препятствовал им по естественному порядку гореть и мешал действию огня. Когда же

---

[140] Префект Востока Матерн Кинегий, умерший в том же году. Не путать с другим Кинегием, членом императорской *консистории при императоре Аркадии.*

люди, сделав это несколько раз, увидели наконец свое усилие бесполезным, то донесли о том пастырю, который отдыхал после полудня. Маркелл тотчас побежал в святой храм и, приказав принести в сосуде воду, поставил ее под божественный жертвенник, а сам, повергшись челом на пол, умолял человеколюбивого Господа не уступать более тиранству демона, но обнажить его слабость и свою силу, чтобы отсюда для неверных не родилось повода к большему вреду. Сказав это и подобное и положив знамение креста над водою, он приказал некоему Экитию, удостоенному диаконства и огражденному верою и ревностию, взять воду и поспешить к капищу, с верою окропить дерева и подложить огонь. Когда это было сделано, демон не вынес влияния воды и убежал, а огонь, враждебною себе водою питаясь как бы елеем, обхватил дерева и в одну минуту пожрал их. Колонны же, когда подпор не стало, и сами пали и увлекли двенадцать других. Да и соединенная с ними стена храма была увлечена их силою и повалилась. Распространившийся по всему городу треск был столь силен, что собрал всех на зрелище. Между тем, как скоро сделалось известным бегство противника дьявола, язык каждого подвигался на песнопение Богу всяческих. Так разрушил этот блаженный архиерей и другие капища. Об этом муже мог бы я рассказывать и еще много весьма удивительного, ибо он и сам писал к победоносным мученикам, и от них получил ответы, и, наконец, лично украсился мученическим венцом» (Церковная история. 5, 21).

Стоит отметить, что император Феодосий возлагает карательно-разрушительную функцию прямо на епископа, а не на светскую госструктуру.

А несколько позже произошла такая история:

Заря пятого века. Империей правит Аркадий. Архиепископ Второго Рима — Иоанн Златоуст. В палестинском же городе Газа появился новый 40-летний епископ св. Порфирий. Большинство населения и правители Газы оставались язычниками.

Житие Порфирия Газского хорошо показывает, сколь нетолерантны были отношения между разными религиозными группами в римских городах конца IV века.

У Порфирия был молодой прислужник по имени Вароха. «Раз, когда он ушел за церковным сбором в одну весь недалеко от города (а тот, кто подлежал сбору, был идолопоклонник), когда стали требовать сбора, и тот хотел протянуть и отсрочить уплату, а богочестный Вароха не соглашался, произошел вследствие этого спор между ними, и нечестивый земледелец призвал нескольких подобных ему поселян, и они начали бить палками блаженного Вароху; затем, подняв его полумертвым, бросили вне веси в пустынное место, где он лежал безгласен и недвижим. На другой день, по человеколюбию Божию, проходил через это место диакон Корнилий с двумя другими христианами и, обретя боголюбивого Вароху и признав его, поднял и внес в город. Когда же идолопоклонники увидели его несомого, то подумав, что он мертв, обратились в бешенство, полагая, что преступно вносить в город мертвеца… Услышав шум, боголюбивый Вароха одушевился и наполнился ревностью о Боге: он встал, схватил палку и начал бить попавшихся и продолжал, гоня их до святилища Марны; возвратился с великою победою новый наш Сампсон, и сам поразив тысячу иноплеменников. С того времени идолопоклонники боялись его, не будучи в состоянии слышать его имя. Немного времени спустя я и боголюбивый Вароха были удостоены рукоположения во диаконы, я, будучи весьма недостоин, он же, прияв этот дар достойно и праведно».

Тут важны не столько взаимные избиения, сколько «канонизация» насилия автором Жития. Тот, кто избивает палкой язычников, достоин стать христианским священнослужителем…

При населении города в 27 тысяч человек Порфирий нашел всего 280 христиан (Марк диакон. Житие св. Порфирия Газского. 19)[141].

---

[141] Афиногенов Д. Е. Житие святого Порфирия, епископа Газийского, Нила монашествующего повесть об убиении монахов на горе Синайской

Молитвы св. Порфирия прекратили длительную засуху — и еще 232 человека стали христианами (Глава 21)[142].

И всё же св. Порфирию такие миссионерские успехи показались слишком скромными. И в 398 году он отправил в Константинополь посланника просить у императора помощи для борьбы с язычеством. Порфирий просил разрушить языческие храмы и за счет государства построить христианский собор. Император «объявил божественный указ, чтобы капища города Газы были заперты и не действовали, и это повеление было вручено некоему Иларию». Прибыв в Газу, «тотчас он захватил трех знатных и, получив от них удовлетворение, предъявил им царскую грамоту, повелевавшую, чтобы капища города Газы были заперты под опасением смерти первых этого города, и, свергнув в них всех идолов, запер их. Святилище же Марны („владыки дождей") он оставил тайком действовать, взяв за это весьма большие деньги. И идолопоклонники стали опять, по обыкновению, творить беззакония» (Глава 27).

Епископ счел это полумерами, и в 401 году посольство Порфирия в столицу повторилось.

Но император Аркадий считал, что раз Газа исправно платит налоги и лояльна ему, то не стоит лишний раз озлоблять ее жителей. «Если же мы внезапно их испугаем, то они обратятся в бегство, и мы потеряем столь значительный доход. Но, если хочешь, будем теснить их постепенно, отнимая у идолопоклонников должности и другие государственные обязанности, и прикажем, чтобы капища их были заперты и не действовали. Ибо власть, соединяемая с внезапностью, тяжка для подчиненных» (Глава 41).

Столичный епископ св. Иоанн Златоуст поддержал намерение Порфирия и подсказал выходы на императрицу (поговорить с кубикуларием (спальничим) государыни, который по просьбе

и о пленении Феодула, сына его. — М., 2002.
http://drevlit.ru/docs/vizantia/V/Vita_porfir_gazz/text1.php#20

[142] Хотя в чем чудесность двухдневного дождя, который пошел в начале января, мне понять не дано. То, что сезон дождей не начался в ноябре (Диосе) — вот это было странно.

Златоуста и устроит приезжим просителям аудиенцию у Евдоксии). Беременная императрица нуждалась в молитвах и поддержала просьбу епископа.

Порфирий написал хитрое прошение. В начале свитка он изложил банальную просьбу о пожертвовании средств для небогатой церкви в Газе. А после того дописал главное — ходатайство о разрушении храмов.

И вот наследник престола (будущий имп. Феодосий Второй) родился. Вскоре его крестили в храме Святой Софии. Царица с Порфирием составили и реализовали необычный план.

Придворный вельможа нес новокрещеного принца обратно во дворец. Но прежде чем процессия вышла из церкви, к будущему императору приблизился св. Порфирий со своим диаконом Марком[143], протянул грамоту и воскликнул, обращаясь к ребенку: «Просим твое благочестие!»

Вельможа, что нес младенца (Евтропий), принял прошение, прочел его первую часть, затем подложил свою руку под голову новокрещеного и покачнул ее как бы в знак его согласия. После этого он провозгласил во всеуслышание: «Ваша держава повелела быть тому, что в этом прошении!» Все были изумлены, однако император Аркадий умилился («Все, видя это, поклонились царю, ублажая его по поводу того, что он удостоился увидеть при жизни сына своего царствующим; и он, слыша это, ликовал и дал свое согласие»)[144]. Конечно, в день крестин наследника престола принято разбрасывать деньги.

---

[143] Четья Минея св. Димитрия Ростовского (26 февраля) говорит: «оба святии епископы», имея в виду кесарийского митрополита Иоанна https://dimitryrostovsky.ru/wp-content/uploads/2018/04/%D0%A7%D0%B5%D1%82%D1%8C%D0%B8-%D0%9C%D0%B8%D0%BD%D0%B5%D0%B8.%D0%9A%D0%BD%D0%B8%D0%B3%D0%B0-%D0%B2%D1%82%D0%BE%D1%80%D0%B0%D1%8F.pdf)

[144] В переложении св. Димитрия Ростовского эта история еще более красива. «Святые епископы воскликнули:

Лишь во дворце Аркадий попросил зачитать ему полностью принятую и уже утвержденную бумагу. Узнав о том, что в прошении была и вторая часть, он сказал: «Тяжела просьба, но тяжелее отказ, потому что это первое повеление нашего сына».

Уже на следующий день Евдоксия вызвала к себе Порфирия, и в его присутствии приказала чиновнику переписать содержание прошения в виде императорского указа. Императору осталось лишь подписать его (см. Марк диакон. Житие св. Порфирия Газского. 48).

«И был найден человек благоверный и боящийся Бога в лице некоего Кинегия... Через десять дней (в мае 402 года) прибыл и чудный Кинегий, имея с собою консуляра и дуку, и большую помощь военную и гражданскую. Многие из идолопоклонников узнали об этом наперед и ушли из города — одни в селения, другие же в иные города, и это в большинстве были богатые жители города. Упомянутый Кинегий отдал дома бежавших под военный постой. На следующий день, призвав жителей города, в присутствии дуки и консуляра, он объявил им царский указ, приказывавший низвергнуть идолов и капища и предать огню. Идолопоклонники, узнав это, тотчас громогласно застонали, так что начальники вознегодовали и с угрозами

— Умоляем тебя, новорожденный царь, прими прошение наше и в начале твоего царствования покажи себя милостивым.

Говоря это, святые отцы положили свиток на младенца. Несший царевича муж остановился и, взяв этот свиток и развернув его, стал читать во всеуслышание, ибо так был научен от царицы. И **прочитав часть свитка**, опять свернул его, и, подложив правую руку под голову младенца, немного поднял ее, как бы для выражения соизволения, и воскликнул:

— Повелевает его царское величество, чтобы **всё здесь написанное** исполнено было непременно; это — его царское повеление, которое никак не может быть изменено.

Все видевшие и слышавшие это удивились, благословляя новорожденного царя и многолетствуя ему, начинающему свое царствование делом милосердия, ублажая также императора Аркадия и говоря, что он благословен Богом, что сподобился иметь сына, ему соцарствующего, и уже дающего свои повеления на такие добрые дела».

выслали против них воинов, которые били их жезлами и палками, а христиане с великою радостью прославляли царей и власти. И тотчас устремились с властями и воинами и разрушили капища. В городе было восемь общественных идольских храмов: Солнца, Афродиты, Аполлона, Коры, Екаты, так называемый Ироон, Счастия города, зовомый Тихион, и Марнион, посвященный, как говорили, рожденному на Крите Зевсу, и который считали наиболее славным из всех повсюду храмов. Было же множество и других идолов по домам и в весях, счёта которым никто подвести не мог. Воины с христианами из города и из морской его части устремились в капища, но были отражены от Марниума, ибо жрецы этого идола, услышав заранее, загородили большими камнями изнутри двери внутреннего храма. Будучи, они обратились к другим капищам, и одни разрушили, другие же предали огню, хватая в них все драгоценные сосуды. После этого были произведены обыски по домам (во многих дворах находилось много идолов) и то, что было находимо, предавалось огню или было бросаемо в грязь. Были находимы и книги полные волшебства, которые они называли священными и по которым идолопоклонники совершали таинства и другие беззакония; и эти книги подверглись той же участи, как и их боги. Разрушение идольских храмов продолжалось десять дней. По истечении упомянутых дней они стали совещаться и о Марнионе, как с ним поступить: одни говорили, что его надобно разрушить, другие — сжечь, третьи — очистить место и освятить под церковь Божию, и об этом было большое недоумение. Наконец, иже во святых епископ объявил народу пост и молитву, дабы Господь открыл им, как следует поступить, и постившись в этот день и молившись Богу об этом, окончили святое собрание вечером. По окончании собрания, дитя около семи лет, стоявшее со своею матерью, внезапно закричало, говоря: Сожгите внутренний храм до земли, ибо в нем совершалось много ужасов, в особенности человеческие жертвы. Сожгите же его следующим образом: принесите жидкой смолы, серы и свиного сала: смешайте эти три и обмажьте бронзовые двери, и подожгите их; таким образом сгорит весь храм; иначе же невозможно. Внешний же храм оставьте вместе с оградой. И, сжегши, очистите место и постройте святую церковь. Он сказал и следующее: свидетельствую вам перед Богом, не поступайте иначе; говорю не я, но говорит во мне Христос... Многие прибегали к святой вере: одни от страха, другие, раскаиваясь в прежнем образе жизни, и всем отверзала двери святая церковь. Некоторые из верных говорили преподобному епископу, что не следовало принимать тех кто приходит из страха, но тех, кто с добрым намерением. Преподобный епископ отвечал так: есть добродетели, которые являются у людей вследствие обстоятельств. Подобно тому, как купивший раба нерадивого, по необходимости устрашает его, бьет, связует и тому подобное, не желая его погубить, но сохранить и научить должному, таким разумейте и Бога, который, когда мы не повинуемся, то всячески желая приобрести нас, а не отвергнуть, устрашает и наказует нас, призывая нас с нуждою к признанию должного. Почему и говорит Божие Писание: егда убиваше я, тогда взискаху его и обрящахуся и утреневаху к Богу (Пс. 77, 34); и паки говорит ради отклоняющихся и отказывающихся от ига Божия: браздами и уздою челюсти их востягнеши не приближающихся к тебе (Пс. 31, 9). Необходимо, чада мои, чтобы человечеству было напоминаемо страхом, угрозами и наказанием. Это сказал я ради желающих приступить к святой нашей вере. Ибо если они приблизятся и с колебанием, время, Христу благоволящу, может умягчить их; и другое возвещу вам, что если они не окажутся достойными веры, то родившиеся от них могут спастись» (Марк Диакон. Житие Порфирия Газского, 63).

Потом, понятно, было восстание обозленных язычников (407 год) и, конечно, карательная экспедиция имперского христианского войска («Через несколько времени ипатик (имя ему было

Клар), узнав о случившемся в городе, послал коментарисия с большою помощью и забрал тех, на которых указали ему правители, и привел в Кесарию: одних он казнил, других, наказав плетьми, отпустил, и нагнав не малый страх, так восстановил порядок в городе»). По повелению епископа Порфирия одна из площадей города была вымощена осколками мраморных украшений эллинского храма «дабы их попирали не только мужи, но и жены, и свиньи, и звери» (Глава 76).

Уличные драки, хитрый обман царя, полиция, конфискации, казни…

И это лишь один рассказ о торжестве православия лишь в одном городе…

Важно, что это насилие нормализовано и канонизировано как прославлением местного епископа в лике святых, так и текстом его Жития.

Впрочем, сегодня на сайте московской патриархии неудобные детали жизни св. Порфирия пропущены:

«Язычники по-прежнему притесняли христиан, устраняли их от общественных должностей, обременяли налогами. Святитель Порфирий и митрополит Кесарии Иоанн отправились в Константинополь, чтобы просить защиты у императора. Их принял св. Иоанн Златоуст и оказал действенную помощь. Святители Иоанн и Порфирий были представлены императрице Евдоксии, которая в то время ждала ребенка. И действительно, в императорском семействе, по молитве святителей, родился наследник. В 401 году последовал указ императора о разрушении в Газе идольских капищ и предоставлении христианам привилегий. Кроме того, императрица дала святителям средства на построение нового храма, который был построен в Газе на месте самого главного капища»[145].

---

[145] http://www.patriarchia.ru/db/text/909406.html. К чести христиан Газы надо отметить, что именно в этом городе не было следов почитания Порфирия,

Но для времен самого Порфирия это были вполне привычные сюжеты.

В 391 году «Епископ Феофил хлопотал, — и царь издал повеление разрушить языческие храмы, а в Александрии попечение об этом деле возложил на Феофила. Опираясь на такое полномочие, Феофил разрушил храм Сераписа» (Сократ. Церковная история. 5, 16).

Серапеум был построен в период правления Птолемея I Сотера (323–283/282 гг. до н. э.). Его строительством занимался архитектор Пармениск. Храм был сооружен в эллинском, а не египетском стиле, однако, строения включали некоторые египетские элементы. Аммиан Марцеллин в своей «Истории» пишет, что в Александрии были очень высокие храмы, среди которых Серапеум особенно выделялся: «Обширные, окруженные колоннадами дворы, статуи, дышащие жизнью, и множество других произведений искусства, всё это украшает его настолько, что после Капитолия, которым увековечивает себя достославный Рим, ничего более великолепного не знает Вселенная» (XXII.16.12–13). В этом храме была и библиотека.

Христиане, расширяя свой храм, вскрыли древние египетские могильные склепы. Язычники возмутились (Руфин. Церковная история, 23)

В городе начались кровавые столкновения. Язычники спрятались внутри Сераписа. «Из-за отсутствия сил для штурма храма о происшествии было доложено императору. На это тот предписал, что следовало уничтожить причину злодеяний и корень разлада, которые появились из-за защиты идолов, ибо, когда они [идолы] будут уничтожены, также исчезнет и причина для войны» (Там же).

«Александрийский префект и начальник египетских войск предложили Феофилу свое содействие к разрушению капищ,

---

местного «апостола». Это чисто константинопольский культ, причем засвидетельствованный не ранее X века (Порфирий Газский // Православная энциклопедия. Т. 57. — М., 2020. С. 555; также автор статьи отмечает, что Марк диакон — «автор, несомненно, фиктивный»).

и капища были срыты, кумиры богов перелиты в умывальницы или обращены на другие потребности александрийской Церкви» (Сократ. Церковная история. 5,16).

Тут полное единство в действиях императора, патриарха и народа: «Наш народ был готов к низвержению источника заблуждений» (Руфин. Церковная история, 23)[146]. Руфин сообщает, что множество христиан боялись уничтожать языческие статуи, опасаясь «божественного возмездия». И лишь после того как архиепископ Феофил сам нанес первый удар, толпа осмелела и приступила к погрому.

И, конечно, нашелся святой, который восторженно отозвался об этом событии: «уже египетский Серапис сделался христианином» (Иероним Стридонский. Письмо 107,2).

Мнение язычников было другим:

«Было уничтожено почитание богов в Александрии и в храме Сераписа. Но исчезло не только почитание богов, но и сами здания, и всё произошло, словно в поэтических мифах, повествующих о победе гигантов. Подобное рассказываемому в этих мифах претерпели и храмы Канобуса. Произошло это, когда императором был Феодосий, а Феофил руководил непосредственными преступниками, напоминая Евримедонта, бывшего прежде властителем буйных гигантов, Евагрий был префектом города, а Роман командовал войсками в Египте. Эти люди, ополчившись на святилища, словно на камни и на каменотесов, без всякого повода и без объявления войны совершили на них набег и разрушили храм Сераписа. Они победили, повоевав с храмовыми дарами, не встретив серьезного сопротивления и не вступив в открытый бой. В этом смысле они с таким рвением сражались против статуй и посвятительных

---

[146] «Скорее всего, именно ревностные христиане, а не имперские войска штурмовали Серапеум в Александрии в 392 г». (Оксфордское руководство по византинистике. Вып. 1. — Харьков, 2014. С. 240).

даров, что не только одержали над ними верх, но и взяли «в плен» (как захватывают в плен свою добычу воры), а единственным их тактическим замыслом было получше спрятать награбленное. Не смогли грабители унести только фундамент, потому что камни в основании храма Сераписа оказались очень тяжелыми и их было нелегко сдвинуть. Разрушив и разорив все, эти „благородные и отважные воины", обагрившие свои руки кровью, но не пожелавшие очиститься, говорили после, что победили богов и считали свое святотатство и нечестие достойными восхваления. Затем в эти священные места они привели так называемых монахов, которые по виду были люди, но жили как свиньи и открыто совершали тысячи преступлений, о которых невозможно даже и говорить. Но именно поэтому их и считали благочестивыми — за то, что они презирали божественное. Ибо тогда любой одетый в черные одежды человек, желавший публичных беспорядков, обладал тиранической властью: столь низко пало человечество в своих добродетелях! Впрочем, об этом я рассказал в своей „Всеобщей истории". Этих монахов поселили также и в Канобусе, и здесь вместо подлинно сущих богов они заковали людей в кандалы почитания рабов, причем рабов никчемных. Они собирали кости и черепа преступников, казненных за многочисленные преступления по приговору гражданского суда, объявляли их богами, посещали места их захоронения и считали, что становятся лучше, валяясь в грязи на их могилах. Люди, о которых я говорю, называют этих мертвецов „мучениками", некоторых из них — „диаконами" и „посланцами", вымоленными у богов — этих гнуснейших рабов, наказанных бичом, чей внешний облик был покрыт шрамами, символами рабского достоинства. Тем не менее, именно таких богов произвела тогда земля. Описанные события укрепили славу Антонина как великого пророка, потому что он всем предсказывал, что святилища превратятся в могилы» (Евнапий. Жизни философов и софистов).

Дата первой казни язычника по обвинению в колдовстве по указу православного императора — 337 год.

Тогда по приказу Константина был казнен языческий философ неоплатоник Сопатр, который ранее помогал ему в основании Константинополя. «В то время произошло то, что часто случается в соответствии с природой времен года [то есть не было нужного ветра, и корабли с продовольствием не могли прийти в Константинополь]… Давние же клеветники нашли, что время для выступления самое лучшее, и сказали ему: „Это Сопатр, которому ты оказал такие почести, задержал ветры своим непревзойденным искусством, которое ты хвалил, и с помощью которого он также хочет занять императорский трон“. Когда Константин это услышал, то поверил всему и приказал отрубить Сопатру голову» (Евнапий. Жизнь софистов)[147].

Позже авторы византийской энциклопедии «Свида» («Су́да») пишут, что Константин приказал казнить Сопатра, чтобы доказать своему окружению, что сам он более не язычник (Sud. Sigma, 845)[148].

Дата первой казни еретика толпой христиан — 345 год.

«Магистр милиции Гермоген в Константинополе замучен народом из-за епископа Павла, которого, по приказанию императора и крамоле ариан, он гнал… По жестокости префекта Филиппа (ибо он был покровителем партии Македония) и по козням ариан Павел удушается» (блаж. Иероним Стридонский. Хроника. 345)

«О Павле, епископе Константинополя, знает, думаю, всякий. Обвинитель его Македоний, сделавшийся теперь епископом на

---

147 Евнапий. Жизни философов и софистов. // Ямвлих. О египетских мистериях. — М., 1995. См. также Зосим. Новая история 2,40 (Зосим. Новая история. — Белгород, 2010. С. 123).

148 Английский перевод этой энциклопедии доступен тут https://www.cs.uky.edu/~raphael/sol/sol-html/list.html The Caesar Constantine killed him as a pledge that he had given up the Greek religion, which had previously been his usage.

его месте, в присутствии моем во время обвинения был в общении с ним и служил пресвитером у самого Павла. Павел, в первый раз, сослан Константином в Понт; во второй раз, Констанцием, окованный железными узами, заточен в Сингару месопотамскую, и оттуда переведен в Емесу; а в четвертый раз в Кукузу каппадокийскую у таврских пустынь. Там, как рассказывали бывшие при нем, задушен арианами и кончил жизнь» (св. Афанасий Великий. История ариан. 7).

Афанасий пишет о поступках христиан (ариан) в 356 году:

«Преследовав же и отыскав Константинопольского Епископа Павла, приказали явно задушить в так называемой Каппадокийской Кукузе, употребив на это дело Филиппа, бывшего епархом; потому что был он покровителем их ереси и служителем лукавых совещаний[149]... Все епископы благочестивые и проповедники истины, вдруг похищены и заточены без всякого на то предлога, кроме того, что не присоединились к арианской ереси.. В Александрии воины внезапно окружили церковь, и место молитв заступило то, что делается только на войне. Потом прибыл посланный ими из Каппадокии [епископ] Георгий и увеличил злодеяния, каким научился у них. После недели Пасхи дев ввергали в темницы, епископов связанных уводили воины, расхищали жилища и хлебы сирот и вдовиц, врывались в дома, ночью выгоняли из них христиан, дома опечатывались, и братья клириков бедствовали за братьев своих. Ужасно всё это; но еще ужаснее, на что отважились после этого. В неделю по святой Пятидесятнице постившийся народ вышел молиться на кладбище, потому что все отвращались от общения с Георгием. Но, узнав о том, этот вселукавый возбуждает военачальника Севастиана, манихея, и сам уже, ведя множество воинов с оружием и с обнаженными мечами, луками и стрелами, устремляется на народ

---

[149] Подробнее см. у Афанасия в «Истории ариан», 7.

в самом храме Господнем. И, нашедши немногих молящихся, потому что большая часть удалилась уже по причине позднего времени, произвел такие дела, какие только приличны ученику ариан: зажег костер и, поставив дев к огню, принуждал их говорить, что Ариевой они веры. Когда же увидел, что девы непобедимы и не заботятся об огне, обнажив, до того бил по лицу, что несколько времени едва узнавали их. Захватив сорок человек мужчин, мучил их новым способом: только что срезав ветви с финиковых дерев, пока они были еще с иглами, ими до того иссек хребты, что у иных нужно было не раз вырезывать вонзившиеся иглы, а иные не перенесли этого и умерли. Всех же, внезапно захваченных, даже и дев, заточили в великий Оазис; а тела скончавшихся не позволяли вначале отдавать своим, но скрывали, где хотели, бросая непогребенными; потому что думали утаить такую жестокость» (Апология бегства, 3–7).

Скажете, что это еретики-ариане, и православные тут лишь жертвы.

Но спор между арианами и никейцами не касался вопросов этики. Что было нравственно приемлемо для ариан, то было допустимо и для никейцев.

Скажете, что ересь лишила ариан Христовой благодати, и потому они действовали так безблагодатно-язычески. Но очень скоро точно так станут действовать и сами православные. Вы готовы сказать, что и их тоже оставила благодать? Да и епископские апелляции к гражданским властям начались еще до арианских споров.

Дата первого массового инквизиционного процесса — 359 год.

Это Скифопольский судебный процесс. «Но так как обвинения распространялись всё дальше, и сети козней растягивались без конца, то одни приняли смерть во время пытки, другие приговорены были к самым тяжелым наказаниям с конфискацией имущества. Нотарий Павел являлся душой этих жестокостей; у него был неисчерпаемый запас всяких ухищрений и зловредных козней, и я готов сказать, что от его кивка зависела жизнь всех обитателей земли. Носил ли кто на шее амулет от перемежающейся лихорадки или другого недуга, подавали ли на кого зложелатели донос, будто он вечерней порой переходил через могилу, тотчас привлекали его к ответственности, как отравителя или колдуна, имеющего дело с ужасами мира мертвых и блуждающих по свету душ, — и над ним произносился смертный приговор. Дело велось с такой серьезностью, как будто множество людей обращались в Кларос, к Додонским дубам и в славные некогда Дельфы, злоумышляя на жизнь императора. А шайка придворных изощрялась в измышлениях отвратительной лести, утверждая, что Констанций окажется недосягаемым для бедствий, которым подвержены обыкновенные люди, и восклицая громким голосом, что его счастье, всегда мощное и бодрое, блистательно проявило себя в подавлении покушений на его особу» (Аммиан Марцеллин. Римская история. Кн. XIX)[150].

Дата первого сожжения[151] еретика (правда, толпой, а не по решению суда) — 365 год.

«После того как Георгий, рукоположенный арианами на место Афанасия, при народном возмущении был сожжен» (Иероним Стридонский. Хроника. 345). То есть православные сожгли арианского архиепископа Александрии.

В этом случае, правда, его сожгли, предварительно уже убив его. «Его вытащили, подвергли всякого рода истязаниям, волокли

---

[150] Тут главное обвинение — не язычество как таковое, а колдовское злоумышление против императора. В Житии св. Николая Чудотворца («Деяние о стратилатах») есть этот мотив: арестованным генералам «сказал император: „Говорите мне, при помощи какого волшебства послали вы нам такие сны?“ А те молчали. Лишь спрошенные вновь, по второму разу, ответили они через Непотиана: „Владыка самодержец, мы волшебства не знаем, но если оказалось, что мы занимались таким или замышляли в уме какое другое зло против твоей власти, тогда подпадаем, владыка, смертному приговору“».

[151] Сожжение живьем — вовсе не инквизиционное изобретение, и не христианское. Например, имп. Юлиан Отступник сжег некоего нотария Павла (Аммиан Марцеллин. Римская история. Кн. XXII, 3, 10). Это была казнь политического противника. Аналогично кн. 28, 6, 1.

по земле и до смерти затоптали ногами» (Аммиан Марцеллин. История. XXII, 2, 2).

«Говорит Филосторгий, что в то самое время, когда Георгий, епископ Александрийский, председательствовал в соборе и принуждал единомышленников Аэция подписать ему осуждение, внезапно ворвались язычники и, схватив Георгия, долго ругались над его телом, а под конце предали огню. Нечестивый же сей писатель утверждает, будто бы руководителем сего злодеяния был Афанасий, ибо после гибели Георгия он возвратил себе прежний престол и с радостью принят был александрийцами» (Филосторгий. Церковная история. 7)

Также Филосторгий пишет, что «Афанасий, прибыв к императору Западных областей и щедрыми дарами расположив к себе придворных вельмож, в особенности же некоего Евстафия, начальника частных дел, лицо, особо приближенное к императору (ὃς κόμης ἦν τῶν λεγομένων πριουάτων καὶ τῷ βασιλεῖ πιθανώτατος), добился, чтобы Констант направил к Констанцию письмо следующего содержания: «**Афанасий** пришел к нам и доказал, что по праву занимал Александрийский престол. Посему надлежит тебе вернуть ему епископство, или я сделаю это сам **силою оружия**»» (Филосторгий. Церковная история. 3,11).

Дата первой казни еретиков по приказу императора — 370 год.

Император Валенций (арианин, то есть христианский еретик) предал смерти 80 духовных лиц православного исповедания, пожаловавшихся ему на насилие ариан; правда, это не было казнью по суду, но префекту Модесту было дано тайное приказание заманить указанных лиц на корабль и сжечь его в открытом море (Сократ. Церковная история. 1,9; Созомен. Церковная история. 1, 21. 2, 20, 23, 30; 3, 5).

Дата первой казни еретика православными по суду — 385 год. Это была казнь гностика Прискиллиана (Присциллиана) с четырьмя его учениками.

В 447 году, через шестьдесят два года после казни Прискиллиана и его единомышленников св. папа Римский Лев I Великий в послании епископу оправдал казнь Прискиллиана — etiam mundi principes ita hanc sacrilegam amentiam detestati sunt, ut auctorem ejus cum plerisque discipulis legum publicarum ense prosternerent («Даже мирские правители так отвергли сие святотатное безумие, что предали казни его виновника и многих учеников по публичным законам» — Послание 15. Турибию из Асторги).

Дата первого массового сожжения множества еретиков православной толпой — 12 июля 400 года (подробнее об этом — в следующей главе).

Дата первого известного мне сожжения живого не еретика, а колдуна православной толпой — в 581 году близ Антиохии в городе Феополис некий Анатолий был обвинен в колдовстве. Губернатор отпустил его. Но христианский народ восстал. «Выслушав приговор ссылки, а не смерти, народ, воспламененный какой-то божественной ревностью, в негодовании и досаде всё перевернув вверх дном, схватил осужденных в ссылку и, возведя их на костер, живых предал огню; потому что такой приговор произнесен был народом. Чернь вопияла также против царя и своего епископа Евтихия, как бы против предателей веры» (Евагрий. Церковная история. 5,18).

Дата первой массовой казни еретиков по приказу епископа — 600 год. «В семнадцатом году царствования Маврикия, пожелал Маврикий подражать императорам прежним. Он послал призвать Домициана, митрополита Мелитены. Он дал ему власть преследовать [гнать] последователей Севера и выгонять их из их церквей. Когда он достиг Эдессы, учинил в ней великое гонение на православных (автор Хроники — сам монофизит, и православными называет своих единоверцев — А. К). Он послал призвать монахов из монастыря и многих смущал, чтобы они отвратились от православия, но они не перешли. После того как он им еще угрожал, и они не испугались, он приказал начальнику солдат. Этот взял и вывел их ко рву за южные ворота, которые назывались [воротами] храма солнца и всех их умертвил одинаково. Было же их числом четыреста мужей»[152].

Вообще же в переходную эпоху «Большинство известных открытых конфликтов между христианами и язычниками развивались по инициативе самих христиан, часто монахов, или местных властей, поддерживавших прохристианские настроения»[153].

[152] Из анонимной сирийской хроники 1234 г., 81. Публ. в: Пигулевская Н. В. Византия и Иран на рубеже VI и VII вв. — М., Л., 1946.

[153] Зайцев Д. В., Попов И. Н. Феодосий I Великий /// Православная энциклопедия. Т. 71. — М., 2023. С. 508.

Глава 8

МОЛЧАНИЕ
ИОАННА ЗЛАТОУСТА

В 400 году германская гвардия (готы), охраняла императора Аркадия и Константинополь. Часть готов были православными, часть — арианами. Известно, что св. Иоанн Златоуст убеждал императора Аркадия не разрешать готам-арианам открывать свой храм в самом Константинополе (Феодорит Кирский. Церковная история. 5, 32; Созомен. 8, 4)[154]. Для ариан был построен храм за пределами городских стен, а для православных го́тов св. Иоанн

---

[154] «Гайн был Христианин из ереси тех Варваров, которые исповедуют учение Ариево. Подстрекаемый ее предстоятелями, или побуждаемый собственным честолюбием, он начал просить царя о том, чтобы единоверцам его дана была одна из церквей в городе; ибо не справедливо, говорил он с досадою, да и всячески не прилично ему, римскому военачальнику, выезжать для молитвы за городские стены. Узнав об этом, Иоанн не стал молчать, но взяв епископов, каким в то время случилось быть в столице, пошел во дворец и в слух царя, в присутствии самого Гайны, простер долгое слово, в котором с поношением изобразил и отечество этого Варвара, и бегство его, и то, как он, быв спасен, клялся тогда цареву отцу благоприятствовать Римлянам, и ему самому, и детям его, и законам, которые теперь старается сделать бессильными. Говоря это, он показал изданный Феодосием указ, воспрещавший иноверцам делать церковные собрания в стенах города. Потом, обратив речь к царю, Иоанн убеждал его — положенный закон касательно других ересей сохранять неприкосновенным, и советовал лучше отказаться от царствования, чем, сделавшись предателем дома Божия, поступить нечестиво».

Златоуст выделил одну из городских церквей (в ней стала вестись служба на готском языке).

Всего колония готов насчитывала 35 000 человек, включая женщин и детей. Семьям готов-ариан позволено было жить лишь вне пределов городских стен. Так как внутри константиновой стены возвышалась колонна (кион) Константина, готы были названы эксокионитами, то есть «живущими по ту сторону колонны», а их лагерь был прозван «эксокионион».

Готы и жители города постоянно задирали друг друга. В конце концов дело дошло до оружия и крови. Греки закрыли городские ворота, и готы, оказавшиеся в городе, укрылись в своем православном храме.

Очевидец событий Синезий Птолемаидский описывает дальнейшее так:

«Итак, египтяне уже блестяще завладели воротами, так что укрепления оказались между ними и варварами. Теперь они обратились против тех скифов, которые остались в городе — против отдельных людей и групп: они забрасывали их камнями и дротиками, закалывали и ранили их кинжалами; тех, кто оборонялся в укреплениях, выкуривали дымом, как ос; так же поступали с их храмами и их священниками, несмотря на стенания и крики Тифона, поскольку он скифствовал даже в области веры. Он требовал начать переговоры с варварами» (*Синезий Киренский. Египетские речи или о Промысле. 3, 1*)[155].

Египтяне в его очерке — это жители Константинополя, а скифы — готы; Тифон — временщик Кесарий.

Это описание этно-религиозного погрома: «скифы в области веры» — это ариане. Теперь «народ уже не нуждался в царе и повелевал собой сам, так что по воле богов каждый был себе

---

[155] Синезий Киренский. Полное собрание творений. Т. 1. — СПб., 2012. С. 127.

и стратегом, и стратиотом, и сотником, и рядовым. Но чего не может случиться, если того хочет Бог, внушающий людям гневное желание спастись любыми способами? Они не отдавали ворот Тифону, и тирания оказалась бездушна, поскольку поддерживавшая ее сила была из города выброшена. Тогда впервые собрались вокруг Великого Священника, и был зажжен священный огонь и произнесены благодарственные молитвы за уже происшедшее и прошения о грядущем; затем потребовали присутствия Осириса, ибо ни в чем ином не видели средства к спасению; Священник обещал, что по воле богов вернется и он, и его соратники, отстраненные от дел по причине единодушия с Осирисом».

Для облегчения перевода приведу другой источник: «Те готы, что не успели покинуть город, спрятались в своем храме, находившемся недалеко от императорского дворца. Настигнувшая их там толпа православных жителей зажгла базилику, и горящая крыша рухнула на скрывшихся в ней готов» (Сократ Схоластик. Церковная история.6, 6).

Сто лет спустя после событий Зосим называет цифру погибших: «Варвары, которые были внутри, были вырезаны горожанами. Более семи тысяч нашли убежище самостоятельно, спрятавшись в христианской церкви близ дворца. Император приказал, чтобы их убили даже там, и что не следовало бы им давать убежище в наказание за их дерзость. Это был приказ императора, но он не осмеливался вытащить их из убежища из страха, что варвары могут попытаться оказать сопротивление. Поэтому было решено сдвинуть крышу над алтарем, чтобы специально посланные люди могли сбросить вниз на укрывшихся горящие головешки. Всё это делалось до тех пор, пока все не сгорели. Вот так были убиты последние варвары, но благочестивые христиане посчитали это страшным осквернением, случившимся посреди города».

Какая же именно готская церковь была сожжена: православная или арианская? В центре города была именно православный готский храм. Значит, православный храм был сожжен православными погромщиками.

Теперь возвращаемся к тексту Синезия. Осирис в его притче — это оппонент Кесария Аврелиан. Великий Священник в этом рассказе благодарит его за происшедшее (резню еретиков и политических оппонентов).

Так кто же был тогда «Великим Священником»?

Архиепископом Константинополя в это время был св. Иоанн Златоуст. Увы, я ничего не знаю о его реакции на это всесожжение. Рассказ Сократа об этом эпизоде упоминает о священстве лишь так: «При таком состоянии римской империи, люди, которым вверено было священнослужение, не переставали, ко вреду христианства, строить друг другу козни, ибо в это самое время духовные заботливо нападали один на другого».

Император Аркадий отказался вмешаться и ввести в действие закон, дающий гонимому право убежища в алтаре[156]. И хотя Сократ приписывает ему инициативу погрома, сам погром готов-ариан вряд ли был его инициативой: его доверенное лицо, Кесарий, — на стороне готов[157].

---

[156] В Византии алтарь не всегда давал спасение. В 706 г. настает конец кровавому царствованию Юстиниана Второго. «Мавр с Струфом, пришедши во [храм Божией Матери] Влахерны, нашли Тиверия [шестилетнего сына Юстиниана], державшегося одною рукою за столбик святой трапезы жертвенника святой Богоматери, а другою рукою державшего честные древа и на шее с мощами, а пред алтарем на ступеньках сидящую Анастасию мать отца его, которая, упавши к ногам Мавра, умоляла не убивать внука ее Тиверия, который ничего дурного не сделал. Между тем как она обнимала ноги Мавра и со слезами умоляла его, Струф, вошедши в алтарь, насильно вытащил его, взял у него честные древа и положил на святом жертвеннике, мощи повесил себе на шею и, схвативши отрока на паперти, Каллиники раздели его, растянули на древесной коре, как агнца и перерезали горло, и приказали похоронить его в храме святых Бессребренников» (Феофан Исповедник. Хроника. 703 год),

[157] Иногда Аркадий умел прощать: «Когда в 388 году ариане в Константинополе сожгли дворец архиепископа Нектария, Аркадий просил своего отца императора Феодосия «не наказывать ни за нанесенную ему обиду, ни за поджог патриаршего дома» (св. Амвросий Медиоланский. Письма. 74 (40), 13).

Может быть, если бы Златоуст всей мощью своего красноречия если не предотвратил, то хотя бы потом обличил кровавую выходку своих прихожан — история церкви стала бы другой… Но он как минимум промолчал и не приметил, что его паства сожгла 7 000 человек вместе с храмом[158].

Для историка, психолога, культуролога это важная и интересная работа — примечать, чего (и почему) не примечают другие.

Даже в IV веке правители уже умели осуждать погромные страсти толпы. Правда — языческие правители.

Сравним молчание святителя с реакцией язычника императора Юлиана Отступника на аналогичные события 361 года.

Правителем Египта был св. Артемий Антиохийский (память 20 октября). Боевой генерал, сподвижник св. Константина Великого, бывший с ним в поворотной битве на Мульвийском мосту. При подготовке Юлианом персидского похода он был вызван в пункт сбора римской армии — в Антиохию. Поскольку Артемий был обвинен в разрушении языческих храмов Египта, он был казнен[159].

---

[158] «Можно предположить, что именно Иоанн стоял за изданием в 399 г. закона об уничтожении языческих храмов, находившихся в сельской местности: CTh XVI. Vol. I. p. 902 (CTh. XVI.10.1)» — Ведешкин М. А. Веротерпимость и коррупция в ранней Византии: к вопросу о сохранении языческих культов в христианской империи // Византийский временник. Т. 101. — М., СПб., 2017. С. 45.

[159] «Православная энциклопедия» говорит, что «Мученичество Артемия» написано спустя не менее чем 200 лет после событий монахом Иоанном Родосским, т. е. в VII веке. Правда, то же издание в статье об Иоанне Дамаскине говорит, что автор жития — Дамаскин, а это уже VIII век. Понятно, что в его работе старательно перечислены традиционные сюжеты мученических житий: «Артемий стоял около царя в то время, когда подвергаемы были мучению святые исповедники, Евгений и Макарий. Слыша, как нечестивый Юлиан хулит своими скверными устами Господа Иисуса Христа, Артемий исполнился ревности и, подойдя к царю, сказал: „Зачем ты, государь, так бесчеловечно мучишь неповинных и посвященных Богу мужей и принуждаешь их отступить от православной веры? Знай, что и ты — человек немощный. Тщетны его старания и ничтожна его сила“. Мучитель, разгневавшись, повелел каменотесам рассечь один большой камень и потом столкнуть его сверху на Артемия, который был связан и положен на каменную же плиту под этим камнем. Когда это было

исполнено, все тело мученика покрыл упавший на него камень и так придавил его, что сломал ему все кости; внутренности его выпали, составы тела переломились и глазные яблоки вышли из своих мест. И какое великое чудо! Будучи сплющен между камнями, святый остался живым и призывал Бога. Так, будучи придавлен камнем, святый провел целые сутки. Потом Юлиан повелел снять камень, считая святого уже умершим, но святый, к общему удивлению, оказался жив и, встав, ходил. И было всем страшно смотреть на него: пред ними был обнаженный человек, вдавленный как доска, с раздробленными костями, с выпавшими внутренностями; лицо его было раздавлено, глаза вышли из орбит, но жизнь все еще держалась в нем, ноги могли двигаться и язык еще был способен ясно говорить. Мученик же Христов, услышав о мучениях, усмехнулся и сказал царю: „Твои ли боги предадут меня мучениям? Они и сами не могут избежать уготованных им мучений, а с ними и ты, будучи брошен в вечный огонь, будешь вечно мучиться". Юлиан, услышав сие, изрек мученику такой приговор: „Артемия, хулившего богов, поправшего Римские и наши законы, признавшего себя не римлянином, а христианином и нарекшего себя, вместо дукса и августалия, Галилеянином — предаем на смерть и повелеваем скверную его голову отсечь мечем". После такого приговора святый был уведен на место казни и шествовал туда с несказанною радостию». http://startemy.narod.ru/st.vmc.A_zhitie_01.htm

Это не мешает некоторым ультраконсервативным авторам прилагать к нему характеристику «свидетельство». Архиепископ Аверкий (Таушев): «Особенно важно свидетельство исповедника Артемия перед Юлианом-Отступником, которому при допросе Артемий говорил: „Христос свыше призвал Константина, когда он вел войну против Максентия, показав ему в полдень знамение креста, лучезарно сиявшее над солнцем и звездовидными римскими буквами предсказавшее ему победу на войне. Быв сами там, мы видели его знамение и читали буквы, видело его и все войско: много свидетелей этому и в твоем войске, если только ты захочешь спросить их"» (См. Историю Филосторгия. 45)» — http://azbyka.ru/dictionary/10/averkij_krest_hristov-all.shtml.

На самом деле у Филосторгия нет ничего подобного о допросе Артемия и о якобы его словах. Добавлю, что Артемий был арианином и гонителем св. Афанасия Великого.

Ректор МДА прот. А. Горский писал: «…Внешнее положение Афанасия нисколько не улучшалось. Его все еще искали в пустынях египетских. Сменивший военачальника Севастиана Артемий, пользовавшийся особенной доверенностью Констанция, отправился сам с арианскими епископами и с военным отрядом отыскивать его по монастырям. Получив известие, что Афанасий особенно любит иноков тавеннских, Артемий думал найти его в их главном монастыре Пабау. Приплыв к нему рекою, окружил его воинами, допросил иноков, обыскал монастырь, и ничего не

Но до этого он был дуксом Египта (dux — это римский титул, от которого произошел европейский титил duc (герцог) и название лимонада «Дюшесс» (герцогиня)).

И, будучи правителем Египта, он вовсе не был милым и милостивным. Св. Афанасий Великий писал о нем: «Сей епарх и Артемий дук, разыскивая епископа Афанасия, вторглись в один частный дом — в небольшую келлию девственницы Евдемонии — и жестоко мучили ее» (Пасхальное послание 360 г.)

«Юлиан отсек голову начальствовавшему над египетскими войсками Артемию. Причина была та, что, приняв эту должность во время Констанция, он разрушил множество идолов» (Феодорит Кирский. Церковная история. 3,18).

Язычник Аммиан Марцеллин, арианский историк Филосторгий и никейский исповедник Феодорит, епископ Кирский согласны с тем, что местом кончины Артемия была Антиохия, а причиной — его «подвиги» в Египте.

«После того как александрийцы узнали о смерти Артемия, возвращения которого с прежней властью они опасались, так как он угрожал отомстить многим за обиду... И вот, когда неожиданно пришло радостное известие о смерти Артемия, вся чернь в возбуждении от неожиданной радости устремилась с ужасным криком в дом епископа Георгия. Его вытащили, подвергли всякого рода истязаниям, волокли по земле и до смерти затоптали ногами. Вместе с ним были убиты начальник монетного двора Драконций и некто Диодор, имевший звание комита, — их волокли по улицам, связав ноги веревками. Первый провинился тем, что на монетном дворе,

---

нашел. Артемий был, однако же, человек благочестивый. Он просил молитв иноков о себе, и когда те отказались, по заповеди своего настоятеля не молиться с тем, кто имеет общение с арианами, — один молился в их храме (S. Pachomii vita. Act. ss. Maii T. 3. P. 330)». http://www.odinblago.ru/afanas_t1/jitie

*которым он управлял, приказал разрушить недавно воздвигну-
тый там жертвенник, второй — тем, что заведуя построй-
кой церкви, очень ревностно стриг волосы подросткам, полагая, что длинные волосы имеют отношение к культу богов»
(Аммиан Марцеллин. История. XXII, 2, 2).*

Точнее говоря: 30 ноября разъяренною чернью он был заключен под стражу, а 24 декабря убит, и труп его возили по городу
с поруганием на верблюде, а затем сожгли.

Убитый арианский епископ Георгий карал своей manu militari
не только никейцев (афанасиан), но и язычников, так что ненави-
дели его и те, и другие. А св. Артемий был опорой Георгия в этих
гонениях (Филосторгий. Церковная история. 3, 2a).

Итак, в Александрии язычники и православные учинили погром. Убийство произошло в день крупнейшего митраистского
праздника Dies Natalis Solis Invicti 24 декабря 361 г.

Реакция языческого царя Юлиана на «подвиги» своих единоверцев была такой:

*«Народу Александрии. Если уж вы не испытываете стыда пе-
ред вашим основателем Александром и даже перед великим
и святейшим богом Сераписом, то неужели не возникло у вас
никакой мысли об общественной пользе, гуманности и нравственности? Добавлю, и никакой мысли о нас, которого все
боги, а прежде всего великий Серапис, сочли достойным
управлять вселенной; ведь именно нам следовало позаботиться о расследовании относительно тех лиц, которые при-
чинили вам несправедливость. Вы поддались внезапному по-
рыву и, уже приняв прекрасное решение, затем совершили
беззаконие [правильным решением александрийцев, о котором
говорит Юлиан, было то, что вначале они заключили Георгия
в тюрьму в ожидании суда, но во время религиозного праздника страсти разгорелись и над ним учиняли самосуд].
И вы, свободные граждане, не постыдились дерзнуть на то,
за что других справедливо ненавидите?! Скажите мне ради*

Сераписа, за какие преступления вы ненавидите Георгия? Вы, конечно, ответите, что он натравливал на вас блаженнейшей памяти Констанция, затем ввел в священный город войска, а дукс Египта Артемий захватил святейший храм бога, похитив там изображения, дары и украшения святилища; когда же вы справедливо вознегодовали и попытались защитить бога, вернее собственность бога, он осмелился послать против вас солдат. Итак, разгневавшись за это на врага богов Георгия, вы, хотя можно было предать его суду, сами снова осквернили священный город. Тогда это было бы не убийство, не беззаконие, а справедливый суд. Граждане осмеливаются растерзать человека, как собаки — волка! И затем не стыдятся воздевать к богам; руки, как будто они чистые и с них не каплет кровь. „Но Георгий был достоин претерпеть такое". Я сказал бы — даже худшее и более суровое, чем это. Вы скажете — „из-за вас". И с этим я соглашаюсь. Но если вы скажете еще — „от вас", на это нет моего согласия. Ведь есть у вас законы, которые все должны высоко чтить и уважать. И хотя случается, что отдельные лица и преступают законы, обществу в целом надлежит иметь хорошие законы, им повиноваться и не преступать того, что издавна было прекрасно узаконено. Ваше счастье, мужи-александрийцы, что вы так погрешили именно в мое царствование. Строгая же власть и безукоризненное и суровое правительство никогда не посмотрели бы сквозь пальцы на дерзость народа, но излечили бы столь тяжелую болезнь еще более горьким лекарством. Я же обращаюсь к вам с ласковыми и увещевательными словами. Пусть это будет объявлено моим гражданам-александрийцам» (Сократ. Церковная история. 3, III, 4–25).

Возвращаемся к святому златоусту. Св. Иоанн Златоуст — моралист, совесть и икона Православной Церкви. От него сохранились многие толстые тома его бесед. Еще многие тома ему приписаны.

И где же хоть одно его слово с обличением готского погрома?

Если бы Златоуст осудил свою паству за сожжение ею готов в их храме, если бы он установил ежегодный покаянный пост в воспоминание трагедии 12 июля 400 года — последующая история Церкви могла бы стать совсем иной… Увы, Златоуст промолчал. Его молчание в связи с избиением готов — это его выбор и его грех…

В ином случае паства св. Иоанна напала на собственно православных.

«Этот человек был искусен в установлении власти над неразумной толпой, а город был взволнован тем, что христианская церковь была теперь в руках так называемых монахов. Эти люди отвергали законный брак и избегали заполненных народом школ в городах и селениях. Их нельзя было использовать на военной или какой-либо другой государственной службе. Кроме того, с того времени и до нынешнего они приобрели огромное количество земель под предлогом подаяния на бедность. Эти люди в дальнейшем завладели храмами и препятствовали людям, приходившим туда, посещать привычные для них места. Всё это приводило в ярость и простых людей, и солдат. Желавшие усмирить наглость монахов, вышли, когда был подан знак и жестоко, без разбора убивали всех подряд, пока церковь не наполнилась телами. Догоняли тех, кто пытался спастись, и любой, на ком было серое одеяние, был застрелен, также вместе с ними погибло много людей, одетых в серое по случаю траура, так что много людей погибло с теми, кто был найден в такой одежде или по другим трагическим обстоятельствам. Позже Иоанн вернулся, чтобы продемонстрировать свои старые манеры и раздуть старые тревоги города. Он поднял народ против императрицы, с помощью его обычной бессмыслицы, пока он снова не был смещен с должности епископа и изгнан из города. Он уплыл, но его сторонники решили, что ни один преемник не

будет допущен к сану епископа и что надо уничтожить город с помощью огня. Поэтому позднее, тайно, ночью, устроив пожар церкви, они уехали из города на рассвете и таким образом избежали разоблачения. Когда наступил день, степень опасности для города была очевидной для каждого: церковь была опустошена пожаром вместе с близлежащими домами. Особенно пострадали те строения, на которые огонь нагонялся порывами ветра». (Зосим. Новая история. Кн. 5).

Да, это рассказ языческого историка. Но и авторы «Православной энциклопедии» говорят, что «между александрийцами и константинопольцами произошло крупное столкновение, во время которого некоторые были убиты и многие ранены»[160]. Св. Феофил Александрийский, несмотря на несудоходный сезон (была зима), отплыл в Александрию (Сократ Схоластик. *Церковная история.* VI. 17; Созомен. Церковная история. VIII. 19), к тому же Феофил боялся мести народа, который разыскивал его по Константинополю (Палладий. Диалог о жизни Иоанна Златоуста. 9).

Пожар в храме св. Софии в июне 404 г., описанный Зосимом, и Сократ Схоластик, а также автор древнейшего Жития — еп. Мартирий[161], считают делом рук сторонников св. Иоанна. Палладий полагает, что возгорание было самопроизвольным.

Как бы то ни было, сегодня действия сторонников св. Иоанна назвали бы экстремистскими. Они явно были не прочь «освятить свои руки» ударами по лицам тех, с кем они разошлись в церковных вопросах.

А вскоре монахи напали и на самого Златоуста: По дороге ссылку (в Кукуз) в Кесарии «около рассвета отряд монахов (так

---

[160] https://www.pravenc.ru/text/540881.html

[161] «Речь о жизни Иоанна Златоуста» надписана именем еп. Мартирия Антиохийского. Произведение было написано, скорее всего, в 407 г., через несколько недель после смерти Иоанна Златоуста. Автор Жития говорит, что его крестил и рукоположил св. Иоанн, а также, что он был свидетелем константинопольских событий, связанных с его низложением.

надо сказать и выразить этим именем их бешенство — А. К.) напал на дом, где мы были, грозя спалить его, поджечь, причинить нам крайнее бедствие, если мы не уйдем. И ни страх перед исаврянами, ни болезнь, так сильно теснившая нас, ни что другое не сделало их более снисходительными; они наступали, дыша такой яростью, что и сами преторианские воины испугались их. Действительно, они и им грозили ударами и хвастались, что они уже постыдно избили многих преторианских воинов. На следующий день они явились еще неистовее, и никто из пресвитеров не осмеливался заступиться и помочь нам, но, стыдясь и краснея (потому что это, говорили они, происходило по приказанию Фаретрия), скрывались, прятались, и не внимали, когда мы их звали» (Иоанн Златоуст. Письмо 14 Олимпиаде)[162].

---

[162] В целом, как справедливо отметил новомученик Михаил Новоселов, «Златоуста явно преследовала православная церковная организация» (Новоселов М. А. Письма друзьям. — М., 1994. С. 253).

Глава 9

МОНАШЕСКИЕ РАСПРАВЫ.
ИПАТИЯ

Монахи IV–VI веков вообще бывали очень рукосуйными.

Уже в 384 году языческий ритор Либаний в 384 г. жаловался императору Феодосию на монахов: «Люди, что носят черные одежды, которые прожорливы больше слонов и изводят нескончаемой чередой кубков тех, которые сопровождают их попойку песнями, а между тем стараются скрыть эту свою невоздержность путем искусственно наводимой бледности, не смотря на то, что закон остается в силе, спешат к храмам, вооружившись бревнами, камнями, ломами, иные, за неимением орудий, готовые действовать голыми руками и ногами. Затем для них ничего не стоит и крыши срывать, и валить стены, выдергивать из земли жертвенники, а жрецам приходится молчать или умирать. Когда повергнут первый храм, спешат походом на второй, на третий, и ряд трофеев идет одни за другими, вопреки закону. Дерзают на это и в городах, но большею частью по деревням… За счет чужих бедствий роскошествуют те, которые, как они утверждают, умилостивляют своего бога голоданием. Если же разоренные, явившись в город к пастырю, станут плакаться, сообщая о насилиях, каким подверглись, пастырь этот обидчиков похваляет, а обиженных прогоняет» (Речь 30. К императору Феодосию в защиту храмов, 8–11).

Слова ненависти исходили тогда не только от дурных монахов, но и от святых: «В те времена процветал и славился также святой и вечной памяти Симеон, первым показавший пример стояния на столпе. В него вселилась такая сила благодати Божьей, что, когда автократор Феодосий определил антиохийским иудеям возвратить их синагоги, которые перед тем отняты были у них христианами, — он и самому Феодосию писал с таким дерзновением и так укорял его, благоговея пред одним своим Императором (Богом), что тот император, отменив свое повеление, сделал все в угоду христианам, даже лишил власти префекта, который доложил ему об этом, и просил, по собственному его выражению святейшего и воздушного мученика возносить о нем молитвы и преподать ему свое благословение» (Евагрий. Церковная история. 1.13)

В 384–388 гг. религиозные беспорядки охватили восточные провинции. Чтобы не допустить повторения погромов, в 390 г. закон, изданный на имя префекта Татиана, предписал монахам покинуть города и удалиться в «пустынные местности» (Кодекс Феодосия. XVI. 3. 1). Однако уже весной 392 г. этот эдикт был отменен императором Феодосием, всё более подпадавшим под влияние высшего клира (Кодекс Феодосия. XVI. 3. 2).

Еще одна попытка оградить жителей империи от действий религиозных фанатиков была предпринята префектом Асклепиодотом. В 423 г. на его имя был издан эдикт, грозивший суровыми карами всем «мнимым христианам», которые, «злоупотребляя влиянием [христианской] религии, поднимали руку на иудеев и язычников, живущих тихо, не пытающихся ни бунтовать, ни нарушать закон» (Кодекс Феодосия. XVI. 10. 24). Действие этого эдикта не продлилось и нескольких месяцев. Под давлением монашества набожный император Феодосий II был вынужден отменить данное постановление[163].

---

[163] Ведешкин М. А. «Люди в черном»: христианские монахи в зеркале языческой критики // Вестник древней истории. Т. 79. 2019, № 2. С. 368.

Еще пример монашеской провокации: «Александрийский монах Нефалий возбудил местных жителей по поводу союза Петра, епископа Александрийского, с Акакием, епископом этого имперского города, и, как он утверждал, из рвения против собравшегося в Халкидоне собора. В своей местности он стал причиной десяти тысяч беспорядков и убийств из-за враждебности по отношению к Петру» (Захария. Житие Севера, 141).

И это — в той Александрии, где в 415 году толпа убила Гипатию.

Единственный хронист, современный гибели Гипатии, Сократ Схоластик, о ее гибели пишет так:

*«В Александрии была одна женщина, по имени Ипатия, дочь философа Феона. Против этой-то женщины вооружилась тогда зависть. Так как она очень часто беседовала с Орестом, то ее обращение с ним подало повод к клевете, будто бы она не дозволяла Оресту войти в дружбу с Кириллом. Посему люди с горячими голосами под начальством некоего Петра, однажды сговорились и подстерегли эту женщину. Когда она возвращалась откуда-то домой, они стащили ее с носилок и привлекли к церкви, называемой Кесарион, потом, обнажив ее, умертвили черепками, а тело снесли на место, называемое Кинарон, и там сожгли. **Это причинило немало скорби и Кириллу**, и александрийской Церкви, ибо убийства, распри и всё тому подобное совершенно чуждо мыслящим по духу Христову»* (Сократ. Церковная история. 7,15).

Казалось бы, это сообщение о скорби св. Кирилла. Увы, русский перевод оказался искажающим текст Сократа. По переводу выходит, что Кирилл скорбел о том, что его паства поступила не по-евангельски. Однако «скорбь» — это некорректный перевод греческого слова μῶμος, «хула, порицание, позор». В латинском переводе стоит probrum с тем же смыслом хулы и срама.

Значит, фразу Сократа Схоластика Τοῦτο οὐ μικρὸν μῶμον Κυρίλλῳ καὶ τῇ Ἀλεξανδρέων ἐκκλησίᾳ εἰργάσατο лучше перевести так: «Это навлекло немалую хулу не только на Кирилла, но и на Александрийскую церковь [в целом]»[164].

То есть Сократ ничего не сообщает о реакции Кирилла на убийство и тем паче о его пастырской скорби. Если она и была — то только о своем плохом пиаре[165].

---

[164] http://www.documentacatholicaomnia.eu/03d/0380-0440,_Socrates_Scholasticus,_Ecclesiastica_Hstoria_2_(Hussey_Editore),_G R.pdf, стр. 761.

Англ. перевод — This affair brought not the least opprobrium, not only upon Cyril.

https://www.ccel.org/ccel/schaff/npnf202.ii.x.xv.html

Позже этот текст воспроизвел Никифор Каллист (Церковная история. 14, 16) Τοῦτο οὐ μικρὸν μῶμον περίηψε Κυρίλλῳ καὶ τῇ Ἀλεξανδρέων ἐκκλησίᾳ εἰργάσατο; facinus hoc maxime in Cyrillo et ecclesia ejus reprehensum est. («В этом деянии обвиняли в основном Кирилла и его церковь»).

Стоит это сопоставить с таким фрагментом эфиопского сборника «Гомилий св. Михаила» (Dersāna Mikā'ēl) о суде над Иоанном Златоустом: «Царица Евдоксия в гневе своем отправила посланников к Кириллу (александрийскому патриарху), и велела прийти многим другим епископам и епископу Епифанию (Кипрскому). Она собрала их и сказала им: Невозможно, чтобы патриарх Иоанн был со мной, и я не могу изгнать его, потому что это причинит мне много скорби. Но вы, епископы, собранные на Синоде, если найдете в нем причину для смещения его с места его, сделайте это для меня» (Энрико Черулли. Императоры Гонорий и Аркадий в эфиопской традиции // Извлечение из Трудов IV Международного конгресса эфиопских исследований, проходившего в Риме с 10 по 15 апреля 1972 года (Enrico Cerulli. Gli imperatori Onorio ed Arcadio nella tradizione etiopica // Estratto dal volume degli Atti del IV Congresso Internazionale di Studi Etiopici, svoltosi a Roma dal 10 al 15 aprile 1972). — Roma, Accademia Nazionale dei Lincei, 1972. P. 26). Тут вполне понятно, что «скорбь» императрицы — это просто горечь от плохого для нее общественного резонанса.

[165] Именно так это понимает современный греческий церковный автор, защищающий св. Кирилла: «Это утверждение Сократа не означает, что Кирилл был виновен, а лишь то, что Кирилл был сильно опозорен из-за преступности части своей паствы» Μὰ ἡ δήλωση αὐτὴ δὲν ἐννοεῖ ὅτι ὁ Κύριλλος ἦταν ὑπεύθυνος, ἀλλ᾽ ἁπλῶς ὅτι ὁ Κύριλλος ντροπιάστηκε πολὺ ἐξαιτίας τῆς ἐγκληματικότητας ἑνὸς τμήματος τοῦ ποιμνίου του. (https://www.evaggelistria.gr/homepage/%CE%B7-%CE%B1%CE%BB%CE%B7%CE%B8%CE%B5%CE%B9%CE%B1-%CE%B3%CE%B9%CE%B1-%CF%84%CE%B7%CE%BD-%CF%85%CF%80%CE%B1%CF%84%CE%B9%CE%B1/)

Св. Кирилл очень не любил св. Иоанна Златоуста. Но вот в чем они были похожи — оба спокойно смотрели на преступления своей паствы (Иоанн — на сожжение семей готов-ариан в их собственном храме). От обоих дошли многие тома их речей. И ни в одном из них нет ни строчки, осуждающей именно эти убийства.

Что причинило немало «скорби» последующим апологетам.

Ну а мне приходится отказаться от моей собственной былой апологии св. Кирилла Александрийского. Нет, это еще не доказательство его прямого участия в этом убийстве. Это просто крушение единственного анти-доказательства.

Хотя позднейший хронист Иоанн Малала прямо его в этом обвиняет: Episcopo suo freti licentiam quidvis agendi sibi sumentes vivam cremiis combusserunt[166] («Полагаясь на разрешение своего епископа делать всё, что они могли, они сжигали живьем»).

Конечно, Малала — антиохиец (там египтян не очень любили) и жил он почти сто лет спустя после событий. Но по его словам видно, какой «осадочек остался».

В самом Египте среди людей, подчеркнуто считавших себя последователями именно Кирилла (т. е. среди позднейших монофизитов) это убийство считалось подвигом благочестия (коптский епископ Иоанн Никиусский в конце VII века открыто восхвалял убийцу Гипатии, чтеца Петра, как «превосходного во всех отношениях последователя Иисуса Христа» (Chron. 84. 103))[167].

---

[166] https://books.google.ru/books?id=qiERAAAAYAAJ&pg=PA523&hl=ru&source=gbs_toc_r&cad=3#v=onepage&q&f=false

[167] https://www.academia.edu/40630017/_%D0%9B%D1%8E%D0%B4%D0%B8_%D0%B2_%D1%87%D0%B5%D1%80%D0%BD%D0%BE%D0%BC_%D1%85%D1%80%D0%B8%D1%81%D1%82%D0%B8%D0%B0%D0%BD%D1%81%D0%BA%D0%B8%D0%B5_%D0%BC%D0%BE%D0%BD%D0%B0%D1%85%D0%B8_%D0%B2_%D0%B7%D0%B5%D1%80%D0%BA%D0%B0%D0%BB%D0%B5_%D1%8F%D0%B7%D1%8B%D1%87%D0%B5%D1%81%D0%BA%D0%BE%D0%B9_%D0%BA%D1%80%D0%B8%D1%82%D0%B8%D0%BA%D0%B8_Men_in_Black_early_christian_monks_in_the_mirror_of_pagan_criticism_RUSSIAN

Но наши историки до сих пор пишут: «Многие историки обвиняют в этом Кирилла, но нет ни малейших доказательств того, что это убийство произошло с его ведома и одобрения. Скорее всего, нет, ибо при всем своем горячем темпераменте он был против ничем не спровоцированного самосуда толпы»[168].

Во-первых, самосуд наверняка был чем-то мотивирован (эти мотивы могут быть дикими, суеверными и т. п., но это мотивы). Тот же Иоанн Никиусский к более ранним рассказам об Ипатии добавляет ее характеристику как порочной женщины, которая посредством магического искусства совратила христианина Ореста в язычество. Увы, задолго до появления инквизиции такие народные самосуды над колдунами были в порядке вещей.

Во-вторых, даже Сократ полагает, что тут дело в политике (Ипатия мешала дружбе Кирилла с префектом). А это может быть тем самым мотивом (правда, не у толпы, с которой вряд ли фараон Кирилл делился своими сложностями, а у Кирилла).

В-третьих, у нас, оказывается, нет свидетельств о том, что «Кирилл был против». И вновь скажу: Кирилл Александрийский —

Подробнее: And, in those days, there appeared in Alexandria a female philosopher, a pagan named Hypatia, and she was devoted at all times to magic, astrolabes, and instruments of music, and she beguiled many people through Satanic wiles... A multitude of believers in God arose under the guidance of Peter the Magistrate... and they proceeded to seek for the pagan woman who had beguiled the people of the city and the Prefect through her enchantments. And when they learnt the place where she was, they proceeded to her and found her... they dragged her along till they brought her to the great church, named Caesareum. Now this was in the days of the fast. And they tore off her clothing and dragged her... through the streets of the city till she died. And they carried her to a place named Cinaron, and they burned her body with fire (John, Bishop. Chronicle 84.87–103). Он же писал, что это произошло «в те дни», когда Иоанн Златоуст был внесен в диптихи александрийской Церкви (Chron. 84, 43), то есть в 418 г. И что вскоре после убийства Гипатии, «православные жители Александрии», очевидно сторонники епископа Кирилла, даже уничтожили «место», в котором преподавали языческие философы (там же).

168 А. Л. Дворкин. Очерки по истории Вселенской Православной Церкви.

человек публичный, почитаемый, много говоривший и писавший, причем многотомье его трудов прекрасно сохранилось. И то, что в этом многотомье нет ни строчки с осуждением «чтеца Петра», говорит что-то важное о реальном отношении св. Кирилла к этому убийству.

Глава 10

«ЖИТИЯ СВЯТЫХ» О БОРЬБЕ С ЯЗЫЧНИКАМИ

Хорошо известна формула: христиане, уходящие в новый раскол, уносят с собою общее с православными наследие. У них оказалось разное понимание «вчера», но у них общее «позавчера». А поскольку теперь их задача в том, чтобы доказать, что ортодоксальны именно они, они тщательно консервируют всё, о чем они не спорят с официальной церковной властью. Потому нередко древнейшие общеправославные традиции и обыкновения сохранились именно у откольников (в т. ч. армян, эфиопов и т. д.). И чем позже происходит такой раскол, тем больше уже ранее оформленной ортодоксии уносится с собой.

Так вот, «в золотой век святоотеческой письменности», в начале V века, то есть во дни св. Кирилла Александрийского, начинается «монофизитский раскол». Это — спор о том, как изменилась человечность Христа в соединении с Его же Божественностью. Но это не спор об этике.

Этика православных и монофизитов ничем не отличалась.

И потому посмотрим на историю еще одного погрома.

Александрийский патриарх-монофизит Петр Монг (482–490 гг.), стремившейся ослабить влияние язычников-интеллектуалов в высших слоях александрийского общества, организовал погром, использовав как предлог конфликт христианских и языческих студентов:

«Ученики Гораполлона, охваченные безумием язычников, не могли смириться с насмешливыми обвинениями Паралия. Они напали на него в Школе, где они учились, подождав некоторое время, когда вокруг не было много христиан, а сам Гораполлон ушел. Они избили Паралия. С трудом сумев вырваться из их рук — поскольку он был здорового телосложения — он укрылся с помощью некоторых христиан, поскольку толпа язычников окружала его и бросалась на него. Мы оказались рядом в то время из-за урока философии. Итак, трое нас сблизились — я, Фома, софист, который любил Христа во всем — как и я, он был из города Газы — и Зенодот с Лесбоса. [Мы трое] регулярно встречались в святых церквях вместе с теми, кто известен как филопоны, которых в других местах называют „прилежными", а в иных местах „ревнителями" — это люди, от которых нередко трепетали язычники. Мы обратились к тем, кто совершал беспорядки, а их было много, и мы засвидетельствовали им, что то, что они делали, было неправильно, причиняя страдания человеку, который хотел стать христианином, — вот что выкрикивал Паралий. Желая ввести нас в заблуждение и успокоить нас своими заверениями, они говорили нам: „У нас нет претензий к вам (христианам); мы просто хотим вернуть себе этого человека, который является нашим врагом"».

После этого патриарх «Петр, который был очень способным человеком и пылким в деле религии, возбудил многих ведущих людей города против язычников… Когда префект узнал о серьезности дела, он отдал приказ, что каждый должен записать в письменной форме то, что он хотел. Паралий изложил в письменном виде обвинение в том, что какие-то люди (совершали) языческие жертвы, и что они напали на него, как бандиты. После того, как префект дал указание прибыть обвиняемым, некоторые из духовенства и группы так называемых филопонов, узнав об оскорблении, нанесенном тем, кто был так ревностен в добром деле, а также о языческих жертвах, которые делались столь нагло, сразу же возмутились против властей об этих делах. В присутствии епископа Петра Паралий пообещал показать идолов вместе с жертвенником и жертвами и выявить жреца идолопоклоннической лжи. Архиепископ Петр предоставил нам некоторых своих священнослужителей и письменно дал указание монахам, жившим в монастыре под названием „Табенессиот“, который находится в Канопе, помочь нам искоренить [зло] и избавиться от демонов, принадлежавших язычникам.

Помолившись за соответствующий исход дела, по прибытии в Менуфис мы пришли к зданию, на котором в то время были написаны языческие символы [иероглифы]. Увидев множество идолов и обнаружив алтарь, залитый кровью, он [монах] воскликнул на коптском языке: „Есть лишь один Бог“, произнося это, словно чтобы изгнать заблуждения этого многобожия. Говорят, что эти идолы были тайно удалены из Храма Исиды, который ранее существовал в Мемфисе. Некоторые из идолов уже частично испортились из-за своего древнего возраста: их мы предали огню там же, в Менуфисе… Затем мы помчались вместе с монахами-табеннисиотами и, следуя указаниям архиепископа, полностью разрушили дом, где были найдены идолы и принесены жертвы… Жрец этой позорной языческой религии в дальнейшем содержался под стражей в целях более подробного расследования» (Захария. Житие Севера. 25–48)[169].

---

[169] Захария Схоластик. Жизнь Севера // Мир поздней античности. Документы и материалы. Выпуск 14. — Белгород, 2019. За распространение язычества среди юношества Гораполлон получил от александрийцев прозвище «Психаполлон», — «Душегуб» (33). Англ. перевод и анализ: The Chronicle of Pseudo-Zachariah Rhetor: Church and War in Late Antiquity by Robert R. Phenix and Cornelia B. Horn Geoffrey Greatrex.http://if.bsu.edu.ru/up-load/iblock/e20/MPA_XIV_ZhIZN_SEVERA.pdf

Гораполона подвергли пыткам и понудили принять христианство (Дамаский. Жизнь Исидора. 120)…

Далее Захария (автор вышеприведенного текста) едет изучать право в Бейрут, и там продолжает свою инквизицию — в том числе среди своих однокурсников: «Мы сообщили Иоанну, боголюбивому епископу города, о Георгии, Асклепиодоте из Гелиополя, Хрисаории из Тралл и Леонтии, который в то время был магистром — все они изучали право в городе — а также о некоторых других. Затем епископ предоставил нам некоторых представителей духовенства, поручив нам изучить книги всех этих людей, имея при себе некоторых государственных служащих. Весь город был взволнован всем этим, видя, что так много студентов изучают книги такого рода, а не закон… Чтобы дело не закончилось каким-то плохим исходом, когда Леонтий был схвачен некоторыми [чрезмерно] ревностными людьми и дело шло для него к тому, чтобы оказаться в опасности, лишь нам далось найти выход и обеспечить ему безопасность. Видя, что мы их подстрекали, нам было бы нелегко наказать этих людей за их рвение, если бы мы не смогли сдержать насилие, которое они совершали. И, в частности, (наша цель) состояла в том, чтобы обратить души этих людей (т. е. «банды») к страху Божию» (Житие Севера. 88–90).

Натолкнувшись на противодействие александрийского префекта Ентрехия, бывшего, по мнению Захарии Митиленского, криптоязычником (Житие Севера, 29), епископ Петр обратился за поддержкой к императорскому двору. Из Константинополя в Александрию был направлен чиновник Никомед, который устроил охоту на последователей традиционных культов среди представителей высшего александрийского общества. Язычников под пыткой заставляли отрекаться от отеческой веры и выдавать местонахождение своих скрывавшихся единоверцев (Дамаский. Жизнь Исидора, 117AC; 120HL).

Доселе — это жития еретических святых. А что у православных?

О событиях в Риме в 409 сообщает греческий текст «Жития Мелании», составленный в середине V в. пресвитером Геронтием: «Префект города (Рима), который был ревностным язычником, решил вместе со всем сенатом конфисковать их имущества в государственную казну. По Божьему промыслу случилось так, что народ восстал против него из-за нехватки хлеба. За это его стащили и убили посреди города» (Житие Мелании Римлянки, 19).

Среди историков нет согласия — был или нет мотив религиозной ненависти у толпы христиан, убивавших префекта Габиния Барбара Помпеяна. Но священник Геронтий, автор древнего Жития явно одобряет действия убийц. Безусловно, так же к этому относились многочисленные позднейшие переписчики и слушатели этого Жития.

Житие преподобного Никона Метаноита (память 9 декабря) сегодня звучит так:

«Преподобный Никон Метаноит родился в Понте, в семье богатых армянских землевладельцев. С детства вел подвижнический образ жизни, не имея никакого желания принять управление богатством его состоятельной семьи. Не желая обременяться мирской суетой, поступил в монастырь Хрисопетра, где подвизался в течение 12 лет, приобретя славу великого молитвенника и аскета, полностью посвятившего себя любви Господней. Был наделен Господом даром проповеди, слушатели его преисполнялись великим сердечным раскаянием и любовью к Богу. Его слова производили такой духовный плод в тех, кто его слушал, что просили его отправиться в путешествие, дабы проповедовать покаяние Господне. Он отправился с проповедью по всей Анатолии, неустанно повторяя: «Μετανοεῖτε» («покайтесь»). Отсюда и его прозвище — Метаноит. Затем святой 20 лет проповедовал на острове Крит. После того как Крит был отвоеван у арабов в 961 году, он семь лет ходил по острову, миссионерствуя. Обратил

к христианству многих магометан, а между христианами старался восстановить строгую жизнь первых времен христианства.

С той же проповедью покаяния Никон прошел потом Ахаию, Эпир, Пелопоннес. Также некоторое время подвизался в Дамале, в округе Тризинийском, проповедуя общее покаяние. К концу земной жизни он обосновался в Лакедемоне (Спарте). Множество людей приходило к нему, дабы поучиться у преподобного духовной мудрости и изменить свою жизнь. Преподобным Никоном было совершено много чудес и исцелений. Скончался преподобный в Лакедемоне в 998 году»[170].

Как всегда, житие благочестиво и стандартизировано. Но о чем же оно умолчало? Итак, последние годы жизни Никон провел в Спарте. А что там тогда происходило в том конкретном 985 году? Начинаем искать.

«... процветала еврейская колония Спарты, первое упоминание о которой встречается в Житии святого Никона Метаноита. Евреи Спарты занимались изготовлением тканей. Под предлогом спасения Спарты от свирепствовавшей в то время эпидемии чумы проповедник добился изгнания спартиатами „нечестивцев" из их города»[171].

«Никон отправился в Спарту. Тут он основался на жительство и, что особенно достопримечательно, нашел в Спарте афинянина Феопемпта в сане тамошнего епископа. Спарта, согласно „Житию", рисуется значительным городом, с могущественной знатью архонтов и трудолюбивой еврейской колонией, тогда как торговлю в городе вели итальянские купцы

---

[170] https://azbyka.ru/days/sv-nikon-metanoit

[171] Медведев И. Мистра. Очерки истории и культуры поздневизантийского города. https://www.gumer.info/bibliotek_Buks/History/Medv/05.php

*из Аквилеи, т. е. из Венеции. Для Никона нашлось в Спарте достаточно дела, ибо **ему предстояло изгнать не только особенно ему ненавистных евреев** и обратить в христианство обитавшие у Тайгета славянские племена мелингов и черитов, которыми правил Антиох, но искоренить еще и последние следы древнего язычества, удерживавшиеся в Майне, нагорной области южной Лаконии»*[172].

«Спартиаты, простые люди и знатные горожане, устремились к преподобному с мольбой избавить их от эпидемии чумы, охватившей город. Никон объявил, что болезнь обрушилась на Спарту, т. к. там проживает много иудеев. Преподобный призвал изгнать их из города и сказал, что, если жители последуют его совету, он согласится навсегда остаться у них. Наказ был исполнен, чума отступила... Вскоре Никон решил построить на древней агоре Спарты церковь... Возведение храма было завершено, несмотря на противодействие знатного спартиата по имени Иоанн Арат. Он был решительно настроен против Никона и, в частности, не соглашался с выдворением иудеев. Вопреки запрету Иоанн привел в город одного иудея, чем страшно разгневал Никона, который схватил дубину и прогнал иноверца из города»[173].

«Когда в Спарте вспыхнула чума, монах Никон Армянин (Метаноит) в конце X века отказался прийти на помощь селению, пока евреи, которые были препятствием в распространении христианства, не были изгнаны оттуда. Св. Никон нападал на местную еврейскую общину, утверждая, что именно она ответственна за эпидемию в городе. Он изгнал виновников порчи

---

[172] Грегоровиус Ф. История города Афин в Средние века (От эпохи Юстиниана до турецкого завоевания). 2009. http://texts.news/srednih-vekov-istoriya/podavlenie-slavyanstva-gretsii-80200.html

[173] Мантова Ю. Б. Никон Метаноите // Православная энциклопедия. Т. 51. С. 36.

и не позволил вернуться к их работе — они были ткачами и отделочниками, пока они не примут христианства. Никону пытались возражать жители города и правитель, говоривший, что еврей, на которого Никон без всякой причины набросился с палкой, является златоткачом, и очень нужен для выполнения государственных заказов. Синагога Спарты была разрушена. Местный правитель, Иоанн Аратос (около 930 года — около 986/987 годов), пытался защитить евреев от преследования. Видимо его смерть и позволила выгнать евреев. Таким образом, до Никона население Спарты состояло в основном из евреев и пришлых язычников-славян. Изгнанные Никоном спартанские евреи переселились в Мистру, недалеко от Спарты. Правда, в Мистре-акрополе, по всей вероятности, не было ремесленников, но за стенами акрополя ремесла развивались — Плифон писал, что всё необходимое («кроме железа») находится там. За стенами акрополя было расположено около 1000 домов евреев, бывших, очевидно, ремесленниками или торговцами: ведь еврейское ремесло и торговля были развиты в Спарте еще при Никоне Метаноите, который изгнал евреев из Спарты»[174].

В поисках информации о Никоне я попал на греческий церковно-исторический форум. Там 26 июня 2013 года была в двух частях была опубликована статья «Преступления евреев против эллинизма» (Τα εγκλήματα των Εβραίων κατά του Ελληνισμού):

«Православных иерархов, за убийство которых несут ответственность иудеи, было бесчисленное множество. Как поименные, так и безымянные греческие священники были убиты иудеями, подвергнуты ужасным пыткам. Даже во времена Византийской империи иудеи, когда им представлялась

---

[174] http://cyclowiki.org/wiki/%D0%A1%D0%BF%D0%B0%D1%80%D1%82%D0%B0_%D0%B8_%D0%B5%D0%B2%D1%80%D0%B5%D0%B8

возможность, убивали наших священников, а затем, когда императоры их наказывали, жаловались, что их якобы преследуют. Приведу в пример Патриарха Антиохийского Анастасия (609). Иудеи схватили его и послушайте, что они с ним сделали, как описано в энциклопедии „Гелиос" (Т 2, с. 720, глава „Анастасий"): „Они сначала отрезали ему половые органы, а положив их ему в рот, сожгли его заживо"!!! Евреи и сегодня продолжают признавать все эти отвратительные преступления и утверждают, что поступали правильно. Когда-нибудь евреи поймут, что они не могут бесконечно эксплуатировать доброту греческого народа. Никон Кающийся — святой покровитель Спарты, чья церковь отмечает его память 26 ноября. Никон Метаноите — святой покровитель Спарты. Этот святой понимал, кто такие иудеи и «вел в Спарте борьбу с поселившимися там евреями, которых ему в конце концов удалось изгнать» (Εγκυκλοπαίδεια ΗΛΙΟΣ τόμος 14ος, σελ. 457, λ. «Νίκων»)[175].

Так что память о святом погромщике живет и вдохновляет на новые погромы.

Дальнейшие примеры византийского убивающего народного религиозного энтузиазма приводить не буду.

Готовность христиан переходить в драку с теми, кого они считал еретиками, была столь очевидной, частой и скандальной, что

---

[175] https://averoph.wordpress.com/2013/06/26/%CF%84%CE%B1-%CE%B5%CE%B3%CE%BA%CE%BB%CE%AE%CE%BC%CE%B1%CF%84%CE%B1-%CF%84%CF%89%CE%BD-%CE%B5%CE%B2%CF%81%CE%B1%CE%AF%CF%89%CE%BD-%CE%BA%CE%B1%CF%84%CE%AC-%CF%84%CE%BF%CF%85-%CE%B5%CE%BB%CE%BB%CE%B7-2/
и https://averoph.wordpress.com/2013/06/24/%CF%84%CE%B1-%CE%B5%CE%B3%CE%BA%CE%BB%CE%AE%CE%BC%CE%B1%CF%84%CF%89%CE%BD-%CE%B5%CE%B2%CF%81%CE%B1%CE%AF%CF%89%CE%BD-%CE%BA%CE%B1%CF%84%CE%AC-%CF%84%CE%BF%CF%85-%CE%B5%CE%BB%CE%BB%CE%B7/

римский языческий историк конца IV века Аммиан Марцеллин влагает в уста императора Юлиана Отступника фразу «дикие звери не проявляют такой ярости к людям, как большинство христиан в своих разномыслиях (ересях)» (Римская история. 22, 5, 4).

Просто, когда адепты тезиса «церковь никогда никого не преследовала и не понуждала» встречаются с отпором, они начинают юлить: «Это были отдельные эксцессы!» Но законы православных государей и государств трудно расценивать как частный случай.

«Но это же светские законы, а не церковные!» Что ж, приходится напоминать православным про их же каноны и про то, что императоры были «епископами внешних дел церкви» и ее инструментами.

«Но не было же таких повелений от церковной власти!» И этого, увы, в истории есть немало.

«Но святые так не учили!» Учили. О чем в данной книге глава «Святые инквизиторы».

«Но славянофилы давно уже пояснили, что у нас народ — хранитель благочестия!» Ну вот для ответа на этот аргумент и приведены в этой книге примеры именно народных благочестивых возмущений.

Глава 11

ЕПИСКОП И ИМПЕРАТОР. АМВРОСИЙ И ФЕОДОСИЙ

От 388 года до нас дошло слово резкого пастырского увещевания, обращенное св. Амвросием Медиоланским к св. императору Феодосию:

«Не подобает императору препятствовать свободе речи, а священнику — умалчивать о том, что он должен сказать. Ничто к вам, императорам, не вызывает большего расположения и благожелательности, чем ваша любовь к прямоте у подчиненных вам по долгу службы.

Именно она отличает мудрых правителей от своенравных, поскольку мудрые любят искренность, а своенравные — раболепие. Также и для епископа нет ничего опаснее перед Богом и постыднее перед людьми, чем не заявлять свободно о том, что ему велит долг.

Твоей благости должно быть не по нраву молчание епископа, а прямота — по душе. Ведь молчание подвергнет тебя опасности, а благая прямота поможет.

Но если моя вина в молчании и лицемерии станет и мне в тягость, и тебе не послужит оправданием, то я предпочитаю, чтобы ты счел меня дерзким, но не бесполезным и не презренным… Кто осмелится сказать тебе правду, если не осмелится епископ? Я прихожу в сильное волнение и тревогу, что ты потом осудишь меня собственным приговором за то, что мое лицемерие и угодливость стали причиной твоего падения» (Письма. Кн. 10. 74 (40)).

Контекст этих великих слов, правда, трудно назвать столь же великим.

В 388 году в городе Каллиник (Месопотамия; ныне Аль-Ракка) чернь по наущению местного епископа, предводительствуемая несколькими монахами, разгромила синагогу и храм гностиков-валентиниан… Отметим: тут инициатива погрома идет именно от церковных властей.

Император Феодосий Великий был настолько возмущен совершившимся фактом, что приказал вновь отстроить синагогу за счет погромщиков, и в их числе — епископа.

Св. Амвросий немедленно обратился к императору с горячим протестом: в данном случае речь идет «о славе Божией». Разве можно принуждать епископа к восстановлению синагоги? «Истреблена синагога, место зловерия, дом нечестия, вместилище безумия, виновность же ее признана Господом Богом» (Письма. Кн. 10. 74 (40) 14).

Религиозное чувство христианина не могло примириться с этим. Если епископ исполнит волю императора, он станет изменником вере своей; если же не будет повиноваться Феодосию, то обратится в мученика. Амвросий отождествляет самого себя с этим епископом: он ведь не скрывает своего искреннего желания, чтобы все решительно синагоги подверглись разрушению и чтобы впредь вовсе не существовало этих «рассадников богохульства». «Насколько важно, император, чтобы ты согласился, что не надо ни расследовать, ни наказывать то, что до сего дня никто не расследовал и не наказывал» (Письма. Кн. 10. 74 (40) 26).

Амвросий не только послал письмо, но и произнес проповедь в присутствии императора. «Когда я спустился с кафедры, он сказал мне: „Ты проповедовал о нас“. Я ответил: „Я говорил о том, что тебе полезно услышать“. Тогда он сказал: „Действительно, я судил чересчур сурово о том, что синагогу надо восстановить епископу, но это правильно. Монахи совершают много преступлений“. Тогда магистр конницы и пехоты Тимазий принялся гневно осуждать монахов» (св. Амвросий. Письма. 1 (41), 27)…

Сильно: еще не прошло и ста лет от рождения христианского монашества, но их агрессивное поведение возмущает даже боевого генерала вместе с императором!

Но главное: Амвросий (а вслед за ним и вся церковь) получили чудесное подтверждение того, что они правы: «Император сказал, что исправит свою ошибку, а я начал настаивать на том, чтобы он вообще прекратил дознание, дабы под видом дознания комит не причинил христианам никакой обиды. Он пообещал, что так и будет. И вот я пошел к алтарю, но не пошел бы, если бы он мне не дал твердого обещания. И действительно, когда я совершал возношение, была такая благодать, что я и сам почувствовал: Богу оно было особенно угодно» (Письма. 1 (41), 28)[176].

Ну а по сути — грустно, что великий и святой Амвросий не вспомнил золотое и евангельское правило этики: не делай другим того, чего не желал бы для себя самого.

Этот конфликт епископа и императора не стоит путать с другой их стычкой, где прав был именно епископ.

На совести имп. Феодосия — резня в Фессалониках.

В 390 году начальником местного гарнизона был гот Бутерик (Вуферих; Ботерих). Кумир местной публики, гонщик-возница, воспылал немужской любовью к юноше-виночерпию. Грубый гот

---

[176] Св. Амвросий Медиоланский Собрание творений. Т. 4, ч. 2. — М., 2015. С. 341.

не оценил прелести «греческой любви» и приказал арестовать домогателя (тем паче, что вышедший накануне эдикт императора Феодосия запрещал как пассивный, так и активный гомосексуализм)[177].

(«У тогдашнего начальника над войсками в Иллирии, Вуериха, возница, питая постыдное чувство к виночерпию, искушал его и, за то будучи взят, содержался в тюрьме». Созомен. Церковная история. 7, 25).

Любители конских скачек вступились за своего кумира-гомосексуалиста, освободили его и в ликовании пошли на стадион… Можно ли считать это первым гей-парадом в истории?..

А вот на стадионе сбылась мечта тех, кто сегодня мечтает «проводить гей-парады в день ВДВ»:

«Между тем, по случаю имевшего быть в цирке знаменитого бега фессалоникский народ потребовал, чтобы его освободили, как такого человека, который необходим для предстоящего состязания, и когда в этом было ему отказано, то поднял сильное смятение и наконец убил Вуфериха. Получив о том донесение, царь крайне разгневался и приказал предать смерти известное число первых встречных» (Созомен. Церковная история 7,25). *«Феодосий, придя в негодование от неожиданного известия, приказал вести народ в цирк, окружить солдатами и рубить мечами без разбора всякого, кто там будет, карая не по греху, а по ярости»* (Руфин. Церковная история 2,18).

---

[177] Это было сделано в соответствии со словами апостола Павла («Не обманывайтесь: ни малакии, ни мужеложники, Царства Божия не наследуют» — 1 Кор. 6, 9–10) и вопреки стандартам Рима: сексуальные отношения в Древнем Риме воспринимались иначе, чем в современном западном мире. Важнее, чем пол партнера было был выбор активной или пассивной роли, причем секс мужчины-гражданина с партнером любого пола требовал его участия в активной роли; пассивная же была уделом детей, женщин и иностранцев.

«Семь тысяч человек было умерщвлено, говорят, без всякого суда и без улики в сделанном преступлении: их подрезали всех вместе, будто колосья на жатве» (блаж. Феодорит Киррский. Церк. История. 5, 17)[178]. *«Военные силы, которые были с ним, вызвали бурю негодования в городе за постой, и так жители Фессалоники взбунтовались и оскорбили императора, и когда он наблюдал за гонками в городе на ипподроме, полностью заполненном, он приказал своим лучникам стрелять в толпу, и целых 15 000 человек были убиты» (Иоанн Малала. Хроника. Кн.13, Глава «Правление Феодосия», 43)*

Репутация Феодосия как беспредельщика была столь очевидна, что св. Иоанну Златоусту (еще диакону) пришлось произносить «Слова о статуях», чтобы успокоить народ Антиохии, ожидавший тотальных репрессий от своего императора за снос его статуй.

Солунская же трагедия оставила и такой отголосок: «Епископ Амвросий был зол на него из-за этого и наложил на него отлучение [от церкви]. Он действовал много дней, [и император] не входил в церковь, пока епископ не убедил принять его на праздник Рождества Христова» (Иоанн Малала. Хроника. Кн.13, Глава «Правление Феодосия», 43).

«Об этом достойном плача событии узнал св. Амвросий, когда царь, прибыв в Медиолан, хотел по обыкновению войти в храм Божий, встретил его в преддверии, и воспретил ему вступить в священный притвор, говоря так: „Ты, как кажется, не ведаешь, Государь, великости учиненного убийства; разум твой, и по успокоении гнева, не помыслил об этом:

---

[178] Позже у Феофана Исповедника эта история звучала так: «Когда Феодосий пришедши с войском в Фессалонику, то горожане возмутились по причине устроения стана у них, равно как из-за возницы и префектова сына. Жители поносили царя и убили префекта. Царь несколько времени терпел, уговаривал народ, но потом приказал быть ристалищу на ипподроме. Когда народ собрался смотреть ристалище, царь велел воинам стрелять в толпу, от него пало тут пятнадцать тысяч» (Хроника. 384 год).

высота сана, может быть не позволила ему сознать грех могущества; напротив, она-то может быть, и омрачила силу рассудка[179]. Но ты должен знать природу, ее смертность и тленность, должен знать и прародительскую персть, из которой мы сотворены и в которую обращаемся, и не обольщаясь блеском порфиры, ведать немощь покрываемого ею тела. Ты властвуешь, Государь, над единоплеменными, даже над со-рабами; ибо один Владыка и Царь всех Творец всяческих. Какими же очами будешь ты созерцать храм общего Владыки? Какими стопами станешь попирать этот святой помост? Как прострешь руки, с которых еще каплет кровь неповинного убийства? Как этими руками примешь всесвятое тело Господа? Как к этим устам поднесешь честную кровь, когда исшедшее из них слово гнева несправедливо пролило столько крови? Отойди же и не пытайся прежнее беззаконие увеличивать другими; приими вязание, которое Бог, Владыка всех, утверждает горе: оно целительно и доставляет здоровье"» (Феодорит Киррский. Церк. История. 5, 18).

Амвросий поставил императора перед выбором: если ты придешь ко мне на литургию — я сам уйду из храма: «Так что мне было делать? Не слушать? Но я не мог залепить уши воском. Молчать? Но это была бы самая жалкая участь из всех: совесть была бы связана, язык вырван. И что тогда? Если священник не скажет заблудшему, тот умрет со своей виной, и священник будет подлежать наказанию, потому что не увещевал заблуждавшегося… Я действую по отношению к тебе не из строптивости, но из страха;

---

[179] У Кассиодора этот отрывок звучит иначе: «Бывает, что императорская власть запрещает признавать грех. Но подобает всё же разуму побеждать власть» (Кассиодор. Церковная история 9,30). В любом случае Амвросий проповедует то, что позднее Ф. Энгельс назовет «отрицательным равенством»: все равны в своей греховности и падшести: «В христианстве впервые было выражено отрицательное равенство перед богом всех людей как грешников» (Энгельс Ф. Из подготовительных работ к «Анти-Дюрингу» // Маркс К. Энгельс Ф. Собрание сочинений. Т. 20. — М., 1961. С. 636).

я не осмелюсь принести жертву, если ты захочешь присутст-вовать [в церкви]. Или то, что не дозволено из-за крови одного невиновного, из-за крови многих дозволено? Не думаю» (Письмо 11(51), 3 и 13).

Под епитимьей император был лишь два месяца[180]. Потом по-следовало прощение. Позже в надгробной речи Феодосию св. Ам-вросий предложит универсальное оправдание царских грехов: «… сложив с себя царские знаки, публично в Церкви оплакивал *грех свой, сотворенный по обману и хитрости других*, со стонами и слезами просил прощения» (На смерть Феодосия 34). Тезис про хорошего царя и плохих бояр готов.

В последующие века за кровавые репрессии против собствен-ного населения никто из епископов более не отлучал императоров, князей и генсеков от причастия.

---

[180] Столичный статус Медиолан (Милан) приобрел в конце III в., когда стал столицей тетрарха Максимиана (285–305). Именно тут в 313 г. между им-ператорами Константином и Лицинием был издан Миланский эдикт о ве-ротерпимости. По времена Феодосия и Амвросия этот город был неофи-циальной столицей Империи, и потому мнение местного епископа было так значимо для императора. И личный авторитет Амвросия был выше, чем у современного ему римского папы Сириция.

Глава 12

КАНОНЫ НА ЕРЕТИКОВ

Бывали ли в нашей церковной истории обращения церкви к полиции для решения своих собственных проблем? — Сколько угодно.

Причем есть каноны, прямо повелевающие именно это и делать.

Карфагенский собор 404 года повелел своим 104-м правилом:

«Царскому человеколюбию предлежит позаботиться, чтобы Кафолическая Церковь была ограждена их промышлением. Ибо Апостол Павел, как показано в истинных Деяниях Апостольских, соумышление людей бесчинных препобедил воинскою помощью. Итак, мы просим о том, да неукоснительно подастся охранение Кафолическим чинам церквей в каждом граде и разных местах, прилежащих к каждому владению. Подобает вкупе о сем просить благочестивейших самодержцев, да соблюдают закон, изданный блаженной памяти отцом их Феодосием о взыскивании по десяти фунтов злата с еретиков, рукополагающих и рукополагаемых, также и с владельцев, у которых будет усмотрено собрание их. Притом, да повелят подтвердить оный закон, с распространением силы его, дабы, по крайней мере сим страхом от произведения расколов и от еретического безумия удержаны были. Сверх же всего сего потребна помощь от властей каждой области».

«Подобает просить благочестивейших царей, да повелят совсем искоренить остатки идолов по всей Африке (ибо во многих местах приморских и в разных владениях еще сохраняет неправедно силу сие заблуждение). Да будет заповедано: и идолов истребить, и капища их, в селах и в сокровенных местах без всякой благовидности стоящие, всяким образом разрушать» (Карф. 69). «Заблагорассуждено также просить от славнейших царей, да истребляются всяким образом остатки идолопоклонства, не только в изваяниях, но и в каких-либо местах или рощах, или древах» (Карф. 95). «Рассуждено и сие: посылаемые от сего честного Собора местоблюстители да просят преславных царей о всем, что усмотрят полезным против донатистов и эллинов, и против суеверий их» (Карф. 120).

«Наставление братьям посланникам от Карфагенского Собора к славнейшим и благочестивейшим самодержцам. Царскому человеколюбию предлежит позаботиться, чтобы Кафолическая Церковь, благочестною утробою Христу их родившая и крепостью веры воспитавшая, была ограждена их промышлением. Посему против неистовства отщепенцев просим дать нам Божественную помощь, не необычайную и не чуждую Святым Писаниям. Ибо Апостол Павел, как показано в истинных Деяниях Апостольских, соумышление людей бесчинных препобедил воинскою помощью. Итак, мы просим о том, да неукоснительно подастся охранение чинам церквей в каждом граде и разных местах. Да соблюдают закон, изданный блаженной памяти Феодосием о взыскивании по десяти фунтов злата с еретиков, рукополагающих и рукополагаемых, также и с владельцев, у которых будет усмотрено собрание их. Еще и о том подобает просить, да будет возобновлен доныне существующий закон, который отнимает у еретиков право взимать что-либо или при рукоположениях, или по завещаниям, или оставлять. Сверх же

всего сего потребна помощь от властей каждой области» *(Карф. 103).*

«Да будет позволено нам по требованию необходимости, для укрощения его, приступить к начальнику страны, по повелениям славнейших царей, дабы не восхотевший покориться кроткому увещанию вашей святыни и исправить нетерпимое немедленно остановлен был властью правительства» *(Карф. 59)[181].*

Впрочем, боязнь ересей и еретиков била и по самим православным.

В 451 году прогремел Указ императоров Валентиниана и Маркиана о запрете рассуждения о предметах христианской веры перед народом»:

«Императоры (кесари) Флавий Валентиниан и Флавий Маркиан, постоянные августы, нашим константинопольским гражданам.

Наконец исполнилось то, что было начато нами с величайшими молитвами и стараниями, и любопрение о законе православных христиан устранено; наконец найдено врачевство против укоризненного заблуждения, и несогласные мысли народов пришли к согласию и единомыслию. Ибо из разных областей, по нашему повелению, собрались в город Халкидон почтенные епископы, и ясным определением научили, что́ должно соблюдать относительно богопочтения. Итак, пусть прекратится невежественная распря. Ибо поистине нечестив и святотатец тот, кто после решения стольких епископов, предоставляет что-нибудь собственному мнению для исследования. Очевидно, крайнее безумие — среди дня

---

[181] Правило упоминает епископа Крескония, который захватил чужую епархию и не повиновался собору. Правило разрешает церковной власти обращаться к гражданской власти для обуздания непокорных.

искать вымышленного света. Кто, после найденной истины, доискивается чего-нибудь дальше, тот ищет лжи. Итак, на будущее время, пусть никакой клирик, или военный, или какого-либо другого звания, не осмеливается заводить общенародно, в присутствии собравшейся и слушающей толпы, рассуждения о христианской вере, изыскивая в том поводов к беспорядкам и зловерию. Ибо тот оскорбляет суд святого собора, кто раз присужденное и правильно постановленное старается снова развивать из рассуждения и всенародно обсуживать, тогда как известно, что определенное ныне о вере христианской постановлено на основании [апостольских изложений и] учения 318 и 150 [святых отцов]. Не минует наказание презирающих этот закон, потому что они не только оказываются противниками веры благоустроенной, но подобного рода любопрением разглашают между иудеями и язычниками священные тайны. Итак, если клирик осмелится всенародно препираться о богопочтении, да исключится из списка клириков, если же украшенный военною службою, да лишится достоинства, а прочие, виновные в этом преступлении, да изгонятся из сего царствующего города, быв подвергнуты и соответствующим наказаниям, по судебному постановлению. Известно, что безумие еретиков отсюда получает начало и исход, когда некоторые рассуждают и спорят всенародно. Итак, все должны соблюдать определенное святым халкидонским собором, ни в чем затем не сомневаясь. Поэтому, предупрежденные сим указом нашего величества, оставьте нечестивые крики и дальнейшие исследования о (предметах) божественных; это не позволительно. Ибо грех этот, как мы веруем, не только накажется судом Божиим, но обуздается и властью законов и судей. — Дан в 7 день идусов февраля, в Константинополе, (в консульство знатнейшего мужа Спорация и того, кто будет объявлен)»[182].

---

[182] Деяния Вселенских Соборов. Т. 3. — Казань, 1908. С. 169.

И в самом деле по мере усложнения догматических формул и терминов богословствовать становилось всё труднее, а цена ошибки уже стала равна цене жизни…

Перечень не только слов, но и поступков, которые расценивались как «оскорбление религиозных чувств» также расширялся. Синтагма передает византийский закон, определяющий: «Блудодействующие с монахинями, или с диакониссами, или с подвижницами, как оскорбляющие невесту Христову — Церковь, должны быть наказаны отсечением носа, как сами они, так и те, с которыми они смешались. Рукополагаемые в диакониссы, если они дерзнут посрамить хиротонию вступлением в брак или избранием иного образа жизни, будут повинны смерти, и имущество их должно быть закреплено за монастырями их или церквами; а дерзнувшие жениться на них и растлить их повинны мечу, и имущество их получит казна»[183].

Женился на «подвижнице» (то есть на перезрелой деве) — и голова с плеч…

Надо ли пояснять, что законы и каноны против еретиков реально работали, и работали именно с привлечением военно-полицейских средств?

Сборник византийского права Прохирон, принятый в 872 году в своем 39-м титуле, говорит о праве репрессий против еретиков[184]. Прохирон воспроизводит Кодекс Юстиниана. Однако, устанавливаемые в законодательстве Юстиниана в качестве наказания за правонарушения штрафные санкции заменяются в Прохироне по образцу «Эклоги» членовредительскими наказаниями, хотя и менее суровыми, чем те, которые предусматриваются 17-м титулом «Эклоги».

---

[183] Буква «Г». Гл. 10 // Алфавитная Синтагма Матфея Властаря. — М., 1996. С. 145.

[184] Петровский Н. М. Письмо патриарха константинопольского Феофилакта царю Болгарии Петру. // Известия Отделения русского языка и словесности Императорской Академии наук. Т. XVIII, 1913. С. 361 Также: Харлампович К. В., Петровский Н. М. Письмо патриарха константинопольского Феофилакта царю Болгарии Петру. — СПб., 1914: [Рец.]. // Православный собеседник. 1913, май-июнь. Отдельный: 1913, 1914.

Устанавливаются наказания за многобрачие, прелюбодеяние, блуд, растление, кровосмешение, мужеложство и скотоложство. В отдельную категорию в 39-м титуле выделены преступления против веры: вероотступничество, совращение в иную веру, святотатство, колдовство.

17-й титул «Эклоги» повелевал:

«Ст. 36. Если жена вступила в связь и забеременела и принимает меры против своей беременности, чтобы вытравить плод, да будет она высечена и изгнана.

Ст. 42. Уличенный, будь то свободный или раб, в том, что он дал под каким-либо предлогом питье кому-либо, будь то жена мужу, или муж жене, или слуги хозяину, и затем по этой причине на выпившего напала болезнь и он ослабел и умер, подлежит казни мечом.

Ст. 43. Колдуны и знахари, которые к вреду людей общаются с демонами, подлежат казни мечом.

Ст. 44. Изготовители амулетов, как полагают, для помощи людям, в действительности же из собственного корыстолюбия, присуждаются к конфискации имущества и изгнанию.

Ст. 52. Манихеи и монтанисты караются мечом»[185].

Аналогичную казнь этим еретикам предписывал и Прохирон (Proch. 39. 28–29).

Иеромонах Матфей Властарь в 1335 г. составил «Алфавитную Синтагму». До пострига он был придворным юристом и хорошо знал имперское право, что позволило ему составить авторитетную правовую энциклопедию.

---

[185] Эклога: Византийский законодательный свод VIII века. — М., 1965. С. 71–73.

Его синтез звучит так:

«Кто не прославляет Святую Троицу, тот не называется христианином, но безумен, и еретик, и бесчестен, и подвергается наказанию. И тот еретик и подлежит законам на еретиков, кто и мало уклоняется от православной веры; еретиками мы называем всех тех, которые не причащаются Святых Таин от священников в святой Церкви Божией. Манихеи и донатисты (не только) не должны иметь преимуществ, принадлежащих православным, но и должны быть подвергаемы тягчайшему наказанию, равным образом и аполлинаристы, и те, которые не покоряются святым четырем Соборам, и те, которые дерзают или говорить что-либо, или учить против святаго IV Собора. Манихей, если бы оказалось, что он проживает в римской стране, должен быть обезглавлен» (Буква А, Глава 2).

В середине X века константинопольский патриарх Феофилакт (933–956) в письме к царю Болгарии Петру дал рекомендации, как поступать с выявленными еретиками-богомилами.

Согласно светским законам, о которых спрашивал царь, наказанием для еретиков служила смертная казнь, особенно если «зло» широко распространялось.

Патриарх Феофилакт[186] признает, что законы государства предписывают смертную казнь для еретиков, но полагает, что

---

[186] Он был принцем, сыном имп. Романа I Лакапина. Отец желал видеть его именно патриархом. Уже в 10 лет он стал клириком (иподиаконом), что закрывало дорогу к царскому трону. Отец настаивал на возведении в патриарший сан еще 13-летнего мальчика. Митрополиты добились сдвижения до 15-летия, затем 19-летия. Император пожаловался на своих упрямых митрополитов римскому папе. Им был 22-летний Иоанн XI, и он, конечно, одобрил посвящение своего младшего ровесника. Но и потом современники не любили этого патриарха, утверждая, что лошадей он любил больше, чем молитвы.

Обвиняли его и в том, что он разбавлял свои службы площадными танцами и песнями. Дан Мурешан полагает, что это могла быть не просто церкви не следует на этом настаивать. Соответственно, он убеждал царя Бориса постараться спасти души, упорствующие в своих ошибках:

«Гражданские законы христиан, раз ты, о мудрейший из людей, просил написать тебе о них, каковы они, предписывают им смерть, подвергая их смертной казни, особенно когда они видят, что зло подкрадывается и надвигается, губя многих. Но мы, однако, не допуская сего [т. е. смерти], говорим о том, что подобает Церкви и нашему чину, а именно, чтобы они прозрели и были исцелены Единым Благим и Человеколюбцем, не желающим смерти грешника, чтобы он, как сказано, обратился и жил... Еретика, говорит апостол, после первого и второго увещевания избегай, зная, что таковой уклонился и грешит, будучи осужден или сам собою, или же объявлением судебного гражданского решения. Но всё же ты должен заботиться и о том, чтобы [воздействовать], с одной стороны, угрозами и более строгими доводами, а с другой стороны, постоянными поучениями и увещаниями, и не отчаиваться окончательно в своем спасении. Но будь, христолюбец, глашатай благочестия, учитель Православия, исправитель или гонитель и истребитель еретических заблуждений, и во всем лучшем, крепчайший и славнейший, которым не менее всего буду хвалиться, как родством и дружбой»[187].

развлекуха, а неполицейская форма борьбы с популярным богомильством (Dan Ioan Muresan. Patriarch Theophylact, the Horses and the Hungarians: The Religious Origins of the Byzantine Mission to Tourkia // Christianization in Early Medieval Transylvania. — Leiden, 2022).

В IV веке священник Арий (да, тот самый еретик) в Александрии стал первым, кто предложил петь на христианских собраниях не только древние еврейские псалмы, но и написанные им новые тексты, приятные слуху моряков, и стал, по сути, основоположником современной православной гимнографии.

[187] Болгарский перевод доступен тут: https://ald-bg.narod.ru/biblioteka/bg_srednovekovie/bolg_dok/dok_bolg_zare/petar_1/Pismo_Teofilakt_Petar_I.htm

Если есть церковный канон, определяющий, что есть ересь, и есть гражданский закон, предписывающий наказание вплоть до смертной казни за исповедание ереси, то как эти две правовые нормы будут взаимодействовать и к какому результату приводить?

А приведут они к «номоканону» («номос» — закон, «канон» — церковная норма; сборники, в которых соединялись императорские законы о религиозной жизни и церковные каноны, назывались «номоканонами») и к богословско-полицейской «симфонии».

Вот пример такого симфонизма: императору Юстиниану II не нравилось, что римские папы не спешат с признанием актов Трулльского Вселенского Собора 692 года (он же Пято-шестой или Двукратный Вселенский собор).

Юстиниан настойчиво просил папу Константина приехать на свидание в Константинополь. Чтобы преодолеть его колебания, в 709 году Юстиниан послал стратига своего сицилийского войска, Феодора, произвести экзекуцию Равенны. Равеннскому епископу Феликсу выжгли глаза и сослали в далекое горное селение в Понте. Вошедшие в Равенну сицилийские солдаты разграбили город, похитив, в том числе, церковные драгоценности. Папа выехал в Константинополь, а императорский экзарх Иоанном Ризокоп, войдя в его отсутствие в Рим, казнил там нескольких клириков, препятствующих подписанию актов Трулльского Собора папой[188].

Реалии «свободы совести» в православной империи видны в судьбе Иоанна Грамматика, последнего иконоборческого патриарха.

После смерти иконоборческого имп. Феофила его супруга Феодора начала переговоры с оппозицией, то есть с иконопочитателями о прощении своего покойного мужа. Когда в начале 843 г. соглашение было достигнуто, смещение Иоанна Грамматика стало неизбежным. Он мог бы сохранить священный сан, но он

---

[188] Кулаковский Ю. А. История Византии. Т. 3. — СПб., 1995. С. 277–279.

предпочел вечное заточение и ослепление (мучительную казнь) измене своим убеждениям[189].

Сначала ему «с пристрастием» пояснили волю нового правительства.

Официальная версия этого визита друнгария виглы Константина Армянина была такой:

«Когда пришло послание от царя, патриарх возлежал на ложе в Фессале (это триклиний в патриаршьих палатах). Царские речи поразили его в самую душу. Он сказал только, что всё хорошо обдумает, и тут же отправил назад посланца, а сам в мгновение ока схватил кинжал и перерезал себе вены в животе, как раз в том месте, где, как он знал, будет большое кровотечение (и это вызовет всеобщее волнение и жалость), но никакой опасности для жизни представлять не будет. Вопли и крики тотчас огласили церковь, и не успел еще прийти друнгарий, как дошла до императорских ушей весть, будто патриарх убит и сделано это по приказу Госпожи. Посланный для тщательного расследования этих слухов патрикий Варда исподволь обнаружил, что раны были нанесены намеренно, действо раскрылось, сами слуги обличили патриарха и принесли хирургические инструменты для рассечения вен. С тех пор уличенный в таком прегрешении и покушении на самоубийство, сей нечестивец был удален, изгнан из церкви и заключен в своем имении, так называемой Психе» (Продолжатель Феофана. 4,3).

Император Михаил был еще ребенком, и от его имени правила «Госпожа» — его мать Феодора. Ее брат и нанес визит патриарху. «Тот факт, что для расследования этого случая посылают Варду, брата императрицы, выглядит, скорее, как попытка замять дело: весьма вероятно, что друнгарий виглы или сопровождавшие его

---

[189] См. Мелиоранский Б. М. Из лекций по истории и вероучению Древней христианской Церкви (I–VIII в.). — СПб., 1910. С. 328.

подручные действительно сурово обошлись с Иоанном, и было решено это некрасивое дело замаскировать под покушение на самоубийство»[190].

Уже в монастыре Психе низложенный патриарх Иоанн Грамматик был приговорен императрицей Феодорой к бичеванию (6 ударов по- «Хронике» Генесия 4,4). О чем с чувством глубокого удовлетворения напомнил Российский синод в своем решении от 5 августа 1723 года: «тому патриарху Иоанну повеле благочестивая царица Феодора сотворити лепое отмщение — бити его говяжими жилами до двести ударений и ослепити его и сослати в лютейшая места»[191].

Иоанн в ссылке прожил еще 20 лет. Но и по смерти Иоанну Грамматику (Яннию в памфлетах, направленных против него) не было покоя: «Император Михаил, послав механика по прозванию Ламарий, извлекает из гроба Константина Кавалина (имп. Константина V), найдя его в целости: он хотел надеть на него саккос, но, поскольку тот не влез, просто завернул в него. Таким же образом был извлечен из гроба и патриарх Янний вместе со своим омофором. И по приказу императора эпарх запер их в претории, а в день скачек, вынеся и обнажив, побил манглавиями, кости же их отправил на сожжение в квартал Амастриана» (Хроника Симеона Магистра и Логофета, 131).

Сей византийский предшественник римского «трупного синода» (synodus horrenda 897 года) имел место в 865 году. В патриаршество святого Фотия. И с его согласия.

А в Житие св. Константина (равноап. Кирилла) была включена сказка про его победоносный юношеский диспут с лжепатриархом Ианнием.

---

[190] Жития византийских святых эпохи иконоборчества. Т. I / Общ. ред. Т. А. Сениной (монахини Кассии). — СПб., 2015. С. 127.

[191] Собрание постановлений и распоряжений по ведомству православного исповедания. т.3 (1723 год). СПб. 1875, с.129.

Глава 13

КАК ЦЕРКОВНАЯ ПОЛИЦИЯ СОЗДАЛА МАСОНОВ

Полицейское упрощение мировоззренческого разнообразия спустя века болезненно отозвалось для самой церкви.

Христианство стало государственным и полицейским прежде, чем убедило всех. И вот эти, неубежденные, создали великую школу лицемерия.

Юлиан Отступник в тот период, когда он уже отринул христианство как «былой вздор» и склонился к реставрации язычества, но еще не стал царем — «стал иным, но гляделся прежним, ибо нельзя было ему явить себя — по такому случаю Эзоп, наверно, сочинил бы басню уже не об осле в львиной шкуре, но о льве в ослиной шкуре. Однако он-то знал, что хоть правда лучше, зато мнимость безопаснее» (Либаний. Надгробное слово по Юлиану, 95).

Впрочем, среди целых групп, которые мнили себя «львами в ослиных шкурах» христианства, исторически первой были гностики. Они же были первой религиозной группой из числа тех, что разместились на границе христианства и традиционного языческого мира (а именно в этом пространстве сегодня размещаются движения типа Нью-Эйдж).

«Василид учит вкушать идоложертвенное и спокойно отрекаться от веры во время гонений; предписывает, следуя Пифагору, пятилетнее молчание приходящим ему» (Евсевий Кесарийский. Церковная история. IV, 7). «Говорят они [ученики Василида] — ты знай всех, а тебя пусть никто не знает. Поэтому такие люди готовы отрицаться и не могут страдать за имя, так как они подобны всем. Но немногие могут знать это» (Ириней Лионский. Против ересей. 1,24,6).

Для христиан такая «уступчивость» гностиков казалась тем более возмутительной, что сами христиане предпочитали мученическую смерть лжесвидетельству о своем согласии с верой их гонителей. «Посвященные» же с презрением смотрели именно на мученическую прямолинейность христиан: «Какие преступники, — спрашивает Асклепий, — достойны самых тяжелых наказаний? — Те, — отвечает Гермес, — которые, будучи осуждены людскими законами, насильственно лишаются жизни и о которых поэтому можно сказать, что они не должную дань возвратили природе, а получили заслуженное своими деяниями наказание» (Асклепий, 29). «Такова, — комментирует Ф. Зелинский, — отповедь герметизма христианам, взывавшим от царского суда к суду своего Бога: не награда за подвиг, а избыток наказания ждет их на том свете, так как их насильственная смерть, нарушающая законы природы, есть новый грех с их стороны»[192].

Но не только языческим судьям лжесвидетельствовали «посвященные». «Валентиниане более всего стараются скрыть содержание своего учения. Если их спросить откровенно, они с сосредоточенным лицом и нахмуренными бровями отвечают: «Это слишком возвышенно». Если расспрашивать обстоятельно, они путем двусмысленных ответов удостоверяют свое согласие с нашей верой» (Тертуллиан. Против валентиниан, 1).

Рожденное несколько позже манихейство (боровшееся с гностицизмом, но немало и впитавшее в себя гностических идей) также практиковало эзотерический туман, прикрываясь то христианскими, то буддистскими одеждами.

---

[192] Зелинский Ф. Ф. Соперники христианства. Статьи по истории античных религий. — СПб., 1995. С. 144–145.

В итоге в 732 году китайский император издал указ с предупреждением: «Учение Мар Мани ложно принимает имя буддизма и обманывает народ»[193].

На Западе же манихеи «завербованного в секту неофита неторопливо и осторожно увлекали всё дальше от догматов папской церкви. Манихейские таинства преследовали две цели: незаметно изменить стереотипные привычки и мировоззрение новичка, а затем научить его условному языку манихеев, требовавшему кропотливого и долгого обучения под руководством наставника. Далеко не каждый допускался до этой ступени... Лишь «совершенные» знали, что за разговорами о церковной реформе скрывается идея совершенно иной, противостоящей католичеству, церкви»[194].

В конце IV в. тайных манихеев в Египте было так много даже среди монахов, что патриарх Тимофей принужден был принять особые меры, чтобы отличить их от православных — для чего он разрешил монахам есть мясо (правда, только по воскресеньям) — то есть совершать поступок, осуждаемый манихейской догматикой[195]. Но «в публичных диспутах, конечно, положение представителей манихейской точки зрения было нелегким. Ведь они репрезентовали религию, в догмах и ритуалах которой не содержалось ничего христианского и которая, несмотря на это, выдавала себя за истинное христианство»[196].

В IV веке блаж. Иероним Стридонский пишет, что у современных ему оригенистов есть «правило, — что должно не легкомысленно бросать бисер перед свиньями и давать святыню псам (ср. Мф. 7), но говорить с Давидом: *В сердце моем сокрыл я слово Твое; не дай мне уклониться от заповедей Твоих* (Пс. 118,11), так же, как и в другом месте он говорит о праведнике: *который говорит истину с искренним своим*, то есть с людьми, близкими по вере. Они

---

[193] Виденгрен Г. Мани и манихейство. — СПб., 2001. С. 197.

[194] Парнов Е. И. Трон Люцифера. — М., 1985. С. 63.

[195] Мелиоранский Б. М. Из лекций по истории и вероучению Древней христианской Церкви (I–VIII в.). — СПб., 1910. С. 115.

[196] Виденгрен Г. Мани и манихейство. — СПб., 2001. С. 181.

хотят, чтобы из этого заключали, что мы как еще не посвященные должны слушать ложь, чтобы, подобно малолетним, питающимся молоком младенцам не обремениться питательностью более твердой пищи. А что они [оригенисты] с клятвопреступлениями и ложно соединяются между собою на оргиях — это очень ясно показывает шестая книга „Стромат“ (в которой наш догмат он приравнивает к мнениям Платона)… Они клятвенно утверждают многое, от чего потом отказываются с другой ложной клятвою. Отказываются от подписи и ищут отговорок… Они так ограничивают слова, так изменяют порядок их, придумывают такие двусмысленности, что держатся исповедания и нашего, и наших противников, и еретик слышит одно, а православный — другое» (Письмо 22 (83). К Паммахию и Океану).

Секта прискиллианистов в начале V века исповедовала принцип «лги и отрекайся, но не выдавай тайну» (Jura, perjura — secretum prodere nol) (Августин. Письмо 237. К Церетию // PL 33 с. 1035). … Человек, сделавший весьма немало для пропаганды черных культов в России — писатель Иеремия Иудович Парнов, автор рекламной книги „Трон Люцифера“, говорит, что это "великий и очень человечный принцип"[197].

Это правило подробно изъяснялось прискиллианистом Диктинием в некоей книге под названием Libra. Слова Павла «отвергнув ложь, говорите истину каждый ближнему своему» (Ефес. 4, 25) прискиллианисты понимали так, что истину можно открывать только «ближним», то есть членам их секты, другим же можно лгать (см. Августин. De mendatio ad Consent // PL 40)[198].

Параллельно с западными прискиллианами, на востоке Римской империи мессалиане (евхиты, энтузиасты) столь же спокойно давали ложные клятвы о своей вере — «стараясь скрывать свою болезнь, они и после обличения бесстыдно запираются и даже

---

[197] Парнов Е. И. Трон Люцифера. — М., 1985. С. 50.

[198] Подробнее см. Прокошев П. Прискиллиан и прискиллианисты (Церковно-исторический очерк) // Православный собеседник 1900, октябрь, приложение.

чуждаются тех, которые думают согласно с их внутренними убеждениями» (Феодорит Кирский. Церковная история, 4,11)[199].

Позднейшие богомилы (X в.) действовали так же — «страха для человеческа и в церковь ходят и крест и икону целуют, якоже ны (нам) поведают иже от них обратишася в нашу истинную веру, глаголюще, яко вся си творим человек для, а не по сердцу, втаине же крыемы свою веру»[200].

В XI веке евреи Марокко, принуждаемые к отказу от своей веры и принятию ислама, обратились к Маймониду с вопросом: что делать? Он посоветовал им в случае крайней опасности повторять слова, произнесения которых требовали от них мусульмане. Маймонид пояснил, что эти слова останутся лишенными всякого смысла, если их сердца будут по-прежнему верны иудаизму[201].

Альбигойцы (катары) XIII века при всей своей ненависти к церковному христианству всё же разрешали посещать храмы и участвовать в католических обрядах. На клятвы же, которые они давали христианам, катары, «то есть адепты религии, которая запрещала все клятвенные обязательства, смотрели как на неизбежную формальность, лишенную морального смысла»[202].

Девиз розенкрейцеров XVII века гласил: «Знать. Желать. Сметь. *Молчать*»[203]. Позднее Елена Блаватская именно этот принцип называет «универсальная каббалистическая аксиома»[204] (это и ее личная просьба)[205].

---

[199] Феодорит, епископ Кирский. Церковная история. — М., 1993. С. 148.

[200] Беседа на новоявившуюся ересь Богомилоу Козмы Пресвитера // Бегунов Ю. К. Козма. Пресвитер в славянских литературах. — София, 1973. С. 322.

[201] См. Евреи по страницам истории. Сост. С. Асиновский. Э. Коффе. — Минск, 1997. С. 101.

[202] Ольденбург З. Костер Монсегюра. История альбигойских крестовых походов. — СПб., 2001. С. 66, а также 56–57.

[203] Рерих Е. И., Рерих Н. К., Асеев А. М. Оккультизм и Йога. Летопись сотрудничества. ТТ. 1–2. — М., 1996. Т. 1. С. 87.

[204] Блаватская Е. П. Письма А. П. Синнету. — М., 1997. С. 76.

[205] Там же. С. 361.

Причина появления европейских «эзотериков» довольно очевидна: христианство победило быстрее, чем смогло убедить.

Об этой перемене — стих Наума Коржавина:

Гордость, мысль, красота — все об этом давно позабыли.
Все креститься привыкли, всем истина стала ясна...
Я последний язычник среди христиан Византии.
Я один не привык... Свою чашу я выпью до дна...

Нет, отнюдь не из тех я, кто гнал их к арене и плахе,
кто ревел на трибунах у низменной страсти в плену.
Все такие давно поступили в попы и монахи.
И меня же с амвонов поносят за эту вину.

Вижу ночь пред собой. А для всех еще раннее утро.
Но века — это миг. Я провижу дороги судьбы:
Все они превзойдут. Всё в них будет: и жалость, и мудрость...
Но тогда, как меня, их потопчут чужие рабы.

За чужие грехи и чужое отсутствие меры,
все опять низводя до себя, дух свободы кляня:
против старой Любви, ради новой немыслимой Веры,
ради нового рабства... тогда вы поймете меня.

Как хотелось мне жить, хоть о жизни давно отгрустили,
как я смысла искал, как я верил в людей до поры...
Я последний язычник среди христиан Византии.
Я отнюдь не последний, кто видит, как гибнут миры.

Слишком резкий скачок в статус царевой веры и Церкви произошел при императоре Константине и особенно при Феодосии. Путь от гонимой Церкви к правительственно-понуждающей был пройден так скоро, что, не успев всех убедить, Церковь поставила неубежденных в положение вынужденно молчащих. А в очень скором времени — и притворяющихся. Как говорил мудрец Тирион Ланистер — «Вырвав человеку язык, вы не докажете, что он лжец, а лишь дадите понять, что боитесь его слов».

Евсевий Кесарийский в середине IV века сообщает, что обращение в христианство в этот период приняло массовый характер в различных областях империи (Жизнь Константина 4, 39 и 4, 54). Он сетует, что одним из основных общественных недугов времени Константина стало притворство лицемеров, ложно носивших имя христиан.

Это лицемерие хорошо проступает в творчестве придворных панегиристов.

Авзоний обладал хорошим классическим образованием, но был явно невежественен в христианских доктринах («Авзоний гораздо больше знаком был с языческими поэтами, чем с Библией»)[206]. Это не помешало ему в 379 г. сочинить «Благодарственную речь к императору Грациану за предоставление консульства».

Про религиозные убеждения Дрепания Паката, автора панегирика Феодосию[207], можно сказать лишь одно: оратор глубоко придерживал только один культ — культ императора. В одном месте Пакат, выражая сомнение в существовании богов древности, утверждает, что достоверно известно лишь одно — что Испания дала бога, которого мы видим перед собой, то есть Феодосия (Панегирик 12,45).

В пятом веке Сальвиан Марсельский возмущается повседностью известной ему религиозной жизни Северной Африки — "кто из именующихся христианами не покланялся оной Целесте после Христа, или даже не чтил ее больше Христа?" (Об управлении Божием, или Провидении почитают Целесту после Христа 8,2).

---

[206] Садов А. Древнехристианский писатель Лактанций. — СПб., 1895. С. 258.

[207] Славься, император! Латинские панегирики от Диоклетиана до Феодосия. — М., 1997.

Сальвиан отмечает, что так поступают только самые знатные люди (nobilissimi, potentissimi ac sublimissimi). А значит — наиболее образованные.

Резкость реакции интеллигенции на религиозный поворот Константина оттенялась еще и личной необразованностью самого равноапостольного правителя. «Аноним Валезия» передает общее мнение: «Этот Константин, рожденный матерью-простолюдинкой Еленой в крепости Наиссе, не слишком сведущ в науках» (litteris minus instructus — Аноним Валезия 1. Жизнеописание императора Константина. 2, 2)[208].

Но интеллигенция редко бывает единомысленна. Вот и в римской интеллигенции пятого века кто-то искренне принял христианство.

Кто-то принял христианство просто по той причине, что религиозные вопросы были вне круга его серьезных интересов, и он решил не создавать себе проблем по периферийным для него вопросам.

Но нашлись и такие люди, для которых Платон был убедительнее Исайи, а Гомер — поэтичнее Моисея (блаженный Иероним Стридонский, римский интеллектуал тех лет, рассказывал, как трудно было ему терпеть издевки его языческих друзей над корявыми переводами Библии на латынь).

Чем более строго-государственным и обязательным становилось христианство, тем менее публично становилось не-согласие с ним. И в конце концов часть интеллигенции ушла в религиозное подполье. Они решили ходить на официальные церковные службы. Но свой ум и душу предпочитали по-прежнему кормить языческой классикой.

Было ли у этих людей и кружков преемство в поколениях? Не знаю. Но такое умонастроение вполне может воспроизводить себя само.

---

[208] Формы исторического сознания от поздней античности до эпохи Возрождения (Исследования и тексты): Сборник научных трудов памяти Клавдии Дмитриевны Авдеевой. — Иваново, 2000. С. 177.

И в советские времена независимо друг от друга даже в самых партийных семьях вдруг появлялись мальчики, которые загорались от случайного прикосновения к Библии. Так и во вполне благочестивых семьях Средневековья вполне могли время от времени появляться юноши, влюбившиеся не в тот текст, что они слышали в храмах. А в тот, что сами случайно нашли в отцовской библиотеке...

Кроме того, в Византии не было своей христианизированной школы. Программа обучения (как и репертуар театров до их закрытия) оставалась наполнена языческой классикой.

Книги Нового Завета, написанные на простонародном койнэ, явно уступали в изяществе стиля античным классикам. «Ваши писания, говорят, усеяны барбаризмами, солецизмами[209] и обезображены грубыми погрешностям. Каким образом становится менее верным сказанное, если встречаются погрешности относительно числа или падежа, предлога, причастия, союза? вы, обвиняющие наши писания, как обезображенные грубыми ошибками...» (Арнобий. Против язычников. Кн. 1, в конце). «Пусть скажут сии мудрецы, почему Писание, будучи исполнено варваризмов и солецизмов, препобедило оно заблуждение, выраженное на аттическом наречии?» (преп. Исидор Пелусиотский. Письмо 531. Софисту Асклипию).

Для религии Слова, чьи адепты именовали себя «филологами»[210], были значимы полемические уколы язычников, считавших, что откровение не могло быть явлено в столь вульгарной форме (апостол Павел писал по-гречески с ошибками). Иероним в конце концов именно по этой причине взялся за новый перевод текстов Ветхого Завета на латынь.

---

[209] Солецизм — неправильный речевой оборот, не нарушающий смысла высказывания (напр., «Сколько время»).

[210] «Да разделят со мною мое негодование все любители словесности, занимающиеся ею как своим делом, люди, к числу которых и я не откажусь принадлежать» (св. Григорий Богослов. Слово 4 На царя Юлиана // Творения. Т. 1. — Троице-Сергиева Лавра, 1994. С. 108).

Даже среди императоров отступником был не только Юлиан. Весьма вероятно, что тайным язычником был император Западной империи Прокопий Анфимий (467–472 гг.)[211]. Дамаский именует его «эллином» (Жизнь Исидора, 77А).

В Восточной Империи «Партия, открыто сочувствовавшая идеалам муниципальной знати и связанной с ней языческой интеллектуальной элиты, утвердилась при дворе после женитьбы императора Феодосия II Каллиграфа (408–450 гг.) на Афинаиде-Евдокии — дочери афинского софиста-язычника Леонтия. Благодаря влиянию императрицы видные представители языческой аристократии были назначены на высшие государственные должности. В 423 г. пост префекта претория занял дядя императрицы — Асклепиодот. Происходивший из языческой семьи префект, несомненно, сохранил симпатии к древним культам и их последователям». В 423 г. им был издан эдикт, грозивший суровыми карами всем «мнимым христианам», совершавшим насилия над язычниками и иудеями (Кодекс Феодосия 16, 10, 24): «…злоупотребляя влиянием [христианской] религии, поднимать руку на иудеев и язычников, живущих тихо, не пытающихся ни бунтовать, ни нарушать закон». Фактически главной целью этого эдикта была защита религиозных меньшинств от фанатиков и обычных разбойников, которые под религиозными предлогами притесняли граждан империи. Несмотря на то, что под давлением христианского клира и монашества Феодосий II был вынужден отменить этот эдикт и отправить Асклепиодота в отставку, сам факт попытки охранить язычников от погромов, свидетельствует о влиянии приверженцев традиционных культов на религиозную политику Римского государства в V в.»[212]

Отметим в этом сюжете, что тайный язычник выступает за веротерпимость, а христианский император — против нее.

---

[211] Ведешкин М. А. «Учителя-душегубы»: образование и апостасия в поздней Римской империи // Диалог со временем. 2019. № 66. С. 359.

[212] Ведешкин М. А. Языческая интеллектуальная *элита* Восточно-Римской империи *в* V–VI *вв.* // Интеллектуальные традиции в прошлом и настоящем. Вып. 2. — М., 2014. С. 165.

В целом «На протяжении V в. представители консервативных слоев образованного общества, представители свободных профессий сохраняли симпатии к древним культам. Фактически язычники доминировали в интеллектуальной жизни крупнейших образовательных центров восточно-средиземноморского региона, прежде всего, в Александрии и Афинах… Как отмечала А. А. Чекалова: „представители свободных профессий, благодаря сложной сети дружеских связей окутали невидимыми нитями сложную бюрократическую машину ранней Византии и в известном смысле поставили ее под свой контроль"»[213].

Кроме того, порой такие искатели и диссиденты встречались не просто с любителями языческой старины, а с людьми, которые само христианство готовы были перетолковать по-язычески, т. е. с гностиками.

Не думаю, что у гностиков в ранние средние века были хорошие мыслители и проповедники (уж точно они не были лучше Августина или Иоанна Златоуста).

Но на гностиков работала сама церковная жизнь. Ожиревшая. Потускневшая. Полная мелких неправд. Представить, что вот этот неумный, заземленный и серенький отец Петр является носителем Небесного откровения бывало порой невместимо. И тогда рождалось избыточное доверие к тайной «альтернативе»…

Так развивались школы «западного эзотеризма», члены которых публично от христианства не отрекались, но принципиальные религиозно-философские вопросы решали совершенно иначе, чем христиане. Им ближе были греческие философы, псевдоегипетские мистики и маги (трактаты Гермеса Трисмегиста) , нежели библейские апостолы и пророки. Прямо проповедовать антихристианские идеи было небезопасно. Поэтому «эзотерики» таились: днем, публично декларируя свою верность христианству и посещая храмы по воскресным дням, они вели и «ночную» религиозную жизнь…

---

[213] Там же. С. 158 и 165.

Самые известные эзотерические течения — это розенкрейцеры и масоны.

Из истории войн мы знаем, что не всегда можно верить тому, что некий человек говорит сам о себе. Бывает, что распространяется сознательная «деза». Бывают и люди, носящие форму армии, которую они считают своим врагом. Вроде бы человек хороший и улыбчивый, и истинный ариец и даже характер у него нордический… Но поднимая тост «за нашу победу», он держит в голове совсем иное, чем его сотрапезники.

Вот такой же урок следует помнить, и изучая историю религии. В мире религий тоже встречаются люди, которые на словах чтут Христа и заверяют в своей православности, но свои сердца отдали совсем иным культам и идеям. Для «толпы» они говорят одно, для «посвященных» — противоположное.

В 563 году христианский поэт Павел Силентиарий воспевает новопостроенную юстинианову св. Софию (поэма «Описание собора святой Софии» произнесена на торжественной церемонии освящения восстановленного купола Святой Софии, рухнувшего в мае 558 года). Говоря о своей поэме, Павел восклицает: «Пусть судит эти строки не невкушающий бобов афинянин (οὐ κυαμοτρῶξ Ἀττικός), но люди благочестивые и согласные, которым радуются и Бог, и император».

Бобы были повседневной пищей греков. Табуировал их Пифагор, и неопифагореизм, позже сформировавшийся в платонической школе, поддерживал это табу. Независимо от того, воздерживались ли языческие философы Афин в середине VI века от бобов или нет, но указание на эту характерную черту поведения по крайней мере некоторых из древних языческих философов в данном случае было маркером — кого именно желает мимоходом высмеять христианский ритор (Павел занимал должность начальника силенциариев, то есть был придворным, ответственным за поддержание порядка и тишины в Большом дворце в Константинополе).

Но если он их высмеивает — значит, полагает, что образованные и думающие язычники еще существуют. При том, что официально они уже давно запрещены.

И как удивительно всё зеркалится в истории: исход христианских философов из Советской России («философский пароход») — это же отражение исхода языческих философов-платоников из православной империи Юстиниана[214].

В 529 году эдикт императора Юстиниана закрывает Академию платоников. В ответ на этот указ семь философов в конце 531 года покинули Империю и ушли к персидскому властителю Хосрою (восшедшему на трон 13 сентября 531). Возможно, решимость «высшего цвета философов» (так их характеризует Агафий, из чьей «Истории» известен этот эпизод), вдохновлялась «Киропедией» Ксенофонта, в которой персидская система государственного воспитания была представлена как наилучшая.

... Немного об этом: «...существует вот какой рассказ об отступлении Ксеркса из Афин. Ксеркс на финикийском корабле отплыл в Азию. Во время плавания на царский корабль обрушился бурный ветер, [высоко] вздымающий волны. По рассказам, когда буря стала всё усиливаться, царя объял страх (корабль был переполнен, так как на палубе находилось много персов из Ксерксовой свиты).

Ксеркс закричал кормчему, спрашивая, есть ли надежда на спасение. Кормчий отвечал: „Владыка! Нет спасения, если мы не избавимся от большинства людей на корабле".

Услышав эти слова, Ксеркс, как говорят, сказал: „Персы! Теперь вы можете показать свою любовь к царю! От вас зависит мое спасение!"

Так он сказал, а персы пали к его ногам и затем стали бросаться в море. Тогда облегченный корабль благополучно прибыл в Азию. А Ксеркс, лишь только сошел на берег, говорят,

---

214 См. об этом Светлов Р. В., Лукомский Л. Ю. Дамаский Диадох как представитель афинской школы неоплатонизма.
http://trita.net/archive/damascius/damascius-lukomsky-svetlov.html

сделал вот что. Он пожаловал кормчему золотой венец за спасение царской жизни и велел отрубить голову за то, что тот погубил столь много персов» (Геродот. История, 8,118).

Герцен этот эпизод назвал «персидскими Фермопилами»:

«Смутное понятие чести выражалось у азиатца слепой преданностью семье, племени, касте. Помните ли вы, как Ксеркс подвергался опасности на море и кормчий объявил, что корабль грузен? Царедворцы не задумались погибнуть для спасения Ксеркса: медленно выходил каждый из рядов, приближался к царю, склонялся перед ним, потом твердыми шагами шел к борту и кидался в море. Это восточные Термопилы; царедворцы поступили совершенно последовательно»[215].

Константин Леонтьев восхищался этим рассказом:

«Я помню, как я сам, прочтя случайно (и у кого же? — у Герцена!) о том, как во время бури персидские вельможи бросались сами в море, чтобы облегчить корабль и спасти Ксеркса, как они поочередно подходили к царю и склонялись перед ним, прежде чем кинуться за борт... Я помню, как, прочтя это, я задумался и сказал себе в первый раз (а сколько раз приходилось с детства и до зрелого возраста вспоминать о классической греко-персидской борьбе!): Герцен справедливо зовет это персидскими Фермопилами. Это страшнее и гораздо величавее Фермопил! Это доказывает силу идеи, силу убеждения большую, чем у самих сподвижников Леонида; ибо гораздо легче положить свою голову в пылу битвы, чем обдуманно и холодно, без всякого принуждения, решаться на самоубийство из-за религиозно-государственной идеи!» (Византизм и славянство, 1).

---

[215] Герцен А. И. Несколько замечаний об историческом развитии чести // Собр. соч. в 30 т. Т. 2. — М., 1954. С. 159.

А у Леонтьева это вычитал Василий Розанов:

«Г-н К. Леонтьев рассказывает, как он удивлен был, прочитав об одном действительно поразительном факте из истории греко-персидских войн, который рисует смысл древнеиранской жизни в несколько ином виде, чем как мы привыкли представлять его себе: ...Во всяком случае, этот факт обнаруживает, что в сердце людей, которых мы привыкли считать только варварами и рабами, жили чувства, настолько внутренне сдерживающие каждого, насколько это возможно только при самой высокой и многовековой культуре, при особенных дарованиях народа, при вере его в высшие мистические идеи, управляющие историей и осуществляемые в жизни народов: потому что ведь как легко было этим вельможам выбросить самого Ксеркса за борт, если их самопожертвование не было сознательно и свободно» (Эстетическое понимание истории).

И тут уже я изумляюсь. Я-то считал, что все русские дореволюционные интеллигенты получали прекрасное классическое образование. А вот, оказывается, Геродота они просто не читали. И о написанном Геродотом Леонтьев узнал от Герцена, а Розанов — от Леонтьева...

Но вернемся в Византию.

Агафий Миринейский, историк, живший во второй половине VI столетия, рассказывает об этом так: «Дамаский сириец[216], Симпликий киликиянин, Евлалий фригиец, Прискиан лидиец, Гермий и Диоген финикияне представляли, выражаясь поэтическим языком, цвет и вершину всех занимающихся философией в наше

---

[216] «При Дамаскии происходит последний расцвет Афинской школы: его комментарии не только свидетельствуют о высоком уровне преподавания, но и предполагают очень высокий уровень слушателей» (Шичалин Ю. А. Дамаский // Новая философская энциклопедия. В 4 тт. — М., 2001).

время. Они не приняли господствовавшего у римлян учения о Божестве и полагали, что Персидское государство много лучше, будучи убеждены в том, что внушалось им многими, а именно что там власть справедливее, такая, какую описывает Платон, когда философия и царствование объединяются в одно целое, что подданные, все без исключения, разумны и честны, что там не бывает ни воров, ни грабителей и не претерпевают никакой другой несправедливости, так что если кто-нибудь оставил свое ценное имущество в самом пустынном месте, то его не возьмет никто, случившийся там, но оно останется в целости, если и не охранялось, для оставившего его, когда тот возвратится. Они были убеждены в этом, как в истине. К тому же им запрещено было и законами, как не принявшим установленных верований, оставаться в безопасности дома. Поэтому они немедленно собрались и отправились к чужим, живущим по совершенно другим обычаям, чтобы жить там в дальнейшем» (*Агафий Миринейский. О Царствовании Юстиниана. 2,30*).

При этом византийцы очень ревниво относились к переходу ученых к своим врагам. И уже через год после этого «философского парохода» «вечный мир», заключенный между Юстинианом и Хосроем, предусматривал возвращение беглых философов при условии их не-наказания.

«Когда в это время римляне и персы заключили между собою договор о мире, то в условия мира было включено положение, что эти люди, по возвращении их к своим, должны жить в дальнейшем без всякой боязни и чтобы их не вынуждали изменять свои убеждения, принимать какие-либо верования, кроме тех, которые сами одобрят. Хосров оговорил, что мир будет иметь силу не иначе, как при этом условии» (Агафий Миринейский. О Царствовании Юстиниана. 2, 31)[217].

---

[217] По версии М. Тардье, поддержанной И. Адо, к Хосрову отправился один Дамаский, который и добился внесения соответствующей статьи в текст

«Благодаря общеизвестности персидского приключения фило-софов, каждый любопытный юноша (христианин или язычник), который желал узнать секреты Орфея или Платона, или вместе с более трезвомыслящим Симпликием по пунктам разобрать опровержение христианства согласно Аристотелю, точно знал, куда идти»[218].

Языческие философы к шестому веку уже привыкли вести себя тихо и воздерживаться от публичной критики христианства. Вместо ссылки на Церковь и ее цензуру, они говорят «обстоятельства» (τοῖς παροῦσιν). «Олимпиодор имеет в виду, что он должен быть осторожен в том, что он говорит на такую деликатную тему, в противном случае христианские власти примут меры против него. Τὰ παρόντα является одним из «кодовых выражений», которое эти последние язычники неизменно использовали вместо ненавистных им слов οἱ Χριστιανοί.

Сравним с Дамаскием, пишущим об Исидоре: «Он ясно указывал, что не одобрял господствующих обстоятельств..., но был рьяно предан самим богам (δῆλος δ’ ἦν οὐκ ἀγαπῶν τὰ παρόντα...ἀλλ’ ἤδη ἐπ’αὐτοὺς τοὺς θεοὺς ἱέμενος...)». И еще, описывая ритуалы бога Эона в Александрии: ὃν ἔχων εἰπεῖν ὅστις ἐστίν, ὅμως οὐ γράφω κατά γε τὴν παροῦσαν ταύτην ὁρμήν. Формула восходит, по крайней мере, к Проклу: ср. τὴν παροῦσαν...δεινὴν καὶ ἄτακτον σύνχυσιν τῶν ἱερῶν θεσμῶν (In Remp. I. 74. 8) и ἐν τῷ παρόντι χρόνῳ περὶ τοῦ μὴ εἶναι θεοὺς ὁμολογοῦντες οἱ πολλοί (In Alc. 264)»[219].

Вот эта тайная струя элитарной языческой мысли и литературы прошла сквозь всё христианское средневековье и потом вышла наружу, причинив немало новых беспокойств церковной монополии.

мирного договора (Шичалин Ю. А. Дамаский // Новая философская энциклопедия: в 4 тт. — М., 2001).

[218] Камерон А. Последние дни Академии в Афинах https://nsu.ru/classics/plato/Cameron-Academy-in-Athens.pdf. С. 30.

[219] Там же. С. 12.

Впрочем, здесь можно привести и евангельскую цитату: «Все, взявшие меч, мечом погибнут» (Мф. 26, 52). В этой фразе Христа нет исключения. Не сказано: «Все, кроме преп. Иосифа Волоцкого и последующих ему православных инквизиторов...»

И потому нет у нас нравственного права возмущаться чекистскими гонениями. Они лишь выхватили меч из наших рук. И пока руки православных богословов, публицистов, епископов и даже монахов будут тянуться к мечу — будут оправданы и удары по этим рукам, и новые гонения на нас...

Глава 14
ГОНИМЫЕ ГОНИТЕЛИ

Среди православных святых есть мученики, которые пострадали именно за то, что мучили других.

В округе Апамеи Сирийской столкновения между язычниками и христианами привели к гибели местного епископа Марцелла. Во время пребывания в Апамее префекта Кинегия епископ Марцелл, угрожая местным жителям сопровождавшими префекта воинами, уничтожил почитаемый горожанами храм Юпитера (Феодорит Киррский. Церковная история, 5, 21).

Созомен продолжает эту историю: после того, как Кинегий покинул Апамею, Марцелл попытался продолжить разрушение местных храмов. «По другим городам язычники всё еще усердно сражались за свои храмы: именно в Аравии — Петрейцы и Акрополитяне, в Палестине — Рафиоты и Газейцы, в Финикии — жители Илиополиса, а в Сирии особенно жители города Апамеи, лежащей при реке Аксиосе. Епископ Маркелл рассудил, что их нельзя удобнее отвратить от прежнего богопочтения, как разрушив бывшие в городе и деревнях храмы. Узнав же, что в Авлоне, местечке страны апанейской, есть у них величайшее капище, он взял несколько воинов и единоборцев и отправился туда. Приблизившись к этому месту, Маркелл остановился на таком расстоянии, чтобы до него не достигали стрелы, ибо был болен ногами и не мог ни сражаться, ни преследовать, ни бежать. Но между тем, как воины и единоборцы заняты были осадою храма, некоторые из язычников, узнав, что епископ остался один, вышли с той стороны местности, которая не была занята сражающимися, и внезапно напав, взяли его, возложили на костер и умертвили" (Церковная История, 7,15).

Примечательно, что, когда родственники убитого епископа попытались добиться суда над его убийцами, члены курии Апамеи не дали ход делу, не без сарказма отметив, что несправедливо мстить за такую кончину, так как Марцелл умер за своего Бога (Созомен. Церковная история, 7, 15)[220].

В православии память св. епископа Маркелла Апомейского — 14 августа н. ст. Это 485 год.

А вот еще одна схожая цепочка событий — и опять же канонизированная прославлением в лике святых главного зачинщика погрома.

В 410 году персидский правитель Йездигерд I разрешил персидским христианам провести свой поместный собор, который собрался в Селевкии. Члены собора сделали следующее заявление: «Мы все единодушно умоляем нашего Милостивого Бога, чтобы Он продлил дни победоносного и знаменитого царя Йездигерда, Царя Царей, и чтобы его годы были продолжены на поколения поколений и на годы годов».

Несколько лет спустя, когда в Константинополь было направлено посольство из Персии, чтобы завершить переговоры о мире, в числе представителей шахиншаха был христианский епископ.

Во все годы правления Йездигерда I поддерживался мир с Византией, что было довольно необычно во взаимоотношениях этих двух стран. «Любил он и римлян и дорожил их дружбой, да едва не

---

[220] Что такое τὸ ἔθνος σύνοδος? The council of the province? Это курия, состоявшая из язычников (Ведешкин М. А. Языческая оппозиция христианизации восточноримского города *(на* примере Газы Палестинской) // Научные ведомости Белгородского государственного университета. №. 1 (144). Вып. 25. 2013. С. 16) или Поместный собор (как считает сайт патриархии http://www.patriarchia.ru/db/text/908268.html)?

сделался и христианином, когда Маруфа, вместе с персидским епископом Авдой… попостившись и помолившись, избавили царского сына от мучившего его демона. Но Исдигерд скончался прежде, чем успел сделаться совершенным христианином». (Сократ Схоластик. Церковная история. VII, 8).

Преследования христиан возобновились в последние годы правления Йездигерда I. Этому способствовали провокационные действия самих христиан. «Был некто епископ Авда, украшавшийся многими видами добродетели. Увлекаясь неблагоразумною ревностью, он разрушил пирей: а пиреями у персов называются храмы огня; огонь же в Персии почитается Богом. Узнав о том от магов, царь послал за Авдою и, в первый раз кротко укорив его за этот поступок, приказывал только выстроить пирей. Но когда Авда стал противоречить и сказал, что он никак не исполнит этого повеления, — тот грозил разрушить все церкви и потом свою угрозу оправдал самым делом, ибо, повелев прежде умертвить того божественного мужа, приказал разрушить церкви. По моему мнению, разрушение пирея сделано было не вовремя, потому что и Божественный Апостол, пришедши в Афины и увидев город, наполненный идолами, не разрушил ни одного из чтимых там требищ, но обличал невежество и раскрывал истину словом. А что разрушивший не построил храма, но решился лучше принять смерть, чем сделать это, — тому я очень удивляюсь, как поступку, достойному венцов, ибо воздвигнуть капище, мне кажется, всё равно, что поклониться огню. Так вот отсюда-то началась буря и воздвигла яростные и свирепые волны против питомцев благочестия. Это треволнение, возбуждаемое магами, будто какими вихрями, не утихло и через тридцать лет» (Феодорит Кирский. Церковная история. V, 39)[221].

Примечательно, что даже в случае таких провокаций персы проводили расследование и судебное разбирательство до того, как вынести смертный приговор.

---

[221] См. также: Авда // Православная энциклопедия. Т. 1. http://www.pravenc.ru/text/82420.html

Авда, а также священники Хашу и Исаак, были приведены на суд шаханшаха, который потребовал восстановить разрушенное. Когда же епископ отказался сделать это, он был выдан воинам, избит шипованными палками и вскоре скончался от ран в своем доме, став первой жертвой новой волны гонений на христиан, когда пострадало множество мучеников.

Интересно, что персидский шах требовал ровно того же, что и римский император Феодосий от разрушителей синагоги: нахулиганили, разрушили чужую святыню — восстановите ее...[222]

Святой мученик Авда Персидский почитается в наших храмах 31 марта[223].

А вообще Персия, вечный враг Греции и Рима, могла бы стать единой с ними во Христе, если бы святой Авда не решил поднять кампанию про оскорбление своих нежных религиозных чувств, обиженных звуками из соседнего двора.

К сожалению, это даже не было отношениями просто двусторонней ненависти. История взаимных обид была многогранна и многосубъектна.

И вот читаем в церковной богослужебной книге: «Хосрой же перский царь яко десять тем христиан погубив: яко жидовом прекупляющым их от него и погубляющым» («Персидский царь Хозрой погубил около ста тысяч христиан, которых иудеи выкупали у него и убивали»).

Это из Триоди Постной. В нее включены краткие рассказы-проповеди о смысле праздника, которые по церковному уставу надлежит читать в соответствующие дни. В данном случае это синаксарь «Субботы Акафиста», то есть субботы пятой недели Великого Поста».

---

[222] В 388 году в Осроэне, в Месопотамии, христиане разрушили еврейскую синагогу, и император Феодосии распорядился возместить убытки за счет местной христианской церкви, что вызвало гнев св. Амвросия. См. в главе «Епископ и Император».

[223] https://azbyka.ru/otechnik/Dmitrij_Rostovskij/zhitija-svjatykh/294

Википедия поддерживает это сообщение:

«Весной 614 года войска Шахрвараза, полководца Хосрова II, после двадцатидневной осады взяли Иерусалим, разбив один из участков стены камнями из баллист. Персы согнали уцелевших жителей в громадную пустую каменную цистерну для воды и оставили их в тесноте на несколько дней без пищи и питья. Тысячи людей погибли, а многих местные иудеи выкупили и убили, мстя христианам за притеснения имперской администрации. По разным источникам, в городе было убито от 62 до 90 тысяч человек. Из оставшихся в живых персы угнали в Иран мастеров-каменщиков, а также наиболее молодых и красивых юношей и девушек»[224].

Антиох Стратиг был свидетелем этих событий, и в своем «Пленении Иерусалима» рассказывает об этих кровавых сложностях:

«Когда персы, войдя в город, истребили несметное число душ, то они, враги, обессилели и не были уже в состоянии убивать, и христианский народ во множестве остался неубитым. И как унялись ярость и гнев персов, князь их, которого звали Расми-Зодан [Расми-Оздан], тогда велел, чтобы вышел глашатай возглашать и говорить: „выходите все, кто скрываетесь! Не бойтесь! Меч убран от вас, и дан мною вам мир". Тогда, как только услышали это, вышел многочисленный народ, скрывавшийся в цистернах и ямах. Укрывавшиеся услышали приказ князя. Они думали, что он утешит их за их добро, и они получат облегчение оттого, что вышли. Тогда недобрые иудеи обрадовались, увидев, что христиане отданы в руки врагов, и задумали злую мысль, так как значение их у персов было велико за их предательство. В то время подступили

---

[224] https://ru.wikipedia.org/wiki/%D0%A5%D0%BE%D1%81%D1%80%D0%BE%D0%B2_II_%D0%9F%D0%B0%D1%80%D0%B2%D0%B8%D0%B7

иудеи к краю цистерны, звали сынов божьих, заключенных, и говорили им: „если хотите спастись от смерти, сделайтесь иудеями, отрекитесь от Христа, поднимитесь из вашего места и приходите к нам! Мы выкупим вас нашими деньгами, и хорошо будет вам от нас". Покупали они христиан из цистерны, давали серебро персам, приобретали христианина и резали, точно овцу. Когда народ был уведен в плен, иудеи остались в Иерусалиме и начали собственноручно разрушать святые церкви, оставшиеся неразрушенными, и сжигать их. Сколько душ было заклано в водоеме Мамилы! Сколько душ погибло от голода и жажды! Сколько священников и монахов было истреблено мечом! Сколько младенцев было раздавлено ногами, погибло от голода и жажды и занемогло от страха и ужаса пред врагами! Сколько родителей погибло над своими детьми! Сколько народу было скуплено иудеями и зарезано, и они сделались исповедниками Христа! Сколько душ, отцов, матерей и мальчиков-младенцев, скрывавшихся в ямах и цистернах, погибло от мрака и голода! Сколько душ устремилось в церковь Воскресенья, в Сион и другие церкви, и там было истреблено и сгорело в огне? Кто бы мог счесть множество мертвецов, павших во время резни в Иерусалиме?»[225]

Такая ненависть порождается не проповедью какого-то злодея, а зрением и памятью о крови своих детей, пролитой врагами, которые и сами вдруг стали беззащитны.

Что же было накануне? После прихода Ираклия к власти в 610 году стали распространяться слухи, что евреи затевают массовое убийство христиан в Тире. Желая предотвратить это бедствие, христиане в свою очередь убили многих евреев[226].

---

[225] Антиох Стратиг. Пленение Иерусалима. — СПб., 1909.

[226] Andrew Sharf. Byzantine Jewry from Justinian to the Fourth Crusade. — New York, 1971, pp. 47–48. См. Также: Steven Bowman. The Jews of Byzantium 1204–1453 . University of Alabama Press, 1985.

Кстати, и персы в захваченном ими Иерусалиме принялись распинать евреев...[227]

И эту цепочку взаимных притеснений можно тянуть на века назад. И даже как будто найденный ответ на вопрос «кто первым начал?» в межнациональных отношениях ничего не извиняет и не проясняет[228].

---

[227] Andrew Sharf. Byzantine Jewry from Justinian to the Fourth Crusade. — New York, 1971, pp. 49–50.

[228] «Дома Бракены и Блэквуд давно друг друга ненавидят... — Почему? — Ну, знаете, ответ на вопрос скрыли века. Грех рождает грех вновь и вновь». (Дом дракона. Сезон 2. Горящая мельница)

Глава 15

ВЫНУЖДЕННАЯ ТОЛЕРАНТНОСТЬ

В двадцати веках церковной истории довольно очевиден некий печальный алгоритм:

Каждый раз, когда Церковь была гонима, ее иерархи и богословы говорили великие слова о свободе совести, о том, что мол, одной религии не свойственно притеснять другую религию (religiones non est religionem cogere)[229].

Но каждый раз, когда церковная иерархия оказывалась вблизи государственной, ее иерархи «по соображениям высшим, хотя и не умным»[230] возобновляли понуждение к святости. «В тысячелетнем строе своем на словах Церковь еще высказывалась иногда за свободу совести, но в поступках своих она или с крайней болью признавала эту свободу, или вовсе не признавала ее, не признавала

---

[229] «Право естественное и общественное требует, чтобы каждый покланялся тому, кому хочет. Религия одного человека ни вредна, ни полезна для другого. Но не свойственно одной религии делать насилие другой» (Тертуллиан. Послание к Скапуле, африканскому проконсулу 2,2 // Творения. Ч. 1. — СПб., 1849. С. 107). «Мне не позволяют почитать Того, Кого я хочу, но принуждают меня почитать того, кого я не хочу. Никакой Бог, да даже никакой человек не пожелает почитания принужденного» (Апологетик, 24).

[230] Афанасьев Г. Е. Заметки о русской религии // Православие и культура. — Берлин, 1923. С. 164.

всегда, когда могла»[231]. Православие — это стратегия выживания в условиях притеснений и стратегия подавления в условиях господства.

Когда православные воспевают свободу совести? Увы, лишь тогда, когда притесняют их.

Вот св. Амвросий Медиоланский требует от императора удалить из римского сената статую богини Победы. Его аргументы прекрасны:

«Во всех языческих храмах есть алтари, алтарь есть также и в храме Победы. Поскольку для них важно количество, они совершают свои священнодействия повсюду. Что, как не оскорбление веры, требовать именно этот, единственный алтарь? Не для того ли это делается, чтобы язычник совершал жертвоприношения, а христианин в них участвовал? „Пусть вдыхают, — говорит он, — пусть вдыхают, хотя бы и против воли, дым — очами, созвучия — ушами, пепел — гортанями, фимиам — ноздрями, пусть — хотя бы они и отворачивали лица — оседает на них зола, вздымаемая от наших алтарей!" Мало им бань, мало портиков, мало площадей, заставленных статуями? Неужели даже в месте общих собраний мы не можем находиться в равных, одинаковых условиях, пользоваться равными правами? Неужели благочестивая часть сената обязана против воли внимать звукам клятв, формулам жертвоприношений?» (Письма. Кн. 10. 73 (18) 31).

Это борьба за равноправие, за светский характер государственного учреждения. Просто в сенате христиане еще в меньшинстве.

В 355 г. император Констанций Второй созвал Собор в Медиолане в котором участвовало около 300 епископов (Сократ Схоластик Церковная история 2, 26; Созомен. Церковная история 4, 12). На соборе император выступил с обвинениями в адрес

---

[231] Розанов В. В. Совесть — отношение к Богу — отношение к Церкви // Около церковных стен. — М., 1995. С. 126.

св. Афанасия Великого, и участники Собора послушно утвердили анафему святителю Афанасию.

И тогда православный св. Иларий Пиктавийский обращается к неправославному императору Констанцию Второму: «Для того вы и поставлены, за тем вы и смотрите, чтобы все ваши подданные пользовались дорогой для них свободой (dulcissima libertate). Возмущенный мир церкви нельзя восстановить, разрозненных нельзя собрать иначе (alia ratione), как предоставив им полную свободу жить (integrum vivendi arbitrium) по своим убеждениям, без всякого рабского принуждения» (Ad Const. I, 2). «Бог научил, а не принудил познавать Его. Его чудные небесные действия расположили людей признать авторитет Его законов. Он отверг вынужденное согласие на исповедание Его… И если даже вы употребили бы подобное насилие в интересах истинной веры, и тогда епископы, с их учительским авторитетом, пошли бы против вас и сказали: „Бог — Господь всей вселенной, не нуждается Он в подневольном послушании, не требует вынужденного исповедания. Его нельзя обмануть, а Его благоволение можно заслужить искренним исповеданием Его. Не для Него, а ради нас самих должны мы чтить Его. Я и до крещения могу допустить только желающего, выслушать лишь того, кто просит, и запечатлеть печатью дара Св. Духа того, кто исповедует веру“… А это что же такое, когда святителей заставляют бояться Бога под угрозою тюремного заключения, приказывают им это под опасением штрафов?» (Книга к августу Констанцию I, 7)[232]. В итоге Иларий был отправлен ссылку.

Но едва императором станет православный Феодосий, на головы ариан православные епископы перенаправят тяжесть царственного гнева. За 15 лет своего царствования он издаст 15 законов против еретиков.

А вот через 1000 лет, в середине XV века, послание прота и иноков афонских московскому князю Василию опять восхваляет свободу совести:

---

[232] Цит. по: Болотов В. В. Собрание церковно-исторических трудов. Т. 4. — М., 2002. С. 61.

«Какава слепота этих мнимых христиан, которые на деле стали мучителями! Где Христово смирение в них? Аще кто по одной щеке ударит, подставь ему и другую? Какого апостола Христос силой привел к себе? Исперва бо человека самовластем почет, своей волей, если хочет, да возводится; эти же силой привлекают. По сему знайте, братья, что чужды они Христова смирения и благодати Святого Духа»[233].

В этом послании афониты вспоминают, как за двести лет до того, во времена, когда крестоносцы владели Константинополем, латиняне якобы понуждали афонитов к унии. И даже сожгли монахов, запершихся в башне монастыря Зограф.

История странная[234]. Греческие хронисты XIII–XIV веков о сожжении Зографа ничего не говорят[235].

Да, император Михаил заключил Лионскую унию. Но навязывать ее ценой убийства афонских монахов было бы для него равно

---

[233] Летопись занятий Археографической комиссии. — СПб., 1865. Вып. 3: 1864.
http://www.sedmitza.ru/data/2016/02/22/1237887787/Arkheograficheskaya_komissia_Letopis_zanyaty_03.pdf

[234] «До настоящего времени остается открытым вопрос об исторической достоверности „Сказания о Зографских мучениках". В нем рассказывается, что после заключения Лионской унии между Западной и Восточной Церквами (6 июля 1274) монахи Зографа выступили против пролатинской политики византийского имп. *Михаила VIII Палеолога* и Константинопольского патриарха *Иоанна XI Веккоса*. 10 октября 1275 г. для усмирения монахов в монастырь вошли латиняне, была сожжена башня, погибли 26 человек, уничтожены 193 рукописи и золотая церковная утварь. Несмотря на то что в „Сказании......" явно смешаны легендарные и реальные события разных эпох, большинство историков считают, что в тексте есть и достоверные сведения, а отсутствие в монастырском архиве и библиотеке каких-либо важных исторических документов ранее 2-й четверти XIV в., в т. ч. и царских вкладных, указывает на то, что, возможно, не позднее начале XIV века Зограф пострадал от разорения или пожара» Зограф // Православная энциклпедия. Т. 20.

[235] см. Турилов А. Slavia Cyrillomethodiana: Источниковедение истории и Древней Руси. — М., 2010. С. 25.

самоубийству. Его восшествие на престол было сродни перевороту и сопровождалось ослеплением законного наследника мальчика Иоанна Ласкариса (на рождество 1262 года). Михаил вообще старался не оповещать народ о заключенной унии и даже запретил открытые богословские диспуты (как раз в 1279 году, к которому Афонский Патерик и относит ватопедское мученичество)[236].

Но нам сейчас важно суждение самих афонитов.

(Далее в их письме следует самая первая[237] фиксация афонского предания про нетленно-почерневшие тела монахов, принявших унию. «Подмену богословского аргумента чудесным знамением мы находим в Послании прота и иноков афонских на Московскую Русь, где главным доказательством „суеверия" латинян служит знамение с почерневшими костями предавшихся латинянам монахов. Есть основания полагать, что отказ от богословской аргументации в этом случае был сделан сознательно, чтобы приспособиться к понятиям аудитории, а не вследствие отсутствия у составителей письма необходимой подготовки»[238]. Сегодняшняя версия звучит еще страшнее: у них отросли волосы и острые когти. Кстати, то послание объясняет черноту их тел прежде всего тем, что они ослушались своего игумена (который велел уходить из монастыря, не дожидаясь крестоносцев), а не принятием католичества. А через еще 500 лет по ортосети стала гулять страшная «фотка» афонитов-униатов с якобы отросшими космами и когтями).

То есть вроде как монахи против насилия в делах веры.

Но протест их лишь в свою пользу. А сами афониты хоть раз за свою тысячелетнюю историю заступались за подвергаемых насилию не-православных?

---

[236] http://fondmg.ru/archives/1633

[237] См.: Россия и христианский Восток. Вып. 1. С. 75.

[238] Ломизе Е. М. К вопросу о восприятии Ферраро-Флорентийского собора русской делегацией // Славяне и их соседи. Вып. 6. — М., 1996. С. 149.

За 20 веков христианской истории модели взаимоотношений Церкви и государства не блещут разнообразием: сначала Империя преследовала Церковь, а потом Церковь в союзе с Империей преследовала всех остальных (с ролевыми переворотами во времена правления отступников и еретиков).

Принцип свободы совести был утвержден кровью первых христианских мучеников. А потом Церковь же многие века делала все, чтобы растоптать этот принцип.

Никогда и нигде православная церковь сама не давала ни грамма свободы своим диссидентам. Всегда она уступала лишь под давлением светских властей и обстоятельств. Никогда в ее патриархах не было видно действие внутренних, нравственных ограничителей, которые помешали бы им попросить или принять предлагаемую им военно-полицейскую помощь. Вот решил царь-батюшка «перепластаю и изгоню я таких-то иноверцев», а патриарх — бух ему в ноги: «Помилуй, государь! Нельзя подавлять свободы тех, кто верует не по православному!» Не бывало такого ни в пятом веке, ни в XVII, ни даже в XXI.

Толерантными их делает только нетолерантное отношение к их жажде тотальной власти.

Всегда и везде спикеры и иерархи церкви вспоминали о свободе совести, лишь когда у нее самой начинались проблемы. Но всякий раз, когда они вновь приближались к власти, их риторика менялась на противоположную.

В истории церкви почти никогда церковные иерархи не отказывали себе в удовольствии придушить оппонентов своих и власти с помощью силы — если только у них была такая возможность.

Прицельный выстрел в голову

С проверенной позиции

Решает очень здорово

Проблему оппозиции...

Как справедливо сказал блаж. Августин: «Зверя не называют кротким, если он никого не ранит лишь из-за отсутствия клыков и когтей» (Письмо 93, 11).

Августин имел в виду сектантов, миролюбивых (по его мнению) лишь из-за своей малочисленности. Но это касается практически любой религиозной группы, в том числе и православных. Обычная военная хитрость: наступление порой тщательно маскируется, чтобы противник не ожидал удара именно здесь и именно сейчас и именно от нас. Пока церковь была гонима, она молилась за врагов своих, а когда стала государственной, то она уже не выносила никого, кроме себя.

Епископы всегда жаждут найти административно-полицейским ресурс для насаждения того, что они считают «спасительным благочестием». Сдержать этот их порыв может или прямое внешнее давление (пример: взятие шахом Хосроем под свое покровительство последних афинских философов-платоников). Или страх перед восстаниями многочисленных внутренних диссидентов. Или светская власть (масонская, атеистическая и т. п.), которая не желает свой ресурс тратить на удовлетворение безмерных епископских амбиций.

А у последних аппетит всегда лишь растет по мере пожирания предоставляемых привилегий. Путь от гонимых к гонящим они проходят очень скоро. При этом вопрос о том, а что именно в **позавчера** вызвало **вчера**шние гонения на христиан, совесть **сегодня**шних христианских деспотов и политтехнологов не тревожит. «А нас-то за что?»

И в этом взаимном лае и лязге мечей голос христианских епископов, осаживающий насилие во имя веры, звучал крайне редко. А вот подначиваний на репрессии из преосвященных уст звучало сколь угодно много.

Нет оснований считать, что гонимая сторона была милосерднее гонящей. При случае и ариане, и донатисты, и монофизиты, и самаряне, и иудеи с не меньшей жестокостью расправлялись с православными.

Колесо взаимных обид катится по истории. Даже старцы Троицкого монастыря не желали его остановить, но молили о кровавой мести: «во обители чюдотворца Сергиа, архимарит и келарь и старцы соборные сотвориша собор: бе бо тогда, в казне чюдотворцове скудость деньгам велиа бысть, и не ведуще, что казаком послати и какову почесть воздати и о том у них упросити, чтобы ис-под Московского государьства неотомстивше врагом крови христианскиа не розошлися» (Авраамий Палицын. Сказание (об осаде Троице-Сергиева монастыря). Гл. 68. «О взятии обоза»).

А Евангелие требует вырваться из кольца взаимных обвинений («а он первый начал!») и от оправдания своих мерзостей ссылками на мерзости соседа («а у вас негров вешают!»).

Православен не обладатель справки о «каноничности», а тот, кто расслышит и исполнит слова Христа «А у вас да не будет так…»:

Тогда, когда Он появился на свет
В стране песков и камней,
Там старый как мир почитали завет:
«Убили, значит убей».

Лишь «око за око!» и «зуб за зуб!»
Твердили и стар и млад.
Такие молитвы слетали с губ
Три тысячи лет подряд.

Земля, над которой Его колыбель
Покачиваясь, плыла,
Шептала: «Убили, значит убей»
И новых костей ждала.

Он вырос, и время его пришло,
Но ближние вновь и вновь
Ему повторяли, что мир это зло,
А Он говорил — Любовь.

Легка Его поступь и прост Его слог,
Душа за ним будто летит...
Ему говорили: «Накажет Бог»,
А Он говорил: «Простит».

И вот однажды поставить крест
Решила на нем толпа.
(Такой обычай у этих мест —
Наказывать за слова).

Его мучительный ждал конец
Сказали: «Ты будешь распят».
А Он ответил: «Прости их, Отец
Не ведают, что творят».

(Мария Протасова)

Но слишком редко в истории христианства это срабатывало. Если была возможность отомстить — мстили. А бывало, что и первыми задирались.

Жила-была гражданская война
И песня про большую крокодилу.
Кого поела, прочих развратила,
Потом устала. Дальше — тишина.

Куда девать спрессованное зло?
За оком — око, и дитя без глазу.
Оно не виноватое ни разу,
С эпохой только вот не повезло.

Порок наказан, и засчитан слив.

Они ведь вон чего, а мы чем хуже?

Кишки, как правда, вылезут наружу.

Бог милосерден, дьявол справедлив.

(Михаил Кацнельсон)[239]

Убеждение в том, что православная вера позволяет прессовать оппонентов, столь сильно, что даже гонимый протопоп Аввакум мечтает всего лишь о смене ролей: «Как бы ты дал мне волю, — пишет он царю Федору Алексеевичу про латинян и „калвинов", — я бы их, что Илья пророк, всех перепластал в один час. Не осквернил бы рук своих, но и освятил, чаю. Перво бы Никона собаку и разсекли начетверо, а потом бы никониан. Не согрешим, небось, бо и венцы победные приимем!»[240]

В другом письме, к своим: «Чаю, подвигнет Бог того же турка на отмщение кровей мученических. Пускай любодеицу — ту потрясут, хмел-ят выгонять из бляди!»[241] Из Нового Завета он помнит лишь одно: «кто мечом убивает, тому самому надлежит быть убиту мечом» (Откр. 13,10)

«Перепластали» в итоге его самого, что показывает консенсус в православно-образованной элите России того времени в неприятии свободы совести.

В истории вообще много палачей (или хотя бы мечтателей о казнях своих оппонентов), ставших жертвами.

---

[239] Последняя строка этого стихотворения — точная формула православного богословия. В житийной, а наипаче патериковой литературе именно сатана требует посмертного наказания по всей строгости и букве закона Божия, а Спаситель действует по принципу «признак суверена (самодержца) — право на помилование».

[240] РИБ. Т. 39, кн. 1, вып. 1. — Л., 1927. Стб. 283. Перелагая на современный язык: «в концлагере моей мечты надзирателями будут евреи».

[241] Письмо к Симеону («Чадо богоприимче!..») // Житие протопопа Аввакума им самим написанное и другие его сочинения. — М., 1934. С. 336.

Вот история с одним и самых первых новомучеников XX века. Пермский архиепископ Андроник (Никольский) был арестован 17 июня 1918 года и вскоре закопан живьем.

«Во время допроса в ЧК святитель долго хранил молчание: он тихо сидел напротив следователя в одном из кресел возле письменного стола. После многочисленных провокационных вопросов, владыка, сняв панагию, завернул ее в большой шелковый лиловый платок, положил перед собой на столе и заявил: «Мы враги открытые, примирения между нами быть не может. Если бы я не был архипастырем и была необходимость решать вашу участь, то я, приняв грех на себя, приказал бы вас повесить немедленно. Больше нам разговаривать не о чем». После этих слов архиепископ медленно развернул платок, надел панагию»[242].

Я помню, что этот эпизод на несколько лет затормозил канонизацию Андроника. Но комиссия по канонизации нашла контрдовод: мол, этот рассказ недостоверен, так как исходит от большевиков, которым было выгодно очернить свою жертву. Тем не менее он самими церковными и церковно-научными изданиями включается в житие Андроника как достоверный[243].

И в самом деле, в бытность свою иерархом провластной церкви, Андроник выступал против равноправия иноверцев и произносил слова ненависти: «Целых три годовщины исполнилось с тех пор, как мы увидали расхаживающих по стогнам градов богоспасаемой Святой России толпы революционеров с красными тряпками на палках и шестах. Руководимые обнаглевшими тогда жидами, эти толпы *уже* не стеснялись в выражении своего полного

---

[242] Иеромонах Дамаскин (Орловский). Мученики, исповедники и подвижники благочестия Русской Православной Церкви XX столетия: Жизнеописания и материалы к ним. Кн. 2. — Тверь: «Булат», 1996. С. 111.

[243] https://sedmitza.ru/text/1250521.html; https://azbyka.ru/days/sv-andronik-nikolskij

презрения к народной вере, к священному для Русского народа Царскому Самодержавию и всему народному быту… Революция эта, по камертону от жидовско-масонского всемирного заговора против нас, устроена была жидами и всеми инородцами вместе с русскими, изменившими своим историческим заветам… И всё это совершается под дикий радостный рев наших доморощенных космополитов, торжествующих позор народный, рукоплещущих инородческому засилию в Российской стране… Только один народ мы не покоряли и не присоединяли его по его желанию, а он сам присосался к нашему великому народному организму в недавнее сравнительно время, — это евреи — наследие развалившейся Польши, и разваленной-то старанием или значительным участием в том евреев. Исстари их опасался и чуждался Русский народ, и всё древнее законодательство бережно охраняло Россию от нашествия евреев, как червоточины. О евреях разговор особый: их мы не принимали к себе и даже не завоевывали. **Равноправия им дать мы не желаем и натурально не можем**, вполне соглашаясь с пророчески предостерегающим словом великого писателя земли Российской Ф. М. Достоевского: «Жиды погубят Россию». Не хотят они пользоваться тем, что мы их терпим среди себя, — пусть уходят, куда хотят: мы их за ворот не держим, и без них проживем свободно и безбедно. А **если они остаются среди нас, то пусть будут как иностранцы для нас, не имеющие права на участие в строительстве народном и государственном**… В Государевой Думе не должно быть представителей от совершенно некультурных племен, а наипаче от евреев, как народа пришлого и совершенно нежелательного для нас. Пусть они живут среди нас, не посягая на наши права и достоинство. Но советоваться с ними в делах государственных мы не желаем. Это должно быть законом жизни»[244].

---

[244] Андроник (Никольский) епископ Тихвинский, викарий Новгородской епархии. Беседы о «Союзе русского народа». Старая Русса, 1909. Переиздание в: Андроник (Никольский). Творения. Книга I. Статьи и заметки. — Тверь, 2004. С. 376–400. («По благословению патриарха Алексия»).

Надо сказать, что это не был первый такого рода проект в русской интеллектуальной истории. Еще в «Русской Правде» было спланировано:

«Поелику Духовенство есть часть Правительства, то и могут исполнять духовныя Должности одни только Рос. Граждане. Если Духовенство какаго нибудь иноземнаго Исповедания признавать будет над собою Начальство состоящее вне России, то должно оно или Россию невозвратно оставить или от своего Начальства отказаться и всякия с ним связи и Сношенья совершенно на всегда прекратить.

Чтобы Границы между Россиею и Польшею определены были Российским Правительством по правилу Благоудобства для России и Польша бы сему определению Границ ни в каком отношении не прекословила и приняла бы оное за неизменный Закон коренной.

Никакаго истиннаго различия не существует между разрядами Коренной Народ Русский составляющими, и что малыя оттенки замеченныя должны быть слиты в одну общую форму. А по сему и постановляется правилом чтобы всех жителей населяющих Губернии Витебскую, Могилевскую, Черниговскую, Полтавскую, Курскую, Харьковскую, Киевскую, Подольскую и Волынскую истинными Россиянами почитать и от сих последних никакими особыми Названиями не отделять.

Решительно покорить все Народы живущие и все Земли лежащия к северу от Границы имеющей быть протянутою между Россиею и Персиею а равно и Турциею; в том числе и Приморскую часть ныне Турции принадлежащую.

Разделить все Сии Кавказское Народы на два разряда: Мирные и Буйные. Первых оставить на их жилищах и дать им российское Правление и Устройство а Вторых Силою переселить во внутренность России раздробив их малыми количествами по всем русским Волостям.

Завезти в Кавказской Земле Русския селения и сим русским переселенцам роздать все Земли отнятыя у прежних буйных жителей дабы сим способом изгладить на Кавказе даже все признаки прежних (то есть теперешних) его обитателей и обратить сей Край в спокойную и благоустроенную область Русскую.

Должно непременную цель иметь в виду чтобы составить из них всех только Один Народ и все различные оттенки в одну общую массу слить так чтобы обитатели целаго пространства Российскаго Государства все были Русские. Так как ныне существующее различие в названиях Народов и Племен, Россию населяющих всегда составлять будет из жителей Российскаго Государства отдельныя друг от друга массы и никогда не допустить столь для блага отечества необходимаго совершеннаго в России Единородства, то чтобы все сии различныя имена были уничтожены и везде в общее Название Русских во едино слиты. Чтобы одни и те же Законы, один и тот же образ Управления по всем частям России существовали и тем самим в Политическом и Гражданском отношениях вся Россия на целом своем пространстве бы являла вид Единородства, Единообразия и Единомыслия

Не может долее длиться таковой порядок вещей, утвердивший неприязненное отношение Евреев к Християнам и поставивший их в положение противное общественному порядку в Государстве. Для приведения сего порядка Вещей в надлежащее Состояние открываются два Способа.

Первый состоит в совершенном изменении сего порядка. Паче же всего надлежит иметь целью устранение вреднаго для Християн влияния тесной связи Евреями между собою содержимой ими противу Християн направляемой и от всех прочих граждан их совершенно отделяющей. Ежели Россия не выгоняет Евреев, то тем более не должны они ставить себя в неприязненное отношение к Християнам. *Второй* Способ зависит от особенных обстоятельств и особеннаго хода Внешних Дел и состоит в содействии Евреям к Учреждению особеннаго отдельнаго Государства, в какой-либо части Малой Азии. Для сего нужно назначить Сборный пункт для Еврейскаго Народа. Пройдя всю Европейскую Турцию перейти в Азиятскую и там заняв достаточныя места и Земли устроить особенное Еврейское Государство».

Автор этого проекта — декабрист Пестель[245].

Каждая церковно-богословская партия искала поддержку светских властей и использовала все ресурсы — в том числе возбуждаемые ею народные погромы и карательные полицейские акции — для своей победы.

Вот пример воинствования не-православных христиан: в 485 году несторианин Бар Саума (Варсума) взял персидское войско и с ним прошел по Ближнему Востоку, принуждая греко-ориентированных, т. е. православных христиан принять именно его версию догматики. Он изгонял монахов-халкидонитов из монастырей. В Ниневии его людьми было убито 90 священников и 7700 верующих. Помимо этого «авва Барсаума Сирийский вместе с многочисленной группой монахов, терроризировавший палестинских язычников и иудеев на протяжении первой половины V в. Барсаума действовал как мобильный Порфирий Газский — разрушал синагоги и языческие храмы, подвергал насилиям местное население»[246]. У несториан Бар Саума почитается святым, именуется «наизнаменитейшим и первым среди учителей веры»[247]. И сам он был убит монахами другой веры…

---

[245] «Русская правда или Заповедная Государственная Грамота Великаго Народа Российскаго служащая Заветом для Усовершенствования Государственнаго Устройства России Содержащая Верный Наказ как для Народа так и для Временнаго Верховнаго Правления» // Восстание декабристов. Документы. Том VII. — М., 1958. С. 123, 139, 144, 147–148, 149, 153.

[246] Ведешкин М. А. Языческая интеллектуальная элита Восточной Римской империи *в* V — VI вв. // Интеллектуальные традиции в прошлом и настоящем. Вып. 2. — М.: Аквилон, 2014. С. 166.

[247] Вообще история с ним для меня совсем неясная. Одно это лицо или два? Во многих источниках он — яростный монофизит, в других — несторианин. Современный старообрядческий ресурс сообщает о нем: «Варсума Низибийский (сир. Barṣaumâ), по прозвищу Бар Сула — сирийский монах, аскет, представитель воинствующих кругов монашества. Являлся Низибиским митрополитом в V веке, и главной фигурой в истории Церкви Востока. Иерусалимские евреи просили императрицу Евдокию разрешить им посещать Святой город. Евдокия позволила им, и все поспешили в Иерусалим на празднество Пасхи. Сам Варсума убивал евреев и сжигал

Аналогичная история случилась с добрым католиком Томасом Мором. Очень симпатичный человек. Мученик за свою веру.

Но не только мученик. Еще немножко и палач и инквизитор. Были времена, когда он организовывал гонения на протестантов. В 1532 году, будучи канцлером, он у себя дом держал в цепях, пытал и допрашивал Джеймса Бэйнхэма[248].

И хотя Эразм Роттердамский заступался за Бэйнхема, тот был сожжен 30 апреля (Томас Мор подал в отставку с поста канцлера 16 мая. Значит, эта казнь была произведена во время его правления). Это описывает современник событий Джон Фокс[249]. На костер автор «Утопии» осудил минимум шесть человек.

И опять же каждая церковно-богословская партия затем в течение столетий старательно умалчивала о собственных кровожадностях, всячески выпячивая обиды, нанесенные ей ее обидчиками и оппонентами.

И православные тоже не умеют сдерживать свои планы по насильственному спасению всех окружающих — если нет к тому внешних ограничителей.

их синагоги, считая своей миссией очищать землю от „идолопоклонников“. Узнав, что в Палестине до сих пор есть евреи, вознамерился очистить ее от них. Феодосий II запретил эти жестокости, но Варсума проигнорировал запрет. Вместе со своими монахами Варсума в 438 году, вооружившись и переодевшись в монашеское облачение, подготовили иудеям засаду на Храмовой горе. Многих евреев они забивали насмерть и скидывали их тела в цистерны для воды. Когда иудеи оказали им сопротивление и захватили нескольких штурмовиков, они привели их к императрице. Она признала их виновными, и когда они выдали Варсуму, то он распустил сплетни, что евреи собирались убить и сжечь знатных христиан. Все были на стороне Варсумы, и потому Евдокии ничего не оставалось как освободить монахов и признать их не виновными. Варсума одержал победу. Несколько сотен вооруженных монахов патрулировали улицы и возвестили тем самым, что „Крест победил“. Барсаума умер в 491 году, по словам Бар-Эбрея, он был убит монахами из Тур-Абдина». https://txt.drevle.com/person/view/varsuma_nizibiyskiy Полагаю, что этот текст принадлежит А. В. Муравьеву, современному византологу и специалисту по древне-сирийскому христианству.

[248] https://en.wikipedia.org/wiki/James_Bainham

[249] http://www.exclassics.com/foxe/foxe177.htm

Как честно написал в 1905 году епископ Сергий Страгородский: «Пастырь, даже и сознающий всю непоследовательность с церковной точки зрения принудительных мер, все-таки никогда не решится энергично протестовать против таких мер, если они уже существуют помимо его воли. Лжеучение для нас — всё равно, что опиум, и, как бы я в принципе не стоял за свободу торговли, я никогда не буду стараться о свободе торговли опиумом, если мне дороги простые люди, которые от этого могут погибнуть. Неестественно и пастырю особенно стараться о свободе вероисповедания, которая на практике будет значить, что всякий лжеучитель свободно может совращать его неутвержденную паству в любое лжеучение. Это совсем не в интересах пастыря»[250].

А вот в 1942 году тот же митрополит уже врал: «Церковь гнать никого не может. Ей чужда и тень какого-либо насилия»[251]. Это была неверно взятая нота, которая лишила патриархию возможности выйти из гонений хоть чуточку умудренной, и испортила всё. Вместо того, чтобы задуматься об исторических грехах и преступлениях церкви, о том, как она сама бессовестно и бездумно распоряжалась чужими судьбами и жизнями, русская церковная власть «ушла в отрицаловку».

Как могла, церковная власть везде и всюду противилась установлению свободы совести.

«Незабвенны моменты высшего подъема религиозного чувства, например, при решении вопрос об отделении церкви от государства. Когда после доклада профес. Прокошева и речей нескольких ораторов вопрос был решен подавляющим числом голосов в том смысле, что отделение церкви от государства не может быть допущено, что православие должно быть признано первой среди других религий, что глава рус. государства и министр исповеданий

---

[250] К вопросу о веротерпимости // Митр. Сергий Страгородский. Творения. — СПб., 2020. С. 290.

[251] Правда о религии в России. — М., 1942. С. 26.

должны быть православными от рождения, то собрание единодушно и воодушевленно пропало гимн „Тебе Бога хвалим!“»[252].

Позже такие требования Поместный собор обратил даже к большевикам! 2 (15) декабря 1917 года пленарная сессия Собора определила:

«Священный Собор Православной Российской Церкви признает, что должны быть приняты Государством следующие основные положения:

1. Православная Российская Церковь, составляя часть единой Вселенской Христовой Церкви, занимает в Российском Государстве пе́рвенствующее среди других исповеданий публично-правовое положение.

3. Постановления и узаконения, издаваемые для себя Православною Церковию в установленном ею порядке, со времени обнародования их церковною властью, равно и акты церковного управления и суда признаются Государством имеющими юридическую силу и значение, поскольку ими не нарушаются государственные законы.

4. Государственные законы, касающиеся Православной Церкви, издаются не иначе, как по соглашению с церковною властью.

7. Глава Российского Государства, Министр Исповеданий и Министр Народного Просвещения и Товарищи их должны быть православными»[253].

---

252 Впечатления о съезде духовенства и мирян в Москве 1–12 июня 1917 // Рижские епархиальные ведомости. 1917. № 7–8 (авг.–сент.). С. 183.

253 Деяние 58 от 2 декабря 1917 г. // Священный Собор Православной Российской Церкви. Деяния. Книга V: деяния LII-LXV. — Петроград: Издание Соборного Совета, 1918. С. 225–227.

Ни одного случая, когда бы «Православие категорически препятствовало подавлению свобод всех тех, кто исповедовал другую веру»[254] вспомнить не могу.

И когда ж это лидеры православия выступали в защиту религиозных прав иноверцев, причем «категорически», требовательно? И чтобы эти требования были обращены не к далеким и чужим правителям, а к своим родным?

Категорические требования русских патриархов к русским царям о закрытии немецких кирх в Москве — помню[255].

Обратного — нет...

... Когда я опубликовал[256] часть исторических примеров, противоречащих красивостям патриарха Кирилла, его карманный «богослов» протоиерей Андрей Новиков написал ответ: «Необходимые пояснения в связи с нападками протодиакона А. Кураева на патриарха и Церковь»[257].

Министр церковной пропаганды В. Р. Легойда тут же повелел всем епархиальным сайтам разместить новиковский текст (причем шестерки из синодального информационного отдела, обзванивая епархиальные пресс-центры, почему-то предлагали статью прот. Новикова выслать на частные адреса, а не на официальные)[258].

---

[254] Выступление на I Калининградском форуме Всемирного Русского Народного Собора 14 марта 2015 года.
http://www.patriarchia.ru/db/text/4013160.html

[255] По требованию патр. Иосифа в 1643 году три из четырех протестантских храмов в Москве были разрушены.

[256] https://diak-kuraev.livejournal.com/790310.html 15 марта 2015.

[257] http://interfax-religion.ru/?act=analysis&div=215 02 апреля 2015.

[258] От кого: Синодальный Информационный Отдел
Дата: 6 апреля 2015 г.
Тема: Вниманию епархиальных пресс-служб и информотделов
Уважаемые коллеги!

Обращаем Ваше внимание на нижеследующие материалы, рекомендуемые к републикации на епархиальных сайтах и других интернет-площадках.

Главный тезис апологии: «Совершенно очевидно, что патриарх Кирилл говорил не об отдельных эксцессах, имевших место с обеих сторон, а о сформированном Русской православной церковью принципе отношения к иноверцам, благодаря которому последние в составе православной Российской империи чувствовали себя полноправными членами общества и полноценными гражданами единого государства, имели полноту возможностей реализовать свой культурный, творческий, экономический потенциал... Конечно, есть в списке протодиакона А. Кураева и реальные случаи отдельных проявлений религиозной нетерпимости. Однако, такие случаи были, во-первых, обоюдными, во-вторых, возводимые в абсолют, они совершенно искажают картину существовавшего благодаря влиянию Русской церкви подлинного, системного отношения православной России к иноверным народам».

Значит, законы Византии, Руси и Российской Империи, определения соборов, призывы патриархов, митрополитов и канонизированных святых — это всё «эксцессы», «нехарактерные случаи».

Я хорошо помню такую манеру ведения разговора. Так советские пропагандисты 60–80х годов уверяли, что «отдельные случаи нарушения социалистической законности, которые имели место во времена культа личности, осужденного нашей коммунистической партией, не затронули саму природу нашего справедливого социалистического советского строя». При этом несогласие с пропагандистами вело к увеличению числа «отдельных случаев».

Протоиерей Андрей Новиков *Необходимые пояснения в связи с нападками протодиакона А. Кураева на Патриарха и Церковь*
С уважением,
Данилов Ю. А., специалист Информационно-аналитического управления Синодального информационного отдела Русской Православной Церкви.
Тел.: +7 (495) 781-97-61, доб. 118
+7 (495) 781-97-61 доб. 113»

Через пару дней получаю письмо: «Ну и подарок же Вам сделали идиоты из СИНФО к Пасхе. Так нагнуть епархии, чтобы архиереи завыли от стыда — это просто невообразимо!»

Кстати, в финальном аккорде Новиков перешел уже прямо на милитари-стайл: «Данный небольшой перечень фактов разрушает еще одну ложь отца Андрея Кураева, воздвигнутую им в рамках войны, объявленной Русской православной церкви. Это порождает естественный вопрос: понимает ли бывший профессор Московской духовной академии, против Кого он ведет свою личную войну?»

Что ж, раз есть выявленный «враг Божий», есть и нужда не то в инквизиции, не то в СМЕРШе.

Когда девочка из приходской школы, зачарованная красивыми словами о несравненной духовности Православия, говорит, что «мы никогда никого не гнали», «мы никогда не начинали войн», «православие никогда не вело крестовых походов и не знало инквизиции», «наша вера глубоко толерантна» — это простительно. Но взрослым и образованным людям (тем паче носителям священного сана) такое невежество и такая ложь совсем не к лицу…

Глава 16

«ПОНУДИ ВНИТИ»

В евангельской притче о званых на царский пир господин говорит слуге: собери бомжей с улиц и «убеди их войти сюда» (Мф. 22, 9; Лк. 14, 21).

В отличие от русского перевода, латинское слово compellere несет в себе оттенок понуждения.

Греческий оригинал — 'αναγκαζω,—, в котором нетрудно расслышать знакомый нам всем термин «ананкэ» (судьба, необходимость), — несет в себе привкус активного воздействия.

Иногда в церковно-славянских переводах стояло «понуди внити». Так написано в Послании патриарха Филарета тобольскому архиепископу Киприану 1622 года — «проповедуй слово истины, понуди благовременне и безвременне»[259].

И в послании Синода миссионерам от 18 ноября 1730 г.: «В поменованном повелении: „понуди или убеди внити“, самое дело силу повеления изъясняет, понеже тамо приточный оный человек велит гостей на вечеру к себе созывать, то когда глаголет: „понуди внити“»[260].

Сюжет притчи и в самом деле полицейски-принудительный.

---

[259] Собрание Государственных грамот и договоров. Ч. 3. — М., 1822. С. 251.

[260] Полное собрание постановлений и распоряжений по ведомству православного исповедания. Т. 7, — СПб., 1890. № 2394. С. 187.

Некий человек не собирался никуда идти; у него были свои домашние заботы и планы. Но пришли солдаты и потащили его на царско-государственное мероприятие.

Возможно, у него не было праздничной одежды. Но наказание оказалось максимальным и безапелляционным. Ему не было предложено пересесть за дальний стол или просто уйти с пира. Сразу — тюремное заключение с крайне тяжкими условиями (мрак и скрежет зубовный). Причем срок заключения не оговаривается — до конца пира или пожизненно. То есть — каприз царя волен сокрушить любого человека.

Богословский смысл притчи я намеренно оставляю за скобкой. Просто притча предполагает, что такое поведение земного царька первым слушателям этой притчи было столь знакомо и обычно, что не вызывало у них вопросов о правомочиях царя.

В пятом веке блаж. Августин совместил миссионерско-богословский смысл этой притчи с буквальным пониманием ее бытовой одежды. «Вы придерживаетесь мнения, что никого не следует принуждать следовать праведности; и тем не менее вы читаете, что хозяин дома сказал своим слугам: «Кого найдете, всех принуждайте войти» (Письмо 98. К Лаврентию). Также см. его Письмо 173 к пресвитеру Донату (о нем — в главе «Августин: апология насилия»).

С этой поры слова, обращенные Христом к проповедникам, стали считаться призывом не только к ним, но и к полицейским.

Пример крестоносного понимания слов Христа «понуди внити» можно увидеть в письме св. епископа-миссионера Бруно (XI век), в котором он пеняет германскому королю, за то, что тот не туда послал свою армию: «лютичи — язычники, а Бог не внушил тебе мысли — одолеть их славною борьбою за христианство, т.е., согласно велению Евангельскому *принудить их войти в церковь* (compellere intrare)»[261].

---

[261] Письмо архиепископа Брунона к германскому императору Генриху II // Киевские университетские известия, № 8. 1873. С. 9–10.

Так всё же заставить или пригласить? Филологически евангельский текст открыт для разных интерпретаций. Толкование зависит от вкуса и заказа читателя.

Какой была практика, видно из судьбы ритора Исокасия.

Вершины своей карьеры Исокасий достиг при императоре Льве I (457–474), став квестором священного дворца (quaestor sacri palatii). В число обязанностей квестора входила разработка новых законов, а также стилистическое оформление императорских указов и ответов на поданные августу прошения (отсюда неофициальное название должности — «уста царя»). В 467 г. квестор был обвинен в «эллинстве», смещен с должности, арестован и сослан в Халкидон. За него вступился другой придворный язычник, врач Иаков, который смог убедить императора Льва, что дело бывшего квестора должен рассматривать сенат. Исокасию было позволено возвратиться в столицу и предстать перед еще недавно возглавляемой им коллегией. С обвиняемого сорвали одежды, ему связали руки, после чего обнаженный старик предстал перед префектом, сенаторами и простыми горожанами, пришедшими поглазеть на унижение бывшего сановника. Но Исокасий был популярен в столице; константинопольцы вырвали его из рук стражи и отвели в расположенную по соседству Великую Церковь, которая, как и прочие христианские храмы, имела статус убежища.

В первый раз Исокасий зашел в христианский храм около 430 года. Он заболел и искал божественной помощи. Для этого он зашел в христианский храм мученицы Феклы (в городке Эги близ Антиохии). Но не для молитвы Христу или Фекле. В середине IV в. колонны, некогда подпиравшие своды эгинского асклепейона, были использованы христианами для украшения одной из городских церквей (Зонара. Изложение истории, XIII.12(63)). Язычники той эпохи полагали, что сила древних богов продолжала жить в руинах их поруганных святилищ. Вот и Исокасий в надежде на то, что целительная сила Асклепия сохранилась в выломанных из его храма колоннах, зашел в христианский храм.

«Чудеса Феклы» говорят, что Исокасий уснул в храме, во сне ему явилась мученица Фекла и подсказала лекарство от его недуга. Комментируя чудесное исцеление, автор «Чудеса» с недоумением отмечал, что, несмотря на помощь святой девы, киликиец остался язычником. Сам же Исокасий, вероятнее всего, был вынужден рассказать эту версию, чтобы отвести от себя подозрения в язычестве.

Спустя 37 лет из христианского храма Исокасий мог выйти, только приняв крещение. Так он и поступил, и был отправлен в отставку в родную Сирию[262].

С тех пор в Византии[263], России и Турции публичное принятие преступником государственной веры даровало ему помилование.

---

[262] См. Ведешкин, М. А. Ритор Исокасий: портрет позднеантичного учителя и политика // Диалог со временем. Вып. 73. — М., 2020. С. 293–306.

[263] В 394 году после казни узурпатора Евгения поддержавшие его сенаторы-язычники укрылись в церкви: «Детей врагов своих, истребленных не по его велению, но яростью войны, когда эти дети, еще не будучи христианами, искали убежища в церкви, он пожелал по этому поводу видеть христианами и христианской любовью полюбил: не лишил их имущества, а окружил еще большим почетом» (Августин. О Граде Божием. V. 26). «Возликовав, сенаторы-отцы... надели белоснежный благости покров, понтификов отбросив одеяния» (Пруденций. Против Симмаха. I, 544–547. См. Ведешкин М. А. Языческая оппозиция христианизации Римской империи IV–VI вв. — СПб., 2018. С. 145–146.

Глава 17

БЕЗНОСЫЙ ИМПЕРАТОР ЮСТИНИАН

Около 690 г. впервые еретики были не просто казнены, а сожжены, причем не в порядке линчевания, а по сознательному распоряжению власти: император Юстиниан II приказал в Армении сжигать еретиков (павликиан) живьем, чтобы сохранить от ереси соседние церковные области.

Впрочем, эта история слишком поразительна, и ее стоит поведать подробнее.

«Царь Константин Погонат был государь благочестивый. Немедленно он командировал в Колонию своего чиновника (βασιλικόν τινα) Симеона с поручением „виновника нечестия казнить побиением камнями, а учеников его, как невеж, предать надзору и вразумлению местной церковной власти“. Так всё это и было исполнено. Симеон поспешно прибыл в Колонию, заручился содействием местных властей, накрыл сектантов, всех поголовно, на самом месте преступления, — виновника нечестия, т. е. доброго нашего мужичка Константина, казнил, заставив его учеников или слушателей побить его камнями, а учеников его, как невеж, предал надзору и вразумлению местного епископа. Это было в 684 году. Чиновник

Симеон считал себя не только усердным и точным слугою царя, но еще и богословом. Не странно поэтому, что, может быть, зная до некоторой степени представителей местной церковной власти и не очень надеясь на обычные способы их вразумлений, он решился и сам побеседовать с сектантами и поучить их вере. Но каково же было его изумление, в какой наконец пришел он ужас, когда из бесед с ними узнал, что казненный им Константин ничего другого им не читал, кроме Нового Завета, и ничего другого насчет церкви не говорил, кроме разве того только, что вот таким бы надобно быть пресвитерам и архиереям, как апостол Павел, а не таким, какие они на самом деле. Кончил Симеон тем, что, в душе считая себя тяжким преступником, возвратился в Константинополь, донес о точном исполнении возложенной на него обязанности, вышел в отставку, уехал тихонько из Константинополя и явился... опять в Колонию, но уже не к местным властям, а к ученикам Константина, чтобы своею особой заменить им несчастного их мученика-учителя. Нового своего наставника ученики прозвали Титом. Однако один из учеников „Силуана“, тоже грамотный, некто Юст, позавидовал чести нового Тита, донес на него епископу колонийскому, и через три года наставничества дело о нем дошло до сведения императора Юстиниана II (сменившего Константина Погоната в 685 году). Император Юстиниан знал, как надобно по законам обращаться с еретиками, и шутить не любил; высочайше повелено было: „произвести дознание и упорных сжечь на костре“. Дознание было произведено, и **Симеон, или так называвшийся „Тит“, был сожжен, а вместе с ним, в 690 году, на том же огромном костре погибли и „все совершенно“ (ἄπαντας) его ученики»*[264].

---

[264] Чельцов И. В. О павликианах (Речь, произнесенная в торжественном годичном собрании С.-Петербургской Духовной Академии 18 февраля 1877

У Петра Сицилийца читаем, что «император, узнав об этом, приказал произвести расследование всего дела и предать сожжению пребывающих в ереси, что и произошло. По соседству был разложен большой костер, и все были сожжены» (Petri Siculi. Historia utilis et refutatio atque eversio haereseos manichaeorum qui et Pauliciani dicuntur // PG, t. CIV, col. 1282–1283).

Став императором в 16 лет, Юстиниан правил десять лет.

В 686 г. 17-летний император решил обновить главное, по его мнению, строение имперской столицы — ипподром. Нужно было пристроить к нему беседку и ложе для любимой императором партии венетов[265], где бы они могли принимать царя. Однако, это место близ дворца занимала церковь, причем не абы какая, а кафедральная — церковь Пресвятой Богородицы, именуемая Митрополичьей. Чтобы не вызвать народного возмущения, царственный юноша потребовал от патриарха Каллиника совершить молебен на разрушение храма. «Патриарх отвечал на это: „Мы служим молебствия для основания церкви, а на разрушение их молебствий не имеем“. Но поелику царь принуждал его и всяческим образом требовал молебствия, то патриарх отвечал ему: „Слава Богу, долготерпящему всегда, ныне и присно и во веки веков“. Выслушав это, разрушили церковь и построили беседку, а церковь Митрополичью построили при Петриуме»[266].

Но вскоре началось восстание, и Юстиниан был свергнут. Однако его преемник Леонтий приказал отрезать у предшественника нос и язык, а не голову. Отныне Юстиниан получил прозвище Риномет («Безносый»). Вместо носа император стал носить золотой

года заслуженным ординарным профессором Академии И. В. Чельцовым) // Христианское чтение. — СПб., 1877. № 3–4. С. 496–497.

[265] Венеты — это «партия голубых» на Константинопольском ипподроме (оппоненты «партии зеленых» (прасинов).

[266] Летопись Феофана Византийца // Феофан Византиец. Летопись. Приск Панийский. Сказания. — Рязань, 2005. С. 316. Параллель, кстати, есть в Талмуде: «Кто видит идола, произносит: „Благословен Долготерпеливый“» (Берахот. 9, 1 [7, 2] // Талмуд. Мишна и Тосефта: в 6 т. — СПб., 1902. Т. 1. Кн. 1 и 2. С. 32).

футляр. За десять лет ссылки в Крыму Юстиниан обзавелся многочисленными союзниками, которым обещал всё и даже больше, если вернется к власти. И в 705 году он вновь пришел в Константинополь. Империей в то время правил уже Тиберий «третий своего имени».

После захвата Константинополя двух бывших императоров (Леонтия и Тиберия) в цепях привели на ипподром и подвели к императорской ложе. Юстиниан встал на их головы, а добрые православные граждане хором декламировали 90-й псалом: «На аспида и василиска наступишь; попирать будешь льва и дракона». Казнили обоих только к вечеру.

В пересказе писателя Бориса Акунина (современная инквизиция РФ заочно приговорила этого «террориста» к 15 годам колонии строгого режима) этот великолепный век выглядит так:

Отрезанный «язык заменить было нечем. Поэтому в период реставрации рядом с Юстинианом всё время находился толмач, умевший понимать мычание правителя и переводить его приказы. Приказы эти были чудовищны, фантазия калеки — причудлива и ужасна. Ну, месть обидчикам — это, как говорится, святое. Хотя, конечно повесить на стенах всех офицеров столичного гарнизона (переводчик, наверное, десять раз переспросил, правильно ли он понял) — это перебор. С патриархом тоже получилось некрасиво: ладно отрезали нос и язык, это с учетом личных страданий кесаря по-человечески понятно — но выколоть главе церкви глаза и замуровать живьем в стену? Как-то оно все-таки не comme il faut. (Представляю, сколько времени мычал и жестикулировал Юстиниан, чтобы объяснить этот свой креатив). Хроника рассказывает, что тиран очень любил черный юмор. Осчастливит чиновника назначением на высокую должность — и тут же посылает вдогонку палачей. Сёрпрайз! Или пригласит кого-то на пир, да и подсыпет яду. Тот корчится, орет — смехота! Еще очень любил обласкать кого-нибудь на аудиенции, а потом „му-му“ переводчику — человека в мешок, да и в море. Если какая-нибудь выходка вызывала чрезмерное возмущение, всегда можно было свалить ответственность на толмача: не так-де понял, скотина. Назначали нового переводчика, старого — сами понимаете куда. И всё шло как прежде. Целых шесть лет золотоносый немой так измывался над своими рабами, пока один из телохранителей таки не оттяпал отцу Трулльского собора его гнилую башку»[267].

Причем эту свою жестокость Юстиниан считал боговдохновенной: на пути из Крыма в столицу его судно захватила страшная буря. Некий раб посоветовал ему, дабы умилостивить стихию, дать Богу обет пощадить всех своих врагов, если удастся спастись и вернуть трон, на что «тот с гневом отвечал ему: „Если я пощажу кого-нибудь из них, то потопи меня Бог в этом море!" <…> Вернув трон после десятилетнего перерыва, Юстиниан II исполнил обет, данный им Богу: свирепыми расправами с аристократией он поверг ее в ужас»[268].

Исторические источники о правлении Юстиниана — хроники Феофана Византийца и патриарха Никифора. Приведу оттуда некоторые деяния святого Юстиниана в переложении современного историка[269].

«...Юстиниан предал казни все семейства славян, расселенные в Малой Азии. В свою очередь, террор по отношению к мирному населению дал новый стимул славянским воинам, отныне верно служившим арабам и устраивавшим грабительские набеги на греческие территории... Юстиниан каким-то образом сумел заманить к себе посланца хана и своими руками задушил вначале его, а затем и правителя Боспора... Проплывая на своем суденышке мимо устья Днестра и Днепра, заговорщики попали в страшную бурю. Волна заливала лодку, и всем казалось, что нет никакой возможности спастись. Как

267 http://borisakunin.livejournal.com/80103.html

268 Дашков С. Б. Императоры Византии. — М., 1996.

269 Величко А. М. История Византийских императоров:
http://www.rulit.me/books/istoriya-vizantijskih-imperatorov-ot-yustina-do-feodosiya-iii-read-290484-191.html

христиане, приближенные Юстиниана посчитали, что Господь не попускает им вернуться в столицу, поскольку бывшим царем двигали жажда мести и гнев к врагам. Поэтому один из заговорщиков обратился к Юстиниану с просьбой: „Владыка! Нам грозит погибель. Дай обет Богу за свое спасение, что если Он возвратит тебе царство, ты не станешь мстить никому из своих врагов". Но в ответ прозвучали такие слова Юстиниана: „Если я пощажу кого-нибудь из своих врагов, то пусть Бог меня потопит!" Всё же судно спаслось, и заговорщики вошли в устье Дуная. Там Юстиниан отправил посланца к Болгарскому хану Тербелу с просьбой помочь вернуть царство законному владыке, то есть ему самому. В случае удачи он обещал хану богатое вознаграждение и руку своей малолетней дочери от первого брака. Никогда ранее ни один Византийский император не ставил личные планы в зависимость от безопасности Римского государства, никогда не торговал Отечеством ради царства. Теперь счет таким изменам был открыт... Ринотмет вернул с лихвой обещанный долг болгарам. Император вызвал Болгарского хана в столицу и облек в царские одежды, объявив варвара своим соправителем! Все подданные обязаны были совершать поклонение Тербелу, как царю. И ранее в силу обстоятельств Римские кесари нередко одаривали варваров высокими наградами, титулами и должностями. Но, чтобы варвар, к тому же некрещеный, стал именоваться Римским василевсом, живым образом Бога на земле, судьей справедливости и защитником Церкви — такого никогда не случалось... Пал св. патриарх Каллиник (694—705), которого по приказу царя ослепили и как еретика отправили в Рим к папе...[270] Затем начались массовые казни. Брат

---

[270] Св. патриарх Каллиник (память 23 августа) поддержал восстание против Юстиниана (подробнее см. приложение «Святые Мятежники») и по его приказу «Каллиника ослепили и сослали в Рим. Выбор именно этого города связан с тем, что император хотел лишить ссыльного патриарха сочувствия и поддержки местного клира, поскольку Каллиник, как и его предшественник на Константинопольской кафедре Павел III (688—693),

казненного императора Тиверия полководец Ираклий и все его командиры были схвачены и повешены на городской стене… «И совершил [Юстиниан Ринотмет] множество убийств и злодеяний по отношению к подданным. Одних назначал на архонтат и посылал вслед за ними других и убивал; иных еще призывал на обед и травил ядом; других, опять же, выбрасывал в мешках в пучину моря. По единогласной молве, он был для подданных самым жестоким зверем» [патриарх Никифор. Бревиарий]. По некоторой оценке, Юстиниан «считал веревку, секиру и палача единственными орудиями верховной власти»… В 709 г. стратиг сицилийского войска Феодор получил приказ произвести экзекуцию Равенны. Форма, в которой произошло очередное злодеяние царя, поражает своим коварством. По сложившемуся обычаю, приезд высших сановников в Равенну, где квартировал царский экзарх, сопровождался организацией массового застолья, на которое приглашались видные граждане и местный епископ. Так было и на этот раз, но прежде чем гостей пустили к столу, их по двое приглашали к стратигу, где заковывали в колодки и отправляли в трюм военного корабля, пришвартовавшегося рядом. Арестованные были доставлены в Константинополь, где их казнили, а Равеннского епископа Феликса ослепили и сослали в далекое горное селение в Понте. Вошедшие в это время в Равенну сицилийские солдаты разграбили город, похитив в том числе церковные драгоценности. Жестокости Юстиниана Ринотмета вызвали настоящее восстание в Равенне. Жители покарали императорского экзарха, который казнил в Риме нескольких клириков, препятствующих подписанию актов Трулльского Собора папой… Это известие окончательно вывело Юстиниана

был в конфликте с Римским папой из-за решений Трулльского Собора (691–692). Согласно Житию, в Риме Калинник по приказу императора был заживо замурован в стену. Когда через 40 дней кладку вскрыли, Каллиник был еще жив, однако скончался через 4 дня от истощения».
http://www.pravenc.ru/text/1320041.html

Ринотмета из себя. Впав в дикую ярость, он приказал зарезать детей Илии, не сумевшего исполнить его приказы, а жену сановника выдал замуж за ее же раба-негра[271], имевшего безобразный внешний вид».

При всей своей патологической жестокости он был весьма набожным: на монетах именовался «Слуга Христов» (Servus Christi), и был первым византийским императором, выбившим лик Христа на своих монетах (на реверсе).

И вновь напомню: он был первым православным царем, приказавшим сжигать еретиков живьем.

А главное: этот император Юстиниан II — тоже святой (как и император Юстиниан I Великий).

Элладская православная церковь празднует память святого благоверного императора Юстиниана (не Юстиниана I, а Юстиниана II) 29 июля нового стиля[272].

Канонизация сравнительно недавняя (в святцах тех лет, когда Византия еще была жива, этого имени нет) и связана, по всей

---

[271] Тут Величко не вполне прав: он дает ссылку на Феофана, тогда как на самом деле пересказывает Никифора; кроме того, оба источника говорят не о негре, а об индусе: «разгорелся величайшим гневом и умертвил детей Илии в объятиях матери, ее же принудил к браку со своим поваром, индусом по происхождению (Ινδω τω γενει) и крайне безобразным». Не уверен, что византийцы VIII–IX веков Эфиопию еще называли Индией, хотя францисканец Иоанн де Плано Карпини и много позже Эфиопию называл «Малой Индией». http://agnuz.info/app/webroot/library/187/529/page32.htm

[272] Οσίων Ιουστινιανού Β' του ευσεβούς βασιλέως
https://el.m.wikipedia.org/wiki/2_%CE%91%CF%85%CE%B3%CE%BF%CF%8D%CF%83%CF%84%CE%BF%CF%85;
http://www.saint.gr/2195/saint.aspx.

О процедуре его канонизации надо бы еще поспрашивать «Гугл»: Αγιοποίηση του Ιουστινιανού Β'

Но возможно, это лишь актуализация древней канонизации: «После Ираклия в синодик были включены лишь Константин IV и Юстиниан II, и две женщины — Феодора, супруга Феофила, и Феофано, жена Льва VI, которых без опасения можно было провозгласить святыми» (Дагрон Ж. Император и священник. — СПб., 2010. С. 200). См. также Православная энциклопедия. Т. 30. С. 277.

видимости, с тем, что в его царствование прошел столь любимый ревнителями православного благочестия Трулльский собор. Вселенские соборы святы — значит, созвать их мог только святой человек. Поэтому все цари, созывавшие Вселенские соборы — святые. Трулльский собор в Константинополе считался Вселенским — поэтому и Юстиниан Второй обречен был попасть во святые.

Канонизация задержалась по той причине, что Юстиниан II имел в Византии примерно такую же славу, какую в России имел царь Иван Грозный.

Глава 18

ВОЕННАЯ МИССИЯ ВОСТОЧНОЙ ИМПЕРИИ

Бывало ли в истории православия именно миссионерское насилие, понуждение к крещению?

Ответ, увы, положительный.

При святом императоре Юстиниане Великом издаются прямые приказы, понуждающие к крещению и отказу от язычества. Сей Император полагал, что «справедливо лишать земных благ тех, кто не поклоняется истинному Богу» (Кодекс Юстиниана 1.5,12.5). В 529 г. язычники были лишены всех гражданских прав: им было запрещено делать завещания, наследовать имущество, служить на гражданской и военной службе, преподавать (Кодекс Юстиниана 1, 5, 18; ср. Феофан. Хроника. 6022).

В том же году закон предписывал всем язычникам принять крещение под страхом конфискации имущества и изгнания: «Те же, кто еще не удостоены почтенного крещения — проживают ли они в этом царственном Граде или в провинциях, — должны открыться и прийти к святейшим церквям для обучения истинной вере христиан с женами и детьми и со всеми домочадцами, которыми они обзавелись. Тогда же, когда, таким образом выученные, они всецело отринут прежнее заблуждение, должно им принять спасительное крещение; или [во всяком случае] уразуметь, что если они невысоко оценивают крещение, то будут лишены всего, чего достигает Наше государство, — запрещается им становиться хозяевами какого-либо движимого или недвижимого имущества — и, лишенные всего, они будут оставлены в нужде. Помимо этого, они также подвергнутся соответствующим наказаниям» (Кодекс Юстиниана 1.11, 10.1).

«Мы также постановляем, чтобы нежного возраста дети этих [преступников] тут же и безотлагательно спасительное крещение принимали» (Кодекс Юстиниана 1.11, 10.5).

В том случае, если новообращенные продолжали отправлять языческие ритуалы, они предавались смерти: «будут подвергнуты смертной казни замеченные в том, что, сделавшись христианами и удостоившись некогда святого и спасительного крещения, до сих пор пребывают в языческом заблуждении (Кодекс Юстиниана 1.11, 10.1).

Контроль над исполнением антиязыческих законов был возложен на местных епископов, которые в случае недонесения гражданским властям о фактах нарушения императорских распоряжений могли лишиться своего поста (Кодекс Юстиниана 1, 5, 18)[273].

Историк отмечает: «В юридическом отношении большинство данных законов не представляло собой принципиально нового этапа правового регулирования религиозной жизни язычников. Однако именно при Юстиниане правительство впервые начало следить за их исполнением, ранее разрозненное законодательство превратилось в антиязыческую государственную политику»[274].

«Наш император, не столько своим подданным создавая безопасность для их тела, сколько заботясь о спасении их душ,

---

[273] Перевод: Позднеримское законодательство о язычниках, храмах и жертвоприношениях / Пер. с лат. М. А. Ведешкин // Император Юлиан. Полное собрание творений. — СПб., 2016. С. 814–816.

[274] Ведешкин М. А. Языческая интеллектуальная элита Восточной Римской империи в V–VI вв. // Интеллектуальные традиции в прошлом и настоящем. Вып. 2. — М.: Аквилон, 2014. С. 177.

и на этих людей всеми способами обратил свое внимание и мудрое предвидение. Он научил их истинной вере и благочестию, сделал их всех со всеми их семьями (πανοικεσία — «повседомно») христианами и заставил отказаться от позорных отеческих обычаев». (Прокопий. О постройках. Кн. 6. 2, 18–19).

В Египте оставалось последнее крупное святилище на острове Филе, на самой границе имперских владений, в верховьях Нила. В 535–537 гг. храмовый комплекс на Филе был обращен в церковь: «Этими храмами в Филах варвары владели и до моего времени, но василевс Юстиниан решил их уничтожить. Тогда Нарсес, являясь командующим войсками в этой стране, храмы уничтожил, как ему было приказано василевсом, священнослужителей взял под стражу, а статуи отправил в Византий» (Прокопий Кесарийский. Война с персами. I, 19, 36–37). «…начал он [Юстиниан] преследовать так называемых эллинов, подвергая тела их пыткам и отнимая их достояние» (Прокопий Кесарийский. Тайная история. XI, 31). Язычников заключали в темницу, бичевали, заставляли под пытками указывать на своих единоверцев, после чего отсылали в церкви «обучаться вере христианской»[275].

«Это были не правоограничения, а прямые приказания принимать христианство под угрозой уголовного преследования. Основные положения изложены в Кодексе Юстиниана, 1,11:

а) кто после принятия крещения продолжает пребывать в эллинском заблуждении, тот подвергается смерти;

б) кто еще не удостоился крещения, тем следует объявить о себе, прийти к святой церкви вместе с женой и детьми

---

[275] Pseudo-Dionysius of Tel-Mahre. Chronicle, part. III. — Liverpool, 1996, p. 7198. Хроника Псевдо-Дионисия Телль-Махрского; Хроника Зукнина. Chronicon anonymum Pseudo-Dionysianum vulgo dictum. О ней см.: https://www.pravenc.ru/text/178497.html

и удостоиться спасительного крещения; в) кто этим пренебрежет, тот, лишенный всего имущества, пребудет в бедности и вдобавок еще будет подвергнут соответствующим наказаниям»[276].

То, что Нарсес по приказу императора Юстиниана Первого делал в Египте, то чуть позже по приказу императора Тиберия Второго в Сирии творил Иоанн Эфесский. Сей муж находил, что бросить тайного язычника на съедение зверям — совершенно заслуженное и справедливое возмездие.

Для начала инквизиционное расследование прошло в столице (545–546 годы). В ходе этой «инквизиции» под пытками было изобличено большое количество представителей высшей аристократии и образованного класса. Самый высокопоставленный из них, бывший префект претория Фока, принял яд.

Далее Иоанн переселился в Малую Азию и до 571 года возглавлял административно-крестовый поход против язычников. Говорят, за это время 70 000 человек предпочли креститься. Некоторые предпочитали самосожжение. Заодно 7 синагог Иоанн превратил в христианские храмы. Конечно, при этом не обошлось без публичного сожжения языческих книг и статуй (в числе более двух тысяч)[277].

В сохранившейся третьей части «Церковной Истории» Иоанна Эфесского сообщается и о его участии в процессах 580 года. Этот рассказ о первом в истории массовом инквизиционном процессе заслуживает полного воспроизведения:

579 год. *«Во второй год правления Тиберия, до столицы дошла весть о том, что нечестивые язычники в Баальбеке, иначе называемом Гелиополисом (город в Ливане недалеко от Бейрута — А.К.), которые якобы поклонялись сатане, замышляли заговоры всякий*

---

[276] Дьяконов А. П. Иоанн Ефесский и его церковно-исторические труды. — СПб., 1908. С. 67.

[277] Там же. С. 76.

раз, когда они могли найти возможность уничтожить и притеснить христиан в этом городе, которые были немногочисленными и бедными, в то время как все они постоянно наслаждались богатством и достоинством. Более того, они потакали насмешкам над Христом и всеми, кто верил в него.

Когда новость дошла до Тиберия, он поручил это дело офицеру, который незадолго до этого был отправлен на Восток Юстином по случаю восстания и беспорядков, произведенных евреями и самаритянами в Палестине. Его прибытие туда фактически привело их к порядку, истребив одних и распяв других, уничтожив их собственность и заставив их строгостью своих мер подчиниться. Получив приказ царя, этот офицер, чье имя было Феофил, сразу же отправился из Палестины в Гелиополь и, арестовав многочисленных язычников, вознаградил их, как того заслуживала их дерзость, смирив и распяв их, и убив их мечом.

И когда их подвергли пыткам и потребовали назвать имена тех, кто, как и они сами, были виновны в языческих грехах, они упомянули множество людей в каждом районе и городе своей страны и почти в каждом городе на Востоке, но особенно в Антиохии Великой. Феофил отправил имена магистратам того места, где они проживали, с приказом немедленно арестовать их и отправить к нему. Феофил отправил одного из своих слуг, чтобы обеспечить безопасность Руфина, который занимал должность первосвященника в Антиохии. Однако по прибытии офицер обнаружил, что Руфина там нет, но недавно он посещал Анатолия, губернатора Эдессы. Для проведения допроса он вместе с чиновником церковного двора отправился в Эдессу, чтобы арестовать там Руфина.

По прибытии они узнали, что он живет здесь, и, дождавшись ночи, окружив дом, чтобы арестовать его, они обнаружили, что праздник Зевса на самом деле отмечается язычниками, и люди собирались, чтобы вместе с Руфином приносить жертвы. Однако, узнав об окружении дома, присутствующие встревожились и убежали. Но Руфин хорошо знал, что у него не было убежища, *в котором он мог бы спастись, вытащил свой нож и вонзил его себе в сердце, и, получив также ранение в живот, упал замертво.*

Однако там был подагрический старик, слишком слабый, чтобы бежать, и старуха, которую, войдя, они обнаружили рядом с умирающим телом Руфина, растянутым на земле, и окруженным приготовлениями к жертвоприношению. Поэтому солдаты возложили на них руки и пригрозили им мгновенной смертью, если они действительно не объявят имена всех, кто принимал участие в этих действиях; но если они полностью признаются, они обещали, что не причинят им вреда. И они, боясь смерти, назвали все свои имена, и среди них был правитель и прокуратор Анатолий.

Тем временем Анатолий придумал хитрый способ спастись, который, однако, оказался безрезультатным: поспешно закутавшись в дорожный плащ, надев кожаные штаны и дорожную обувь, он пошел к епископу в дом как будто только что прибыл из далекого путешествия. Тот, услышав, что прибыл правитель, был в сильном ужасе и сказал: „Почему правитель пришел сюда в этот несвоевременный час?" Но, будучи допущенным, Анатолий сказал: „Я пришел сюда прямо с дороги. Ибо у меня был спор о таком-то месте из Писания, и я сомневаюсь в его правильном объяснении".

Но его уловки не удались. Ибо как только он покинул дом епископа, те, кого послали арестовать его, встретили его, возложили на него руки и сказали: „Пройдемте с нами мирно, правитель: мы очень нуждаемся в вас". Он в ответ стал им объяснять и говорить: «Я только что вошел в город из путешествия, что и епископ может подтвердить». Но они ответили: „Бесполезно разыгрывать нас, правитель. В эту ночь ты был с Руфином и остальным вашим народом и принесли жертву Зевсу; и все свидетели готовы это доказать".

По прибытии в Антиохию и прочтении показаний, сделанных в Эдессе о найденных там язычниках, и Анатолий, и его секретарь по имени Феодор были арестованы и допрошены. Сначала они прибегли к лжи, но наконец секретарь после пыток и жестоких бичеваний заявил о своей готовности признаться во всем; как было сказано, они низложили, что и Григорий, патриарх Антиохии, и Евлогий, который впоследствии стал патриархом Александрии, присутствовали с ними при принесении в жертву мальчика, произведенном ночью в Дафне; и едва они, завершили жертвоприношение, как весь город внезапно задрожал и содрогнулся от землетрясения. Как только это признание было услышано, всё население наполнилось ужасом и изумлением, раздались разные крики, и соборный храм закрылся, так что Григорий не мог покинуть свой дворец и совершить литургию с освящением святого мира, как обычно в четверг на Страстной неделе.

Однако полный отчет о том, что произошло, и поднявшиеся крики мы должны освободить от записи; как говорили все люди, этот вопрос следует замять ради чести христианства, и чтобы священство не подвергалось насмешкам и богохульству.

Что касается Анатолия, установив в своем доме изображение нашего Господа, в надежде заставить людей ошибочно полагать, что он христианин, он пригласил несколько человек прийти и посмотреть на него. Но когда он показывал ее, икона повернулась лицом к стене, так что всех, кто это видел, охватило изумление. Однако Анатолий снова повернул ее и поправил; но вдруг, и во второй раз, она повернулась, и снова в третий раз. После этого они внимательно осмотрели ее и обнаружили, что сзади искусно помещено изображение Аполлона, сделанное так тщательно, чтобы его нельзя сразу заметить. Испугавшись этого зрелища, лучники бросили его на землю, пнули его ногами и потащили за волосы в преторий, где заявили обо всем, что произошло, и из-за невозможности побега он также дал полные показания.

Его нотарий Феодор, который дал показания в отношении епископов и остальных, содержавшихся в тюрьме, впоследствии умер там, и было общее мнение, что на самом деле он был убит для того, чтобы его показания могли быть устранены.

Суд, состоящий из магистратов и юристов, проводил свои заседания в царском дворце Пласидии, но слушания были тайными. И хотя было известно, что в городе было много последователей язычества, люди считали, что поиски язычников велись небрежно и коррумпированно, тем более что царь был безразличен к этому и ушел в один из своих загородных дворцов, и то, что было сделано, держалось в секрете от всех глаз. Поэтому было много ропота и жалоб, потому что, как они считали, дело было устранено и прекращено влиянием золота, и подходило к концу, и сводилось к нулю, и даже те арестованные язычники были освобождены.

Неудовлетворенность зашла так далеко, что, наконец, толпы начали внезапно собираться в центре города и выкрикивать свое негодование криками, например: „Долой кости судей! язычники! Вера христиан навеки!", имея в виду судей, назначенных для суда над язычниками, которые, как они считали, брали взятки и таким образом разоряли всё дело. И как только эти крики были услышаны, к ним стекались люди со всех концов города, так что число восставших быстро увеличилось до более чем ста тысяч человек. Встревоженный такой огромной толпой, весь город трепетал, лавки и ювелирные мастерские были закрыты, и евреи, самаритяне и всевозможные еретики бросились со всех сторон и смешались в толпе, готовые поджечь город и украсть всё, что попадется под руку. Тем временем христиане в большом волнении спешили к собору в надежде застать епископа, по пути высказывая множество скандальных упреков в его поведении, которые мы не можем записать; обвиняя его в том, что он встал на сторону язычников, и полагая, что из-за слухов о язычестве, распространяющихся против епископов Антиохии и Александрии, он приложил все свои усилия, чтобы защитить их от суда, и таким образом положил конец делу, поэтому они угрожали ему смертью.

Но, подойдя к его дворцу, они обнаружили, что он заперт со всех сторон, и поэтому некоторые из толпы были готовы сжечь его; но в пределах территории стояла церковь, которая сдерживала их гнев. А затем все они побежали в зал Пласидии, где проходили судебные процессы: они упрекали судей, патрициев, магистратов, регистраторов и юристов, которые образовали суд, и угрожали им уничтожением. Прибыв туда, они взломали двери и окна, сломали скамейки в комнатах, взломали вход в большой зал и повсюду разыскивали язычников.

Одна из комнат, которую они взломали, была сокровищницей и была полна талантов золота; но, увидев их, они тут же отвернулись: и страж, желая умиротворить их насилие и предполагая, что они немедленно начнут грабить, сказал: „Если вы желаете золота, видите, здесь много". Но как едиными устами весь народ воскликнул: „Мы не воры! мы христиане и собрались во Христе, чтобы отомстить за грехи христианства".

Двигаясь вперед, они уничтожили всё на своем пути, даже некоторые изображения, которые они нашли, и сняли всё, что могли, и сломали это. И, наконец, они нашли в тюрьме двух язычников, мужчину и женщину, с которыми они поспешили на берег моря, где они схватили лодку, и, возложив руки на публичного палача, приказали ему поджечь ее. Когда он отказался, опасаясь градоначальника, они посадили их на борт, бросили огонь и бросили туда палача, но он сумел прыгнуть за борт в море и, хотя и сильно обгорел, спасся бегством, а двое других были сожжены и затоплены в море.

А затем толпа, число которой теперь было невероятным, побежала в тюрьмы, и выломало двери, и освободило узников, восклицая: „Вы отпускаете язычников; зачем же вы держите христиан в темнице?"

И оттуда они побежали в здание претории, и выломали двери, и, войдя в палаты и архивы, в которых хранятся все дела против христиан, взяли бумаги, разрезали их и бросили, чтобы освободить тех, кто был там заключен. Следующим объектом их нападения было жилище градоначальника, куда они направились с шумными и яростными криками: „Вон с костями язычников".

И он, хотя все говорили, что он сам был язычником, от всей души присоединился к их крикам, говоря: „Долой кости язычников! Христианство навеки! Ваше рвение прекрасно!" Этими словами он сдержал их порыв, так что они не наложили на него руки, как хотели, и не сожгли его суд. Однако они кричали, что он должен немедленно сопровождать их во дворец Тиберия в пригороде; и он был слишком напуган, чтобы отказаться: и поспешно позвав лодку, он пустился в путь в крайнем замешательстве, даже не дожидаясь, чтобы надеть знаки отличия своей должности, имея единственное намерение спастись от насилия такой бесчисленной толпы. Посему он поспешил к императору и, когда он сообщал ему о происходящем, внезапно появилось более двадцати тысяч бунтовщиков, которые решили прийти лично и прибыли в то самое время, когда он говорил. Они издавали различные крики и, более того, спрашивали, почему суд над язычниками был извращен и замолчан и почему взяточничеству разрешили преобладать над правдой. Издав эти крики против язычников, они начали кричать и поносить ариан, имея в виду иную цель; и весь дворец был приведен в неописуемый беспорядок.

Наконец, император послал им следующее сообщение: „Не волнуйтесь, а возвращайтесь в город, и мы немедленно вернемся туда сами и сделаем то, что вы хотите; и мы не будем пренебрегать этим вопросом". И так толпа утихла, и свирепость ее гнева погасла, и они вернулись в город, и бунт утих, поскольку они ждали прибытия самодержца и исполнения его обещаний. После их отъезда царь приказал собрать значительные силы вооруженных людей, чтобы в случае беспорядков предпринять военные меры для их подавления, и вместе с ними вошел в город. Его первым действием было устроить конное развлечение на Ипподроме; но когда люди собрались, они начали издавать разного рода крики, пока он не послал и не велел стать тихими и мирными: „Ибо вы знаете, — сказал он, — что каждому воздастся по делам его". На этом смятение и крики прекратились.

Сразу по прибытии он уволил префекта Севастиана со своей должности и назначил вместо него некоего Юлиана, которому он теперь приказал арестовать тех, кто, как известно, получил деньги в суматохе, и подверг их пыткам, и узнать, кто были остальные. Приступив к допросам, Юлиан обнаружил, что многие из них были евреями, некоторые — самаритянами, некоторые —

манихеями и т. п. Будучи человеком разумным, он приказал арестовать их, чтобы не развязать войну против самого себя, разбудив рвение христиан; и, дознаваясь с бичом, он спросил их, говоря: „Христиане хотя бы были увлечены ревностью о благе христианства, но какое право имеете вы, евреи, сборище убийц и неверных еретиков, принимать участие в бунте и смешиваться с ними?" И все они признались, что, увидев большую толпу, они смешались с ней в надежде, что что-то может перепасть и им на пути грабежа; и, как они далее признались, они были готовы сжечь церкви, воображая, что христиане будут арестованы и подвергнуты пыткам за это, в то время как они пройдут непризнанными. Они признали также другие преступления под бичом; и поэтому некоторых он приговорил к распятию, а некоторых к смерти, а некоторых отправил в изгнание. И таким образом ни один христианин не мог жаловаться или говорить, что с кем-то обращались несправедливо.

Но затем он арестовал некоторых из христиан, к которым, однако, относился с величайшим милосердием: и когда они водили их по городу, чтобы внушить страх другим, чтобы люди не заметили, что на их боках нет следов бичевания, им было приказано натереть их киноварью, чтобы чресла их казались красными, как если бы они были отмечены плетью.

Особенно это касалось молодых парней, многие из которых, как выяснилось, принимали участие в волнениях, а некоторые даже смеялись, когда ехали в колесницах и объезжали город процессией.

Наконец был арестован и приведен к префекту некий человек, который был спрошен: „Кто ты и что такое?" Он ответил: „Христианин и торговец". „Если ты кладовщик, — сказал префект, — зачем ты участвовал в бунте? Почему ты не остался в своем магазине и не промолчал? Поэтому мы приказываем бичевать тебя". Но когда они унесли его, чтобы бичевать, он закричал:

„Клянусь головой и жизнью царя, если я буду бит ради Христа, наноси мне не только удары плетью и бичом, но после этого,

ради кесаря Тиберия, отруби мне голову!" И когда префект услышал это, он был взволнован и сказал: „Этот человек желает мученической смерти от моих рук. Неужели я такой Траян? Освободи его и отпусти". И он позволил ему уйти, не получив ни единого удара. И, приступив к царю, он убедил его дать христианам снисхождение или амнистию и больше не арестовывать их за их прошлые беспорядки. И после этого милосердный царь помиловал, и все аресты прекратились.

Тиберий, с целью показать, что он не имеет и не будет пренебрегать чем-либо, что было бы полезно для служения Богу, приказал всем магистратам и сенаторам собраться в преторию и выслушать все показания, касающиеся язычников; и тем, кто не придет, приказал срезать ему пояс и лишить должности. В соответствии с таким строгим повелением они все собрались и сидели весь день с утра до ночи, постясь и тревожась; и после того, как показания были зачитаны, их первым приговором было приговорить к смерти того, о ком мы говорили ранее, Анатолия, правителя и пропрефекта Эдессы.

Соответственно, его сначала истязали, а затем бросили к диким зверям, и после того, как они жестоко разорвали его, он был вырван из их когтей и прикреплен ко кресту.

Но другой, по имени Феодор, который был его товарищем по службе и вместе с ним служил бесам, после долгих и жестоких пыток и многих признаний, был оставлен для новых пыток и более полного исследования. С этой целью его отправили обратно в тюрьму при претории, где ночью он скончался; или, скорее, как многие думали, он покончил с собой, потому что ему наверняка был вынесен смертный приговор. И поскольку он принес жертву бесам после крещения, ему всё же был вынесен приговор, несмотря на то, что он был мертв, и тело его подлежало сожжению.

Но поскольку естественные чувства человечности возмутились по этому поводу и многие возразили, приговор был отменен, и его приказали похоронить в ослином скотомогильнике, и, соответственно, вытащили из города и бросили в канаву. Его казнили вдобавок к тем двум, мужчине и женщине, которых сожгла толпа; но этот человек был сыном того Феодора: и таким образом они погибли, и многие другие, уже лежавшие в темнице, которых вновь подвергали пыткам; и другие были в Сирии, Азии и в других местах, за которыми присылали эмиссаров с приказом арестовать их и доставить в столицу.

После этого начали поступать новые имена, и каждый день производились новые аресты, и всё больше и больше людей подвергались опасности, пока все тюрьмы не были переполнены. И даже многие из духовенства, служащего в храмах, были осуждены за многие языческие преступления, и приговор, вынесенный им, заключался в том, что они должны быть преданы зверям, а их тела сожжены в огне. Итак, они получили здесь заслуженное наказание; и после этого только Страшный и Праведный Судия знает, каким будет их приговор.

А из простых людей были названы и арестованы такие люди, что судьи, назначенные для их допроса, не справлялись с этой задачей, и, наконец, их заседания больше не проводились в претории, ибо префект сам имел репутацию любителя языческих взглядов, но был переведен в общественный зал, где сидели судьи и выносили приговор до смерти царя Тиберия.

И когда его трон занял Маврикий, он проявил такое же рвение и приказал разыскать и судить всех, кто называл себя христианами, но на самом деле был виновен в идолопоклонстве. И поэтому каждый день они подвергались испытаниям и получали справедливую награду за свои дела как здесь, так и в будущем веке.

Дело Григория Антиохийского[278] долго откладывалось; ибо, хотя все жители его города были настроены против него и заполнили улицы криками: „В огонь этого человека! Пусть в городе будет христианский патриарх!"; и тому подобное; тем не менее,

---

[278] Это православный патриарх Антиохии. Обвинения в свой адрес, которые передает Иоанн Эфесский, он опроверг на соборе в Константинополе в 588 году.

поскольку в этом деле было замешано много великих и известных людей, его замолчали и отложили в сторону, и он остался на своем престоле камнем преткновения для всего народа.

Но через некоторое время он решил предстать перед царем и приготовил большое количество золота и серебра, а также множество дорогих тканей всякого рода и всякие другие вещи, которые могут пригодиться в качестве подарков и почетных даров для первых лиц сената; и только в этом, как говорят, его путешествие стоило ему многих талантов. И когда он прибыл в столицу, он завалил своими подарками весь сенат и всех высокопоставленных мужчин и женщин.

И всех церковников, которые злились на него из-за слухов о том, что он язычник, он успокаивал и умилостивил подарками, как и всех родственников патриарха (Иоанна Постника), который, узнав о его прибытии, отказался общаться с ним. Но как он не был открыт для взяток сам, те, кто были вокруг него, были уговорены заступиться и убедить его, пока, наконец, Иоанн не принял Григория, как и император Маврикий, и весь сенат, и все они относились к нему с большим уважением, и были на его стороне.

И когда люди обычно ожидали, что против него начнется процесс и что он не вернется на свой престол, его приняли при дворе, и, выполнив все, что он хотел, он был отослан назад с великой честью. И чтобы успокоить свой народ, он попросил у царя разрешения построить им ипподром; и не только получил его, но и необходимые материалы для возведения этой церкви сатаны, в которой он сам был готов служить и выполнять все свои обязанности, так что, как было сказано, он даже взял с собой из столицы отряд пантомимистов. И это для многих было причиной смеха, насмешек и насмешек, но для других — печали и печали, потому что они сказали: „Вот! к этому человеку относится слово Господа нашего, которое гласит: „Если соль потеряет силу, кто сделает ее соленой". Ибо, будучи назначенным главой Христовой церкви, теперь, после всех невзгод, через которые мы прошли, он публично показал себя строителем и основателем в Антиохии церкви сатаны[279], в возведении которой он постоянно участвовал неутомимый в своих усилиях"» (Иоанн Эфесский. Церковная история. Ч. III. 3, 27–35)[280].

Упоминаемые тут и обвиняемые в язычестве Григорий, патриарх Антиохийский, и Евлогий, патриарх Александрийский, в православии почитаются как святые.

Частично эти события описаны у Евагрия Схоластика (Церковная история 5, 17–18):

«В городе Феополис и в соседней Дафне, на третьем году царствования Тиберия кесаря, в самое жаркое время полудня, случилось сильное колебание земли. Дафна тогда вся сделалась жертвой землетрясения, а в Феополисе многие общественные и частные здания растрескались до самой земли, но не упали на землю. Был и другой достойный рассказа случай, как в самом Феополисе, так и в царствующем городе; он поразил страхом тот и другой город и произвел в них величайшее волнение. Поводом к нему была ревность Божья, а конец его был боголепен; — я расскажу о нем.

В городе Феополис имел жительство некто Анатолий, сперва принадлежавший к низшему классу граждан и занимавшийся каретным мастерством, а потом, не знаю, каким образом, пробравшийся до правительственного поста и других общественных должностей. Здесь он исполнял обыкновенные свои дела, и по ним стал весьма близок к предстоятелю этого

---

[279] Иоанн Эфесский — монофизит, и потому «церковь сатаны» для него — это императорское православие.

[280] Этого текста нет в русском переводе. По-сирийски он читается тут: https://openlibrary.org/books/OL24783535M/The_third_part_of_the_ecclesia stical_history

По-английски — тут: https://books.google.ru/books?id=gR06zgEACAAJ &printsec=frontcover&hl=ru&source=gbs_ge_summary_r&cad=0#v=onepag e&q&f=false. PP. 209–226.

города Григорию, — часто хаживал к нему, то с тем, чтобы переговорить о делах, то с тем, чтобы через обращение с ним приобрести большую силу. Однажды был он захвачен при (языческих) жертвоприношениях и, позванный к допросу, оказался злодеем, волшебником и человеком, замешанным в бесчисленных преступлениях. Но, подкупив восточного правителя, он едва не был выпущен вместе со своими сообщниками (ибо имел около себя и других, которые были такого же нрава и вмести с ним попались), если бы не восстал народ и, возмутившись, не разрушил умысла. В это время возмущались и против святителя, говоря, что и он участвовал в намерениях Анатолия. Какой-то враждебный и пагубный демон хотел уверить некоторых, будто епископ вместе с Анатолием даже присутствовал при жертвоприношениях. Поэтому Григорий подвергался крайней опасности и должен был выдерживать сильные нападения со стороны народа. Подозрение на него возросло до такой степени, что василевс Тиберий, для открытия истины, захотел лично допросить Анатолия и повелел как его, так и сообщников немедленно препроводить в царствующий город. Узнав об этом, Анатолий прибег к некоторой иконе Богородицы, висевшей в темнице на веревке, и, сложив руки сзади, представлял собой человека умоляющего и просящего. Но она, в негодовании обличая человека негодного и богоненавистного, совершенно обратилась в противоположную сторону: чудо страшное и достойное того, чтобы о нем всегда помнили! Это видели все — как узники, так и те, которым вверена была стража над ним и его сообщниками, и рассказали всем. Являлась она также в истинном видении и некоторым верным, возбуждая их против этого злодея и говоря, что он оскорбил ее Сына. Потом, будучи приведен в царствующий город и подвергнут всем родам пыток, Анатолий вовсе ничего не мог сказать против святителя, а только вместе со своими сообщниками сделался виновником еще больших смятений и всенародного восстания в городе. Так, когда некоторые из его сообщников выслушали приговор ссылки, а не смерти, народ, воспламененный какой-то божественной ревностью, в негодовании и досаде всё перевернув вверх дном, схватил осужденных в ссылку и, возведя их на костер, живых предал огню».

А вот православные анти-языческие, «понуждающие к крещению», действия в конце того же славного VI века: «В это время приказал имп. Маврикий Стефану, епископу Харрана, поднять гонение на тамошних язычников. Когда получил этот приказ тот епископ, он поднял против них гонения, и многие стали христианами; те же, которые сопротивлялись, были изрублены мечом, а части их развесили на площадях Харрана. Правителем Харрана в то время был муж по имени Акиндин, он был христианином по имени, а тайно был язычником. И донес на него епископу его писец, человек молодой по имени Гонорий. Его распяли на холме, который есть в Харране. А Гонорий стал править вместо него городом»[281].

Император Ираклий в 632 году издал указ, согласно которому, все иудеи были обязаны креститься (ранее то же самое приказывал имп. Фока в 609 году).

Есть текст, современный этому указу: в 630–640 годах появляется «Учение новокрещенца Иакова». Этот агиологический памятник дает живую картину византийской жизни того времени[282].

В течение долгого времени он был известен лишь в славянском переводе — в Четьях-Минеях[283]. Только в 1910 г. Bonwetsch опубликовал найденный греческий подлинник.

---

[281] Из анонимной сирийской хроники 1234 г. С. 79.

[282] Пигулевская Н. В. Византия и Иран на рубеже VI и VII веков. — М., Л., 1946. С. 27. Pieter W. van der Horst полагает, что этот текст был написан в конце 630-х — начале 640-х годов (A Short Note on the Doctrina Jacobi nuper baptizati. https://almuslih.org/wp-content/uploads/2024/11/Van-der-Horst-P-About-the-doctrina-Jacobi.pdf)

[283] 19 Декабря. Вера и противление крестившихся иудей в Африкии и Карфагене и о укреплении Иакова Жидовина // Великие Четьи Минеи. Декабрь. Дни 18–23. — М., 1907.

Царь Ираклий «повеле везде и всюду креститеся иудеом» (с. Ғаули (1436)). Указ приходит в Карфаген, где местный эпарх Георгий приступает к его выполнению. Он приказал, чтобы к нему собрались «вси первии иудеи», к которым он обратился с вопросом: «Раби ли есте цареви?» («Признаёте ли вы себя рабами императора?»). Евреи, естественно, ответили, что признают: «Ей, владыко, раби есмя цареви». Вот тогда Георгий им и объявил: «Повеле благый да креститеся», то есть что императору угодно было приказать вам креститься.

Один из евреев, Нонн, всё же решился на возражения, но разгневанный епарх бросился на него и стал бить по лицу («и взъярився епарх и своима руками биашеся по лицу»), приговаривая: «Если рабы, то отчего не исполняете повеление владыки вашего?»

Иудеи от страха окаменели и «крестихомся, хотяще и не хотяще». Но они были «в сумнении велице и в печали мнозе» от случившегося и продолжали оставаться враждебными и чуждыми христианству.

Повествование ведется от первого лица. В это время в Карфаген приехал с товаром богатый купец из Константинополя Иаков Жидовин. Скрывая свое иудейство, Иаков уверяет, что он христианин, и клянется в том святой Марией. Случай помогает узнать о том, что Иаков является иудеем. Однажды, помогая нести товар, Иаков оступился. Его нога попала в яму, и он вскрикнул «Адонаи!» вместо христианско-греческого «Кирие!» («Господи!»).

Его с повреждённой ногой относят в баню, раздевают для того, чтобы подлечить и обнаруживают, что Иаков обрезан. Иакова заставляют креститься, но он отказывается. Тогда его сажают в тюрьму и держат там 100 дней, после чего его вновь принуждают креститься — «и поимши его по ноужи крестиша хотяща не хотяща».

Окрещенный насильно, он «от часа того нача плакати и молити Бога явити ему, аще добре крестился есть или ни». Затем он получил откровение, которое побудило его обратиться к другим крещеным иудеям и убеждать их («братие и съязычницы!») в правде христианства…

Об анти-иудейском указе императора Ираклия упоминает и «Хроника» Михаила Сирийца, относя его к 634 году (Кн. 10, 25). Точнее говоря, указ Ираклия предписывал креститься просто всем подданным. Но язычники были крещены еще при Юстиниане, так что распоряжение затронуло лишь иудеев[284].

«Действительно, многие люди иудейской религии <…> обратили наше внимание на многих евреев, живших в тех краях, которых силой, а не проповедью, привели к источнику крещения. <…> Если кто-то приходит к источнику крещения не сладостью проповеди, а необходимостью, он возвращается к своему прежнему суеверию и умирает худшим, чем тот, из которого, казалось, возродился. Поэтому ваше братство возбуждает таких людей частой проповедью, чтобы они более захотели изменить свою прежнюю жизнь посредством сладости учителя. Ибо так наше намерение совершается в самом совершенстве, и обращенный ум не обращается снова в прежнюю блевотину».

Лев III Исавр настаивал на том же: «В сем году царь принудил креститься евреев и монтанов», — сообщает «Хроника» Феофана Исповедника под 714 годом (на деле в 723 году). «Хитрые иудеи сговорились принять крещение („обмануть безумного гоя"), фанатичные, искренно безумные монтанисты во Фригии собрались

---

[284] «Хотя этот указ Ираклия формально действовал в течение всего существования Византии в самой Византии, но, в соответствии с толкованием Максима Исповедника (Максим был советником правителя Африки Григория, кузена Ираклия) обычно не применялся против иудеев ввиду опасности, как считал Максим, захвата новокрещеными евреями ключевых должностей в церковной иерархии и распространения ими ересей». https://ru.wikipedia.org/wiki/%D0%95%D0%B2%D1%80%D0%B5%D0%B8_%D0%B2_%D0%92%D0%B8%D0%B7%D0%B0%D0%BD%D1%82%D0%B8%D0%B8

в одном своем храме и сами себя сожгли» (Карташев А. Вселенские соборы). «В 724 г. император Лев Исаврийский издал указ, принуждавший монтанистов принимать Православие, и тогда некоторые из них сожгли себя заживо со своими молитвенными домами» (В. Болотов)[285].

Интересно, что уже в конце XIX века было принято этого стыдиться. Выпускник Киевской Академии, сербская звезда канонического права епископ Никодим Милош давал такой комментарий: «Вследствие одного закона императора Льва Исаврянина (717–741) евреи принуждены были креститься и, следовательно, из страха должны были принимать христианскую веру. А это было противно духу христианства, которое осуждает насилие человеческой совести и вообще осуждает всякий род вероисповедного прозелитизма»[286].

Увы, более ранние православные богословы положительно относились к этому закону имп. Льва.

Есть интересная мистификация современного еврейского историка — Михаэля Чернина из The Hebrew University of Jerusalem[287]. Он составил хронику еврейской истории от имени вымышленного Азарии бен Баруха, якобы жившего в VII веке:

---

[285] Болотов В. В. Лекции по истории Древней Церкви. Т. II. — СПб., 1907. С. 353.

[286] Правила Православной Церкви с толкованиями Никодима, епископа Далматино-Истрийского. Т. 1. — СПб., 1911. С. 614. Первое издание — 1895. В этой же связи Никодим совершает интересный подлог. В подпорку своей позиции он дает ссылку на блаж. Августина: «ср. Augustin., lib. 2 contra ep. Petil c. 83 [Migne, s. l., t. 43, col 315–317]».

В работе Августина Contra litteras Petiliani Donatistae Cirtensis episcopi («Против писаний Петилиана») в указанном месте Migne PL t. XLIII (точнее, в дальнейших главах) и в самом деле есть эмоциональная защита свободы совести: какой смысл преследований? Ведь Христос никого не преследовал, никогда не привлекал к себе силою, о чем и говорят слова Спасителя: «Никто не придет ко Мне, если Отец не привлечет его», и Петру Он повелел вернуть свой меч в ножны... Но только это позиция гонимого Петилиана, с которой гонитель Августин как раз и не согласен. (см. Contra Epistolam Petiliani» // Migne t. XLIII, 389–90).

[287] https://huji.academia.edu/MichaelChernin

«В целом повествование базируется на компиляции достоверных, известных современной науке фактов, разбросанных, однако, по различным и разноязычным источникам, частью — сочинениям древних авторов, частью — специальным научным исследованиям. При этом в отдельных случаях, когда достоверные сведения отсутствуют, повествование включает и данные, почерпнутые из не получивших пока научного подтверждения талмудических сказаний, самаритянских хроник и недоказанных научных гипотез и предположений»[288].

В его версии события начала VII века были такими:

«В те времена братья наши в Византии перенесли тяжелые испытания по вине одного грека, который в молодости попал в плен к арабам и был обращен ими в ислам. Освободившись из рабства, он вернулся в Анатолию и, снова став христианином, весьма возвысился при дворе императора Льва, к которому он попал благодаря рассудительности речей своих.

Человек же этот под воздействием веры мусульманской, запрещающей, подобно нашей вере, изготовлять какие бы то ни было изображения, уговорил императора уничтожить всех идолов и все иконы в пределах империи. Император же, будучи убежден словами его, разослал людей своих по всей империи, приказав им уничтожать иконы.

Монахи же христианские весьма возненавидели Императора за эти его деяния и начали натравливать простой народ на него, говоря среди прочего, что в душе своей он, Лев, является приверженцем веры нашей. Поэтому греки, весьма ненавидя евреев, дали Льву прозвище „Еврей". Последний же, весьма разгневавшись, слыша это прозвище, ибо он презирал наш народ, решил доказать народу своему, что слова монахов являются пустой болтовней.

---

288 https://azariya.livejournal.com/271.html

Для этого он немедленно написал указ, по которому все евреи в пределах империи его должны были либо креститься, либо быть казненными. В злодействе своем он не разрешил евреям покидать пределы империи своей, дабы избежать крещения. Однако многие из евреев Греции и Анатолии, прослышав об этом страшном указе, бросив дома и имущество свое, хлынули целыми толпами на север — в царство болгар и в Хазарию, или на восток — в халифат.

Они уплывали на кораблях и уходили пешком, пересекая реки и горы, лишь бы не предать веры своей. Многие из них были схвачены воинами императора, охранявшими рубежи империи. И если состоятельные и имущие люди могли дать взятку и спастись, то бедняки не могли этого сделать и их казнили жестокими казнями.

Другая же часть евреев империи, большей своей частью люди простые и неимущие, не имея средств для бегства, решили для виду принять крещение, дабы вернуться к нашей вере в более добрые времена, ибо они думали, что этот указ скоро будет отменен. Однако они горько ошиблись.

Лев не только предал огню и превратил в церкви все синагоги в империи своей, но и разослал везде своих шпионов, которые наблюдали за тем, чтобы все евреи тщательно соблюдали христианские обычаи и не хранили бы наших отеческих законов. Многие из евреев, застигнутые соблюдающими заповеди наши, были схвачены, подвергнуты жутким пыткам на глазах у черни, а затем казнены.

Однако не все евреи крестились или бежали. В те времена во Фригии продолжали еще существовать последние остатки секты минеев, соблюдавших все заповеди наши, но веровавших в Иешу. Греки называли их монтанистами, ненавидя их больше, чем прочих евреев. Поэтому Лев приказал минеям оставить свою веру и стать как все христиане.

Однако минеи, не желая оставлять веры своей и своих отеческих законов, а также не желая действовать путем обмана, выбрали путь, который не может не вызвать удивления и восхищения у каждого человека. Старейшины их вошли в синагоги их вместе со всеми членами общин своих — мужчинами, женщинами, детьми, стариками, а затем, заперев двери, подожгли синагоги изнутри и сгорели в них живьем, не желая сдаваться грекам, дабы те насильно крестили их.

Таки образом погибли последние из минеев после того, как секта их просуществовала 700 лет, будучи основанной Иешу бен Йосефом из Назарета. На протяжении этих лет часть из них вернулась к вере отцов своих, а меньшая часть стала подобной всем остальным христианам. Однако большинство их пали от меча греков»[289].

Увы, это не фантазия, а довольно точная историческая реконструкция.

---

[289] Азария бен Барух. Книга межвременья 8,3. https://azariya.livejournal.com/11148.html

Глава 19

ПОЧЕМУ ПРАВОСЛАВИЕ ПОТЕРЯЛО БЛИЖНИЙ ВОСТОК?

> *Византия уже издревле привыкла отвергать все, что о Господе.*
>
> *преп. Феодор Студит[290].*

В V веке не-греческое и не-римское население Сирии-Палестины-Египта нашло религиозный повод для обособления от имперской администрации. Со своей стороны, греки охотно поддержали богословское размежевание и назвали его ересями монофизитов и несториан. А ереси надлежит выжигать каленым железом.

Монофизитский епископ Иоанн Эфесский и сам был имперским инквизитором. Он был не прочь силой присоединять язычников к церкви. Но репрессии православных против его единоверцев были ему совсем не по душе.

Но вскоре он увидел, что для других посланников Константинополя его единоверцы ничем не лучше язычников:

«Во многих частях Антиохии, во всей Аравии и Палестине, и в пустыне анахоретов население изгнано с мест жительства и рассеяно; тех, кого удавалось захватить, сажали

---

290 Преп. Феодор Студит. Послания. Ч. 2. — М., 2003. С. 251.

в кандалы, и запирали в темницы, и подвергали всяческим наказаниям и мучениям. Многие после отобрания у них имущества умирали под нещадными ударами, на иных насылаемы были военные отряды и тех верных, которые принимали изгнанных в свои селения и дома, подвергали грабежам, ударам и истязаниям. У всех церквей и монастырей, у городов и деревень с жадностью и жестокостью расхищены имущества не только церковные, но и те, что принадлежали светским лицам, женщинам и детям. Случалось, что преследователи выселяли верных из их обителей, стаскивали со столпов и изгоняли из келий. Патриарх Ефрем произвел сильное возмущение в Церкви Божией на Востоке и во всей Сирии. Ибо, обходя все земли и города, он опустошил большие и малые монастыри, поверг на землю и самые столпы, с которых согнал подвижников, других, выгнанных варварской силой из их затворов, мечом и бичами принуждал принять причащение. Военной силой разогнал монахов из монастырей, как находящихся близ Амиды, так и рассеянных по всей стране. Изгнанники в громадном числе пошли в древний монастырь Телла. Когда они здесь немного отдохнули, посланы были многочисленные ромейские войска и хорепископы и дозорщики, чтобы выгнать их отсюда... Никто не смел дать изгнанным приюта в своем доме, иначе дом подлежал конфискации, и хозяин дома подвергался уголовной каре, вследствие чего многие были принуждены, как звери, скрываться в пещерах»[291].

С этими гонениями связано появление интересного различия монофизитской литургии от православной («халкидонитской» — по имени Четвертого Вселенского собора, который прошел в городе Халкидоне в 451 году и закрепил догматические различия).

---

[291] Цит. по: Успенский Ф. И. История византийской империи. VI–IX века. — М., 1996, С. 327–328.

В имперской традиции во время «евхаристического канона», то есть освящения Святых Даров диакон стоит рядом со священником, справа и на полшага позади него. То есть оба стоят спиной к прихожанам и ко входной двери в храм.

Но у монофизитов появилась другая диспозиция: диакон в эту минуту стоял за престолом спиной к горнему месту, лицом к престолу и священнику и тем самым держал под контролем вход в храм. Ибо «до того доходила свирепость халкедонитов, что во время совершения таинств они входили к православным, выбрасывали святые дары и попирали их. Поэтому существует до наших дней обычай в Мисрине и Египте, чтобы дьякон становился с востока, чтобы служить во время таинства, для того чтобы, когда войдут гонители, он увидел и дал знать священнику, и он потребил причастие прежде, чем войдут гонители»[292].

Происходит всё это во времена и по повелению святого православного императора Юстиниана и его преемников.

Современник так пишет о св. Юстиниане:

«Он никогда наружно не проявлял ни гнева, ни раздражения по отношению к тем, кто ему досадил, но с кротким лицом, не подняв бровей, мягким голосом отдавал приказания убить мириады ни в чем не повинных людей, низвергать города и отписывать все деньги в казну. Иной мог подумать, исходя из этих его привычек, что у него нрав овцы. Однако если кто-нибудь пытался со слезными мольбами выпросить у него прощения для того, кто оступился, он зверел и оскаливал зубы, так, что даже у тех, кто считался близким ему, не оставалось впредь никакой надежды испросить [его о милости]. В христианской вере он, казалось, был тверд, но и это обернулось погибелью для подданных. В самом деле, он позволял священнослужителям безнаказанно притеснять соседей, и, когда они захватывали прилегающие к их владениям земли, он разделял их радость, полагая, что подобным образом он проявляет

---

292 Из анонимной сирийской хроники 1234 г., 120.

свое благочестие. И творя суд по таким делам, он считал, что совершает благое дело, если кто-либо, прикрываясь святынями, удалялся, присвоив то, что ему не принадлежало. Он полагал, что справедливость заключается в том, чтобы священнослужители одерживали верх над своими противниками. По той же причине он совершил и несметное число убийств. В своем стремлении объединить всех в единой христианской вере он бессмысленным образом предавал гибели остальное человечество, совершая это под видом благочестия. Ибо он не считал убийством, когда его жертвами становились люди не одной с ним веры. Таким образом предметом его забот было, чтобы беспрестанно шло истреблением людей, и вкупе со своей супругой он без устали выдумывал предлоги, которые вели к этому» (Прокопий Кесарийский. Тайная история. XIII, 2).

«По всей Римской державе есть множество отверженных учений христиан, называемых обычно ересями: монтанистов, савватиан и других, в которых обыкновенно заблуждаются мысли человеческие. Всем им он повелел отказаться от своего прежнего учения, а ослушникам грозил многими карами, в частности же, тем, что впредь им не будет позволено передавать имущество детям или родственникам василевс Юстиниан неожиданно отнял у них все богатства. Из-за этого многие с тех пор оказались лишены источников существования. И немедленно множество людей, передвигаясь от одного места к другому, стали принуждать всякого, кто им попадался, отказываться от отеческой веры. Поскольку сельский люд счел это нечестивым, то все они решили оказывать сопротивление тем, кто требовал этого. И поэтому многие погибли от рук солдат, многие же сами наложили на себя руки, полагая по невежеству, что подобным образом они проявляют особое благочестие. Многие, поднявшись толпами, покидали родные земли, монтанисты же, которые обитали

во Фригии, запершись в своих святилищах, поджигали храмы и тут же вместе с ними бессмысленно гибли. И от этого вся Римская держава наполнилась убийством и беглецами. Когда же вскоре такой же закон был издан и относительно самаритян, беспорядочное волнение охватило Палестину. Придя в столкновение с солдатами, они некоторое время держались, затем, потерпев поражение в битве, все пали вместе со своим предводителем. Говорят, что в этом сражении погибло сто тысяч человек, и в итоге этого самая плодородная на земле местность лишилась крестьян. Затем он начал преследовать так называемых эллинов, подвергая тела их пыткам и отнимая их достояние» (Прокопий Кесарийский. Тайная история. Кн. 11, 14–31).

«Точное число тех, кого он погубил, определить не под силу никому кроме Бога. Погибли мириады — мириады мириад. Ливия, протянувшаяся на столь огромные пространства, была до такой степени разорена им, что встретить там человека на протяжении долгого пути — дело нелегкое и, можно сказать, примечательное. А число ливийцев, которые в прежние времена жили в городах, обрабатывали землю, занимались морскими промыслами — всё это по большей части мне довелось видеть самому — кто из людей способен пересчитать? Так что, если кто-либо стал утверждать, что в Ливии погибло пятьсот мириад, то я думаю, он назвал бы число явно заниженное» (Прокопий Кесарийский. Тайная история, 18).

Комментаторы к изданию «Духовного луга» полагают, что «в 533–534 Юстиниан завоевал королевство вандалов в Африке. Говорят, в царствование Юстиниана Африка потеряла до пяти миллионов жителей»[293]. Королевство вандалов — это германское государство на севере Африки. Оно было христианским, хотя и арианским.

---

[293] См. — Иоанн Мосх. Духовный луг. — Сергиев Посад, 1915. С. 27.

Борьба св. имп. Юстиниана с «тремя главами» и прочими «ориентальными нехалкидонитами» обернулась катастрофой для всего христианского мира. «Употребление военной силы и административных мер в религиозных делах превратило то, что иногда было лояльной оппозицией, в движение фанатического сопротивления»[294]. «Последовательное применение системы правления Юстиниана в конце погубило цветущую и важную провинцию… Сирию обезлюдело не персидское или арабское нашествие, но религиозное преследование. Религиозная политика Юстиниана подготовила порабощение этой страны арабами»[295].

Можно вспомнить принудительное причастие монофизитских монахов православными священниками в монастырях, окруженных имперскими солдатами.

Это в 571 году, при царе Юстине II и константинопольском патриархе Иоанне Схоластике, причем по настоянию именно патриарха, чьи песнопения («Иже Херувимы» и «Вечери Твоея Тайныя») украшают нашу Литургию, а церковная память совершается 21 февраля):

«22 марта 571 года, в вербное воскресенье утром патриарх, получив доверенность от императора, отдал распоряжение, чтобы все монофизитские собрания были закрыты. Все их священники и епископы были арестованы и брошены в тюрьму. В их монастыри были посланы клирики в сопровождении солдат: они приносили с собою евхаристию и заставляли принимать ее силой, а упорствующих подвергали аресту»[296].

Понятно, что иерархи, тесно вплетенные в элиту империи, поддерживали и разжигали террор против еретиков. Это занятие увлекало даже святых отшельников.

---

[294] Прот. Иоанн Мейендорф. Единство Империи и разделения христиан. — М., 2012. С. 331.

[295] Успенский Ф. И. История византийской империи. Т. 1. — М., 1996. С. 363.

[296] Дьяконов А. П. Иоанн Ефесский и его церковно-исторические труды. — СПб., 1908. С. 98. См. также В. Болотов. История древней Церкви. Т. 4. — М., 1994. С. 436.

Когда в 634 году имперская армия во главе с готом Теодорихом повстречала столпника-халкидонита, «сказал столпник Теодориху: „Не пообещаешь ли ты, если ты вернешься с войны с миром и с победой, что ты истребишь севериан и поразишь их тяжкими наказаниями". Патрикий же Теодорих ответил ему, говоря: "Помимо того, что тобою приказано, я положил себе гонениями и многочисленными бедствиями действовать против севериан"»[297].

Вспоминаем, что мы обсуждаем слова митр. Илариона Алфеева о том, что христианство никому не навязывает себя.

Геополитические последствия этого византийского навязывания были столь огромны и печальны для мирового православия, что глава Отдела внешних сношений не может о них не знать и не помнить. Но врать он всё же может.

Итак, в 631 году присланный из Константинополя в Египет патриарх Кир повел борьбу с местными монофизитами так, что «во всех же коптских источниках память о Кире связывается исключительно с кровью и насилием. Действительно, вместе с многими другими брат монофизитского патриарха Вениамина, Мина, был подвергнут пытке и казнен, а римские войска продолжали избивать диссидентов-коптов даже когда они сами были осаждены арабами в Вавилоне (современном Каире) в 641г. Террор длился десять лет, то есть всё время правления Кира»[298].

Последствия оказались таковы:

Как пишет монофизитский летописец, свою партию называющий православной, «Вениамин, который был тогда патриархом православных в Египте, предал Египет Омару бар Аз, военачальнику персов, из-за антипатии, т. е. из-за вражды с Киром, патриархом халкедонитским, в том же Египте. <...> Побоялся Омар бар Аз итти в Египет. Вениамин же, патриарх православных, вышел и отправился к Омару бар Азу, ободрил его и обещал ему предать всю землю Египетскую. Он заключил с ним договор, что тот даст отдаст

---

[297] Из анонимной сирийской хроники 1234 г. С. 110.
[298] Там же. С. 458–459.

в его руки все церкви Египта и изгонит халкедонитов. Вернулся Вениамин в Египет и сообщил своим единоверцам о том, что им было сделано, убеждал их обрезываться, чтобы это было их знаком, чтобы они не были уничтожены с халкедонитами. Он возбуждал их к тому, чтобы они восстали против ромеев, предали бы землю арабам, освободились от горького рабства ромеям, потому что им не остается ничего, кроме гонения за их веру»[299].

Этот монофизитский летописец передал то настроение, с которым его единоверцы встречали арабов: «Бог, видя, что переполнилась мера преступлений ромеев и всякого рода запретов, употребляемых ими против нашего народа и нашей церкви, поднял и вывел из южной земли сынов Исмаила. Эти презренные, пренебрегаемые, неизвестные народам земли, а их-то руками было устроено наше спасение. Таким образом, мы не мало попользовались от них и были освобождены от тиранического государства ромеев и избежали этой кафолической церкви, которая была принята нашим народом под давлением Ираклия...»[300]

Византийцы лезли в душу и веру, но арабы по крайней мере первое время были веротерпимы. «Вышли арабские войска из своего города, и вышел с ними Абу Бекр, чтобы вести их. Он приказал им, говоря: „Когда вы войдете в эту землю, не убивайте ни старого, ни малого, ни женщины, не сводите столпника с его места, не обижайте отшельников, потому что они предали себя Богу, чтобы работать ему. Не срезайте деревьев, не повреждайте растений, не растерзывайте скота, ни быков, ни овец. Всякий город и народ, который примет вас, заключайте с ним договор, будьте верны в обещаниях им, пусть они живут по своим законам и по установлениям, бывшим у них до нашего времени“»[301].

---

[299] Из анонимной сирийской хроники 1234 г. С. 120.

[300] Там же. С. 102.

[301] Там же. С. 106. Правда, чуть далее этот же автор говорит о таком пункте капитуляции Иерусалима, подписанной халифом Омаром и св. Софронием, патриархом Иерусалимским: «Во всей Палестине они дали слово и клятвы, чтобы евреи не жили в Иерусалиме» (гл. 120).

К моменту арабского завоевания Египта число сторонников ромейского императора доходило до 300 000, в то время монофизитов было около 6 000 000[302]. Возмущенные тем насилием над их совестью, что чинили православные, жители Ближнего Востока открыли ворота своих городов арабам-мусульманам.

Среди причин успеха арабского блицкрига стоит отметить и усталость людей от византийско-ареопагитских «божественных иерархий».

Книга Чарльза Линдхольма «Исламский Средний Восток: традиции и перемены» подчеркнула коммунитарные основы раннего ислама. Его эгалитарный этос отражен в отсутствии титулов в мусульманском мире. Правителей тут никогда не называли отцами народов; о наибольшем признании свидетельствует дававшееся османским султанам звание «агá» («старший брат»). «В такой среде все мужчины, вне зависимости от положения, могли и должны были встречаться и взаимодействовать без чинов. Эта вездесущая ценность выражена в мусульманском приветствии «мир вам», которое не зависит от статуса другого; при встрече лиц различных социальных рангов нет никаких поклонов или коленопреклонения. Рукопожатие и объятие — проявления равенства и дружбы — вот обычай Среднего Востока»[303].

Некогда так было и у первых христиан. Но ко времени арабских завоеваний на византийских территориях расцвели различные формы иерархизма, инспирированные неоплатонизмом. Церкви и христианские общества превратились в сложные и высокие пирамиды. Мусульмане же, с их радикальным эгалитаризмом, эти пирамиды сравняли с землей. Эгалитаризм и общинность, поддержка бедных делали ислам привлекательным, несмотря на его

---

[302] Эти цифры восходят к египетскому мусульманскому историку XV века аль-Макризи (см. Муравьев Н. И. Коптская Церковь. Возникновение, история, вероучение и церковно-административное управление. Диссертация на соискание степени магистра богословия. — М., МДА, 1957).

[303] Lindholm Ch. The Islamic middle East: tradition and change. Blackwell, 2002. P. 12.

демонизацию церковной проповедью. И это тоже распахивало ворота христианских крепостей.

А без этих капитуляций не было бы ни Сицилийского эмирата, ни мгновенного крушения христианской Африки (по тем же причинам), ни арабов на испано-французской границе.

История дехристианизации Египта и Ближнего Востока — лишь эпизод, подтверждающий общее правило симфонизма: как только Христова вера становится государственной, то все враги Империи автоматически становятся врагами веры.

И зеркально: христиане других стран для их правителей стали подозрительными элементами. Соответственно, проповедники веры, вышедшие из христианской Империи, обретали двусмысленный статус: не то агенты Империи, не то вестники Христа. И весть их также стала двоиться: не то они дарят свою веру, не то требуют подчинения.

До 337 года в Персии христиан терпели, но когда христианство стало государственной религией в Риме, их стали преследовать.

«Тогда собрались все маги и сказали Хосрову, своему царю: „Царь, здравствуй вечно! Вот мы узнали, что кесарь ромейский от всех, кто находится под его державой, требует, вынуждает и принуждает прийти к его религии и вере. И многих во всех своих областях он принудил почитать свою религию, а всех тех, которые ему не подчинились, он изгоняет из своей державы. Пусть это прикажет и твоя божественность, чтобы так было и в твоей державе, чтобы все религии пришли к твоей религии и все в твоей державе почитали то, что почитаешь ты. А те, кто осмелятся восстать против твоего приказа, жить не будут". Когда Хосров царь услыхал это от магов, он согласился с их словами и приказал почитать с ним огонь, солнце и прочие божества. Епископы же сопротивлялись и мужественно восстали против него. Когда царь услыхал это исповедание епископов, он приказал — и тотчас их убрали, и они умерли» (Иоанн Эфесский. Церковная история 2, 19).

История повторилась в VII веке:

«В положении христианства в Иране при Хосрое II следует различать официальную, правовую сторону, которая признавала лишь status quo и сурово наказывала переход в христианство, и личное случайное благоволение шаханшаха к отдельным лицам христианского вероисповедания. В известные периоды с христианством надо было ладить, как с религией соседей, дружественных в данное время Ирану, как, например, в период, когда византийское правительство оказало великую поддержку Хосрою II (император Маврикий предоставил Хосрою свою личную гвардию). Но с момента, когда Хосрой нарушил мир с Византией, меняется его религиозная политика. Эдессе было предложено придерживаться или монофизитства или несторианства, но только не халкедонского вероисповедания, которое было верой „кесаря Ираклия"»[304].

После арабского завоевания Ближнего Востока в конце VIII века греко-православные церкви этого региона стали выбирать в патриархи людей подчеркнуто малограмотных, незнающих греческого языка. Это помогало отвести от них (и от церквей) подозрения в тайных связях с Византийской империей.

Таковы александрийский патриарх Косма I и антиохийский патриарх Стефан III[305]. (До некоторой степени «примитивизация как адаптация» имела место и у нас при выборах патр. Пимена в 1971-м. Во всяком случае атеистические лекторы и публицисты тех лет с удовольствием отмечали, что это первый патриарх недворянского происхождения).

---

[304] Пигулевская Н. В. Византия и Иран на рубеже VI и VII вв. — М., Л., 1946. С. 247–248.

[305] См.: Православная энциклопедия. Т. 38. С. 223, статья Косма I, патриарх Александрийский. Обратное: русский патриарх Никон, сам будучи грамотным, в своем доме держал только неграмотных прислужников, чтобы те не могли разгласить содержание патриарших бумаг.

Это очень серьезный вопрос к современным идеологам «православного монархизма». Да, принятие государством православия в качестве государственной идеологии помогает развитию Церкви в данном государстве. Но сколько соседних народов оно же отпугивает от Христа? От такого Христа, чей лик они теперь встречают на военных стягах противной стороны?

Авасги, поначалу симпатизировавшие христианам, когда поняли, что принятие православия подчинит их Константинопольскому императору, вернулись в язычество: «Опасаясь, как бы им навсегда не стать рабами ромеев,.. они вновь приняли свои прежние верования» (Прокопий Кесарийский. Война с готами. 2 (8), 9).

Чеченцы были затронуты христианизацией еще в античные времена. Но после начала кавказской войны с Российской Империей в начале XIX века они перешли в ислам.

И внутри Империи: если в до-константиново время мы видим тысячи христиан, готовых идти на муки, но не прикасаться к языческим обычаям, то после мы видим нечто обратное: миллионы вроде бы христиан, которым приходится угрожать муками (от имени властей и Церкви), дабы они отказались от языческого двоеверия.

А вообще меньшая кровопролитность православной истории по сравнению с католической — это не вероучительная черта и не признак высшей духовности. Просто бодливой корове Бог рога не дает. То есть в средневековый период было мало случаев, когда православные захватывали и «зачищали» латинские территории. А вот когда православные зачищали монофизитов — кровь лилась рекой.

Глава 20

ВОЕННАЯ МИССИЯ В ПРАВОСЛАВНОЙ ЕВРОПЕ. ОЛАФЫ

У нас любят говорить, что целую тысячу лет вся Европа была православной. Я согласен. Но это означает, что миссионерское насилие, бурно разлившееся по Восточной Европе в конце первого тысячелетия, — это тоже часть истории православной миссии[306].

В 782 год Карл Великий утвердил «Капитулярий для частей Саксонии» (Capitulatio de partibus Saxoniae). Из 14 первых статей этого устава 12 грозят смертью.

---

[306] Конечно, не только по Восточной и не только «в конце». На рубеже VI–VII веков римский папа св. Григорий Двоеслов (его Преждеосвященную Литургию православные совершают Великим Постом) угрожал епископам острова Сардиния наказанием в случае обнаружения язычников на церковных землях; требовал от распорядителей церковных имений увеличивать урок арендаторов-язычников, вплоть до того, чтобы идолопоклонники были вынуждены делать выбор между принятием христианства и голодной смертью (PL. T. 7. Col. 694–695 (IV.26)). Кроме того, Григорий призывал местных правителей принуждать рабов-язычников к принятию новой веры посредством истязания, а свободных — заключения под стражу (Col. 1002 (IX.65)). Не менее строг был понтифик в отношении язычников-горцев: принятие ими христианства являлось условием прекращения карательных акций правительственных войск (Col. 694 (IV.24)). Его аргумент был мощен — «ибо видите, что наступает конец мира» (Св. Григорий Двоеслов. Письма о средствах обращения неверующих к христианской вере // Воскресное чтение. 1849. № 11. С.113).

«Кто по неуважению к христианской вере нарушит пост святой четыредесятницы, поев мяса, будет казнен смертью; но священник должен принять в соображение, не был ли преступник вынужден какою-либо необходимостью есть мясо» (гл. 4). «Кто сожжет по языческому обряду тело умершего и обратит в пепел его кости, будет казнен смертью» (гл. 7). «Кто из племени саксонского будет впредь уклоняться от крещения, не явится для совершения над ним этого таинства, желая оставаться в языческой вере, будет казнен смертью» (гл. 8)[307]. Стоит отметить, что смерть полагалась за веру в действенность колдовства: «Если кто, обманутый дьяволом, по обычаю язычников поверит, что мужчина или женщина занимается колдовством, ест или дает мясо есть другим, то смертью наказан будет» (гл. 6). За само колдовство смерть предписывала глава 9.

Наконец, этот Новый Орднунг запрещал покоренным саксам вообще собираться больше двух: «Запрещаем всем вообще саксонцам собираться в народные собрания, разве граф созовет их от нашего имени. И пусть священники наблюдают, чтобы это не происходило иначе» (Глава 34).

Капитулярий «Всеобщее увещевание» (Admonitio generalis) в 787 г. возвещал: «Повелеваем, чтобы предсказатели, заклинатели, повелевающие погодой, впредь бы не существовали; и где бы они ни появились, приводились бы к послушанию и подвергались осуждению (emendentur et damnentur)».

После этого пришла пора славян и прибалтийских племен (пруссов, балтов, леттов...).

Саксонские Анналы сообщают под 992 годом: «Наши в этом году дважды сражались со славянами: первый раз — 18 июня, причем в этой битве наряду со многими [другими] погиб знаменосец Титард, дьякон Верденской церкви; и вторично — 22 августа, когда был убит знаменосец Халегред, священник из Бремена».

---

[307] Книга для чтения по истории Средних веков. Под ред. П. В. Виноградова. — М., 1898. Т. 1. С. 424 и Стасюлевич М. М. История Средних веков: От Карла Великого до Крестовых походов (768–1096 гг.), 2001. С. 52.

Вполне православный римский папа Иоанн XIII риторствовал: «Благочестивейший император Оттон поведал нашему святейшеству о том, как победив славян, он вновь укрепил их в католической вере... Мы предписываем приказом блаженного апостола Петра, чтобы архиепископы Майнца, Трира, Кёльна, Зальцбурга и Гамбурга всеми силами души и тела содействовали преобразованию Магдебургского монастыря в центр архиепископства. Когда же всемогущий Бог посредством вышеназванного раба своего, непобедимейшего императора, его сына-короля (Оттона II) и их преемников приведет соседний народ славян к почитанию христианской веры, мы желаем, чтобы с их помощью в соответствующих сообразно удобству местах были созданы епископства» (Саксонский Анналист, 962 год). Средства, какими «непобедимейшие императоры» приводили к крещению соседние народы, уже были хорошо известны.

Очень ярко меч проявил себя в христианизации скандинавов.

Олаф Трюггвасон был королем Норвегии с 995 по 1000 год. О его деяниях исландский монах Одда Сноррасон между 1180 и 1200 годами написал «Сагу об Олаве Трюггвасоне».

Несколько цитат из нее о методах приведения людей к крещальной купели:

«Олаф поплыл на Оркнейские Острова. Конунг после немногих слов сказал, что ярл Сигурд и весь народ его страны должны креститься, а в противном случае ярл должен будет умереть на месте, а конунг пройдет по островам с огнем и мечом и разорит страну, если ее народ не примет крещения. Ярлу оставалось лишь согласиться» (47).

Та же история в «Саге об Оркнейских островах»: «Олаф поплыл на пяти кораблях на восток и не останавливался до тех пор, пока не достиг Оркни. В заливе Асмундарваге он повстречал ярла Сигурда, который на трех кораблях ходил в поход. Олаф послал гонца, приглашая Сигурда к себе на корабль для беседы. Когда они встретились, Олав сказал: „Я хочу, чтобы ты и все твои подданные приняли христианство. Если ты откажешься, я убью тебя прямо здесь и клянусь, что пройду по островам с мечом и огнем. Ярл понял, в какую переделку он попал, и сдался на милость победителя"» (12).

Далее — снова «Сага об Олафе Трюггвасоне»:

«Когда Харальд сын Горма конунг датчан принял крещение, он разослал по всей своей державе повеление: все люди должны креститься и обратиться в правую веру. В поддержку этого повеления он применял силу и наказание там, где без этого повеление не выполнялось. Он послал двух ярлов с большим войском в Норвегию. Они должны были возвещать христианство в Норвегии. Оно распространялось в Вике, где тогда правил Харальд конунг, и там много народа тогда крестилось. Олаф конунг объявил народу, что он хочет сделать христианами всех людей в своей державе. После этого конунг отправился на север Вика и потребовал, чтобы все люди приняли крещение, а тех, кто противился, он подвергал жестоким наказаниям, некоторых убивал, других велел покалечить, а еще других изгонял из страны» (53)

«Этот род был тогда самым могущественным и знатным в Хёрдаланде. И вот когда члены этого рода узнали о такой беде, что конунг направляется с востока вдоль побережья с большим войском и ломает старые законы страны, и те, кто ему противится, подвергаются наказаниям и насилию, они решили встретиться и обсудить, что делать, и они договорились, что встретятся с конунгом Олафом. Они решили поручить троим, самым красноречивым из них, отвечать Олаву конунгу на тинге и противоречить ему и противиться беззаконию, если конунг будет навязывать его. Когда бонды собрались на тинг, и тинг начался, Олаф конунг поднялся и сначала дружественно обратился к бондам. Он сказал, что хочет, чтобы они приняли христианство, и просил их об этом

красивыми словами. Но в заключении он сказал, что те, кто буду противиться и не захотят подчиниться его велению, навлекут на себя его гнев и подвергнутся наказаниям и самым суровым мерам, которые есть в его распоряжении» (54).

«Одного человека звали Сигурд, другого — Хаук. Они встретились с людьми Олафа конунга. Когда конунгу доложили, что приехали какие-то люди из Халогаланда, которые еще были язычниками, он велел позвать корабельщиков к себе. Он спрашивает их, не хотят ли они креститься, а они отвечают, что не хотят. Затем конунг всячески уговаривает их, но ничто не помогает. Тогда он стал грозить им смертью или пытками. Но и это на них не подействовало. Тут он велел заковать их в железо и оставил на некоторое время при себе. Их держали в оковах. Конунг еще часто уговаривал их, но это ни к чему не привело» (74).

«Конунг говорит Хареку: — Можешь отправляться домой. Я не хочу обижать тебя на этот раз, ведь мы с тобой близкие родичи. Но, знай, что я собираюсь летом отправиться на север к вам в Халогаланд. Тогда вы узнаете, как я умею карать тех, кто противится христианству» (75).

«Харек с Тьотты послал гонца своему другу Эйвинду Рваная Щека и просил передать тому, что Харек с Тьотты был у Олафа конунга, но не дал обратить себя в христианство. И вот Эйвинда привели к конунгу для разговора. Конунг потребовал от него, как от других людей, чтобы тот крестился. Эйвинд отказался наотрез. Конунг ласковыми словами уговаривал его принять христианство, и он, как и епископ, привел много доводов. Но на Эйвинда это не подействовало. Тогда конунг предложил ему богатые подарки и пожалования. Но Эйвинд отверг всё это. Тогда конунг стал грозить пытками или смертью. Но и это не подействовало на Эйвинда. Тогда конунг велел принести чашу, полную горящих угольев,

и поставить ее на живот Эйвинду. Живот у того вскоре лопнул. Тогда Эйвинд сказал: „Снимите с меня эту чашу. Я хочу кое-что сказать, прежде чем умру". Так и сделали. Тогда конунг спросил: „Будешь ты теперь, Эйвинд, верить в Христа?" „Нет, — сказал тот. — Я не могу принять крещения. Я — дух, оживший в человеческом теле благодаря колдовству финнов, а раньше у моих отца и матери не было детей". Так умер Эйвинд» (76).

«Олаф под покровом ночи приплыл в Годей и схватил Рауда с постели. Конунг велел привести к нему Рауда и предложил тому креститься. „Я не буду тогда, — говорит конунг, — отнимать у тебя твое добро. Я буду твоим другом, если ты будешь дорожить этим". Но Рауд яростно отвергнул это предложение, сказал, что никогда не поверит в Христа, и очень богохульствовал. Тогда конунг разгневался и сказал, что Рауд умрет самой худшей смертью. Он велел взять Рауда, привязать его лицом вверх к бревну и вставить ему палку между зубов, чтобы его рот был открыт. Затем он велел принести змею и приставить ее ко рту Рауда. Но змея не захотела вползти в рот и лезла, извиваясь, назад, так как Рауд дул на нее. Тогда конунг велел принести пустой стебель дудника и вставить его в рот Рауду. А некоторые люди рассказывают, что конунг велел вставить ему в рот свою трубу. Змею заставили вползти, поднеся к ее хвосту раскаленное железо. Она вползла в рот Рауда, а затем в горло и прогрызла ему бок. Тут Рауд простился с жизнью. Олаф конунг захватил там много серебра и золота, и другого добра, оружия и разных драгоценностей. А всех людей, которые были с Раудом, конунг велел крестить, а тех, которые не хотели креститься, он велел убить или пытать» (80)[308].

---

[308] Снорри Стурлусон. Круг земной. — М., 1980. С. 146–147.

Олафу Трюггвасону наследовал Олаф Святой. Он святой в том числе и в Русской Православной церкви. Методы миссии не поменялись.

«Тех, кого Олаф не мог уговорить принять христианство, он принуждал к этому силой и не смотрел на то, кто перед ним, — могущественный человек или нет» (Сага об Олафе Святом, 60).

«Сказать Вам по правде, во Внутреннем Трондхейме почти все еще остаются язычниками по вере, хотя некоторые там крещены. Двенадцать человек устраивают жертвенные пиры, и этой весной пир должен давать Эльвир. Он сейчас в Мэрине и занят тем, чтобы доставить туда всё необходимое для пира.

Когда конунг узнал правду, он велел трубить сбор и приказал своим людям идти на корабли. У конунга было пять кораблей и три сотни человек. Ветер был попутный, и никто не ожидал, что конунг сможет так скоро добраться до Мэрина.

Конунг подошел к Мэрину ночью и тут же окружил все дома. Эльвир был схвачен, и конунг приказал убить его и многих других. Конунг захватил всё то, что было приготовлено для пира, и велел отнести на свои корабли. Кроме того, он захватил всё добро, которое там было: ковры, одежду, дорогие украшения, и разделил эту добычу между своими людьми. Конунг велел также схватить тех бондов, которых считал виноватыми больше всех. Их заковали в кандалы, но некоторым удалось бежать. У многих тогда отобрали всё их добро.

Потом конунг созвал бондов на тинг. Поскольку конунг захватил многих могущественных людей, и все они оказались в его власти, их родичи и друзья решили подчиниться конунгу, так что на этот раз никто не восстал против него. Он всех обратил в правую веру, назначил священников и велел построить и освятить церкви.

Конунг объявил, что за Эльвира не будет уплачено никакой виры, и взял себе всё его добро. Всех других, кого он считал виновными, он приказал убивать или калечить. Некоторых он изгнал из страны, а у некоторых захватил всё добро» (109).

«Конунг поднялся и сказал: „Я не знаю, что значат ваши крики и беготня. Но вы теперь увидели, какова сила вашего бога, которого вы украшали золотом и серебром, поили и кормили. Теперь видно, кому это всё шло — мышам и змеям, ящерицам и жабам. Плохо тем, кто верит в такого бога и упорствует в своей глупости. Соберите ваше золото и драгоценности, которые здесь рассыпались по земле, и отдайте вашим женам, и никогда больше не украшайте ими чурбаны и камни. А сейчас вам остается выбирать одно из двух: либо вы принимаете христианство, либо сегодня же будете биться со мной. И пусть победит сегодня тот, с кем будет бог, в которого мы верим". Тут встал Гудбранд и сказал: „Плохо пришлось нашему богу, и раз он не смог нам помочь, мы будем теперь верить в того бога, в которого веришь ты". Тут все приняли христианство» (113).

Случаи принятия христианства «парламентским» путем редки. Св. Ансгарий, епископ Гамбургский, в 852 г. пришел к шведскому королю Олафу и уже начал склонять его на свою сторону, когда тот указал на демократические традиции своей страны — ни одно решение, особенно подобной важности, не может быть принято без согласия тинга, а воля последнего здесь закон.

«Король, собрав сначала своих знатнейших, стал говорить с ними о миссии отца нашего. Они постановили, что следует выяснить посредством жребия, какова на этот счет воля богов. Итак, согласно их обычаю, они вышли на луг и бросили

жребий. И выпал жребий положить по воле Божьей в тех краях основание веры христианской. <...> Затем, когда пришел день народного собрания, которое происходит в вышеупомянутом городе Бирке, по тамошнему обыкновению король через глашатых сообщил народу об их миссии. Услышав об этом, свеоны, будучи уже прежде введены в заблуждение, стали протестовать и волноваться. И вот, когда все зашумели, встал среди народа один человек пожилых лет и сказал: „Слушайте меня король и люди. Относительно почитания этого Бога многим из нас уже хорошо известно то, что он может оказать большую помощь верующим в него. Ибо многие из нас уже часто испытывали это как в опасностях на море, так и в других различных нуждах. Почему, в таком случае, мы отказываемся оттого, что, как мы знаем, необходимо нам и полезно? Ведь некоторые из нас по временам ездили в Дорестад и по доброй воле принимали закон этой веры, считая это для себя полезным. Ныне же появилось много трудностей, и этот путь стал для нас весьма опасен вследствие нападений пиратов. Почему же мы не принимаем то, что нам здесь сейчас предлагают, хотя раньше беспокойно искали того же самого столь далеко, и почему, зная на примере многих наших пользу от благосклонности этого бога, добровольно не соглашаемся, чтобы с нами оставались слуги его? Обдумайте, люди, ваше намерение и не отвергайте собственной выгоды. Ибо, когда мы не можем умилостивить наших богов, хорошо заручиться расположением этого Бога, который всегда и во всем может и желает помочь взывающим к нему". После такой речи всё множество народа стало единодушным, и было решено оставить при себе священников, дабы они без противодействия отправляли среди них, какие могут, таинства Христовы»[309].

---

[309] Житие Святого Ансгария, написанное Римбертом и еще одним учеником Ансгария, 26–28 // Из ранней истории шведского народа и государства. Первые описания и законы. — М.: РГГУ, 1999.

Так оно было или нет — трудно сказать, учитывая партийный характер житийного текста…

Польша приняла крещение в середине X века. И сегодня польский проправительственный ресурс говорит об этом так: «Креститься или умереть? Сегодня большинство историков сходятся во мнении, что без христианизации польское государство не имело бы шансов на выживание. Весьма вероятно, что именно благодаря принятию христианства племя полян избежало судьбы многих других племен в регионе, отказавшихся от христианства, от которых до наших дней дошли лишь названия. Именно это произошло с некогда могущественным западнославянским племенем велетов [полабских славян, относившихся, как и поляне, к т. н. лехитским племенам и населявших земли современной восточной Германии] или пруссами, жившими на обширных и труднодоступных территориях, простиравшихся от Литвы до Мазурских озер»[310].

Велеты — это лютичи. Полабские славяне (или, по-немецки, венды) в раннем средневековье заселяли не менее трети территории современного немецкого государства — север, северо-запад и восток. По окончании Первой Мировой войны новорожденное правительство Чехословакии пыталась аннексировать территорию Германию вплоть до окраин Берлина под предлогом того, что некогда это была «Лужицкая Русь»[311].

Можно вспомнить слова Ф. Энгельса об исторической судьбе земель между Эльбой и Вартой: «Эти славянские области полностью германизированы, дело это уже сделано и не может быть исправлено, разве только панслависты разыщут исчезнувшие

---

[310] Mikołaj Gliński. Исторические факты о крещении Польши. https://culture.pl/ru/article/istoricheskie-fakty-o-kreshchenii-polshi. Culture.pl — интернет-портал, основанный Институтом Адама Мицкевича в марте 2001 года и финансируемый правительством Польши.

[311] Об этом — докторская диссертация Кирилла Владимировича Шевченко «Лужицкий вопрос и Чехословакия в 1918–1948 годах» (МГУ, 2008). https://www.dissercat.com/content/luzhitskii-vopros-i-chekhoslovakiya-v-1918-1948-godakh

сорбский, вендский и ободритский языки и навяжут их жителям Лейпцига, Берлина и Штеттина»[312].

То есть по ходу христианизации и колонизации не только отдельные люди или селения, но и целые европейские этносы исчезали с лица земли.

Напомню, что данная книга написана в ответ на утверждение митр. Илариона: «Христианство никому не навязывает себя. В истории Православной Церкви все-таки такого не было, чтобы на кострах сжигали, отдавали под суд».

---

[312] Энгельс Ф. Демократический панславизм // Маркс К., Энгельс Ф. Собрание сочинений. Т. 6. — М., 1957. С. 297.

Глава 21

КРЕЩЕНИЕ РУСИ

Разговор об истории русского православия принято начинать с Кирилла и Мефодия.

И тема о насильственном крещении начинается прямо вот с этого истока. «Житие Мефодия» говорит об этом обыкновении:

«Очень сильный языческий князь, сидевший на Висле, поносил христиан и пакости делал. Послав же к нему, сказал [Мефодий]: «Хорошо бы тебе креститься, сын, своею волею на своей земле, чтобы не был ты крещен насильно в плену на чужой земле. И вспомнишь меня». Так и было» (Гл. 11).

Значит, «крещение насильно в плену на чужой земле» не противоречило убеждениям св. Мефодия, хотя, конечно, он предпочитал добровольное согласие.

«Кристианова легенда»[313], написанная в 990-х годах по заказу св. Адальберта (Войтеха) Пражского, говорит, что этот князь — Боржислав — был окрещен самим св. равноапостольным Мефодием при дворе моравского князя Святополка вместе с 30 его дружинниками.

---

[313] «Жизнь и страдания святого Венцеслава и святой Людмилы, бабушки его» (лат. Vita et passio sancti Wenceslai et sanctae Ludmilae ave eius), а также имеет название в честь автора «Легенда Кристиана».

Мефодий как человек своей эпохи, вдобавок, доверенный дипломат императора, не мог быть чужд общему принципу византийской политики: Захватывая новые территории (или «освобождая» былые владения Римской империи), Византия никогда не предполагала, что на этих землях местные жители сохранят свою прежнюю веру. Законы о непременной верности имперской ортодоксии тут же вводились в действие. Это касалось и тех жителей, что оставались на своей земле, присоединенной к Империи, и тех, что были депортированы. Христианизация пленных являлось важной частью византийской политики по отношению к пленным и считалось частью культурной ассимиляции[314].

Другую часть исторического контекста крещения Руси задает тема варяжского гостя.

О миссионерских методах Олафа Трюггвасона речь шла в предыдущей главе. Но, прежде чем стать королем Норвегии в 995 году, этот мальчик воспитывался при княжеском дворе в Новгороде. По возмужании служил в войске кн. Владимира Святославича, провел на Руси 9 или 11 лет. Затем он уехал в Константинополь, где и стал считать себя христианином. Далее он вернулся на Русь и обратил в христианство кн. Владимира и его жену, а затем уехал в сторону Ирландии…

Еще один кусочек мозаики добавляет семейная хроника князя Владимира. Его бабушка, святая княгиня Ольга, может почитаться святым покровителем боевых дроноводов (беспилотников).

«Повесть временных лет» говорит о ней:

«В год 6454 (946) Ольга же сказала им: «Вот вы и покорились уже мне и моему дитяти, — идите в город, а я завтра отступлю от него и пойду в свой город». Древляне же с радостью вошли в город и поведали обо всем людям, и обрадовались люди в городе. Ольга же, раздав воинам — кому по голубю, кому по воробью, приказала привязывать каждому голубю

---

[314] Подробнее в моей книге «Священные войны православного мира».

и воробью трут, завертывая его в небольшие платочки и прикрепляя ниткой к каждому. И, когда стало смеркаться, приказала Ольга своим воинам пустить голубей и воробьев. Голуби же и воробьи полетели в свои гнезда: голуби в голубятни, а воробьи под стрехи, и так загорелись — где голубятни, где клети, где сараи и сеновалы, и не было двора, где бы не горело, и нельзя было гасить, так как сразу загорелись все дворы. И побежали люди из города, и приказала Ольга воинам своим хватать их. А как взяла город и сожгла его, городских же старейшин забрала в плен, а прочих людей убила, а иных отдала в рабство мужам своим, а остальных оставила платить дань».

Вопрос — она приняла крещение до этого своего поступка или после?

Мнения историков тут расходятся. Г. Литаврин[315] и О. Рапов[316] полагают, что Ольга поехала в Царьград сразу по смерти супруга, князя Игоря, то есть в 944 году. Рапов утверждает, что по языческой славянской традиции вдова должна была уйти из жизни и уж ни в коем случае не могла быть ни правительницей, ни регентом[317].

---

[315] Литаврин Г. Г. О датировке посольства княгини Ольги в Константинополе // История СССР. 1981, № 5. С. 183.

[316] Рапов О. М. Русская церковь в IX — первой трети XII в. Принятие христианства. — М., 1988. С. 170.

[317] Там же. С. 156. «Стратегикон» императора Маврикия, написанный на рубеже VI и VII веков, содержит упоминания о быте и обычаях двух родственных племен — склавинов и антов. По мнению большинства исследователей, эти племена были предками южных славян, которые уже тогда жили вдоль Дуная. «Жены их целомудренны сверх всякой человеческой природы, так что многие из них кончину своих мужей почитают собственной смертью и добровольно удушают себя, не считая жизнью существование во вдовстве» (11,4).
Ритуальное самоубийство славянских вдов описывает и ученый-энциклопедист Ибн Руста, живший во второй половине IX — начале X века: «Если у покойника было три жены и одна из них утверждает, что она особенно любила его, то она приносит к его трупу два столба, их вбивают стоймя в землю, потом кладут третий столб поперек, привязывают посреди этой перекладины веревку, она становится на скамейку и конец (веревки)

Византийская же практика признавала право царицы-матери стать регентом до совершеннолетия сына. И потому Ольга должна была объявить себя христианкой как можно скорее.

В этом случае огненный налет на древлян святая Ольга произвела, уже будучи христианкой.

В таком контексте уже не шокирует объявление князя Владимира: «Кто не хочет быть мне врагом, приходи на Днепр креститься».

В Житии Владимира еще жестче: «И приказал Владимир, чтоб во всех городах все были христиане (И со властию заповѣда во всѣх градѣх всѣм быти християном)... И послал блаженный Владимир глашатаев по всему граду, сообщая людям всем по данной ему благодати о своем приказе, и назначил им день, сказавши: „Если кто не окажется на реке, чтобы креститься во единого Бога Отца и Сына и Святого Духа, богатый или нищий, свободный или раб, мужчина или женщина, от мала до велика, — тот будет врагом Христу Богу и нашей державе, и не будет ему от нас пощады“»[318].

В Устюжском летописном своде конкретнее: «имения лишен будет, а сам казнь да приимет»[319]. В летописце XVII в. из сборника купца Плигина «Житие Влдимира особого состава» имеет особые акценты: «Егда прииде во отечество свое в Киев, и раскопа капища идолская, и боги их пожже, и повеле по граду клич кликати: «Аще кто не обрящется утре на реке на Днепре, **да смертию умрет**». Наутрия ж собрася вес народ, мужи и жены и со младенцы.

завязывает вокруг своей шеи. После того, как она так сделает, скамью убирают из-под нее, и она остается повисшей, пока не задохнется и не умрет, после чего ее бросают в огонь, где она и сгорает» (Абу-Али Ахмед Бен Омар Ибн-Даста. Известия о хозарах, буртасах, болгарах, мадьярах, славянах и руссах. — СПб.: тип. Императорской Академии Наук, 1869. С. 30). «Когда умирает у них кто-либо из знатных, то кладут в могилу живую и любимую жену покойного» (Там же. С. 40).

[318] Житие великого князя Владимира из Степенной книги царского родословия // Библиотека литературы Древней Руси. Т. 12. — СПб., 1997.

[319] Устюжский Летописный Свод: (Архангелогородский Летописец). — М., Л., 1950. С. 34.

Иныя стоаще в реце по шею, а иныя стоаху по пазухи, а иныя со младенцы по пояс. И приде митрополит со всем вселенским събором, **крести вес народ, и заганивая в реку их, аки стада»**[320].

Этому объявлению предшествовал поход в Херсонес. В этом походе была осуществлена операция «Труба», ставшая начальной страницей истории РПЦ.

А. К. Толстой так описывает осажденных византийцев:

Увидели греки в заливе суда,

У стен уж дружина толпится,

Пошли толковать и туда и сюда:

«Настала, как есть, христианам беда,

Приехал Владимир креститься!»

Но древняя «Повесть временных лет» говорит об этом серьезно: «В 6496 (988) году пошел Владимир с войском на Корсунь, город греческий, и затворились корсуняне в городе. И стал Владимир на той стороне города у пристани, в расстоянии полета стрелы от города, и сражались крепко из города. И вот некий муж корсунянин, именем Анастас, пустил стрелу, написав на ней: „Перекопай и перейми воду, идет она по трубам из колодцев, которые за тобою с востока"».

В благодарность за предательство Владимир приблизил Анастаса к себе и взял его с собой на Русь, сделав его настоятелем Десятинной церкви. Анастасу же передается и церковная десятина, установленная Владимиром от всего «именья» своего и «от градъ» в пользу церкви.

Поздняя Никоновская летопись (XVI в.) приписывает Анастасу деятельное участие в крещении Новгорода (990) и Ростова (991).

---

[320] цит. по: Святой равноапостольный князь Владимир и Крещение Руси. Древнейшие письменные источники / Милютенко Н. И.; науч. ред. Прохоров. Г. М. — СПб., 2008.

Других священников, крестивших Киев, летописи не называют. Парой столетий спустя была придумана сказка, будто еще был епископ Михаил. Появление имени Михаила объясняется тем, что в «Повести временных лет» под 988 годом находится наставление о вере. Оно представляет собой не что иное, как сокращенный перевод символа веры, составленного в первой половине IX века Михаилом Синкеллом. Из предположения о том, что это «наставление» было написано ради Владимира, заключили, что его автор и был первым русским митрополитом.

Крестили киевлян болгарские попы. Это обычный миссионерский сюжет: варвары просвещают варваров, то есть именно неофиты миссионерствуют охотнее, чем их формальные учителя-«староверы». Болгарская церковь как раз в это время была автокефальной, независимой от Константинополя. Но очень скоро (в 1014 году) император Василий Болгаробойца сделает то, от чего он получил свое имя, и автокефалия Болгарской церкви вместе с болгарским царством будут отменены. В Киев приедут греческие попы и епископ; они возьмут под контроль русское летописание и перепишут историю под себя, не допустив упоминания о славянских и западных миссионерах и даже почти стерев упоминания о самом князе Владимире после его крещения[321]. Но память о попе Анастасе они оставят.

Оценки поступку попа Анастаса[322] можно дать разные.

---

[321] Сегодня автором «Повести временных лет» считается русский выдубицкий игумен Сильвестр, позже ставший епископом Переяславским (1110-е годы). Греческая редактура относится к более позднему времени. «Корсунская легенда» написана греческим игуменом Киево-Печерского монастыря середины XII в. Феодосием Греком и вставлена в летопись ростовским епископом греком Кириллом II (1224–1233). См. Федотова П. И. Корсунская легенда и летописный рассказ о крещении Владимира.

[322] Есть позднее «Житие Владимира особого состава», где вместо попа Анастаса то же самое делает варяг Ждьберн/Жберн/Ижъберн. Но это текст поздний (XVI в.) и скорее апокрифический, не вошедший в мейнстрим церковной литературы (см. Федотова П. И. Житие Владимира особого состава — апокриф позднего Средневековья // Христианское чтение. Научный журнал Санкт-Петербургской Духовной Академии. История. 2020, № 6).

Очевидная: он предатель своего города-отечества, своим поступком обрекший его жителей на множество бед. Понятно, что когда язычники-варвары (викинги-русы) брали город, он наполнялся грабежами, убийствами, насилием и изнасилованиями.

Можно, напротив, сказать, что это пример истинно христианского уранополитизма: отказ от своего отечества и его интересов ради «прекрасного далека».

Против этого варианта говорит то, что Анастас не признан святым (что необычно для первого священника-крестителя целого народа) и что летописи ничего не говорят о его чудесах и добродетелях, и он не удостоен даже статьи в «Православной энциклопедии».

В общем, стоит помнить:

Первый рассказ из истории РПЦ — это рассказ о попе-предателе.

Первый рассказ из истории УПЦ — это рассказ о попе-предателе.

Первый рассказ из истории ПЦУ — это рассказ о попе-предателе.

Первый рассказ из истории ЭстХПЦ — это рассказ о попе-предателе.

Первый рассказ из истории Польской АПЦ — это рассказ о попе-предателе.

Первый рассказ из истории русской староверческой церкви — это рассказ о попе-предателе.

Первый рассказ из истории всех катакомбных и альтернативных русских церквей — это рассказ о попе-предателе.

… Сенсационная статья появилась в 1987 году журнале «Коммунист». Ее автор — не историк, а математик, член-корреспондент АН СССР Борис Раушенбах выступил против обычного тогда тезиса атеистической пропаганды о крещении Руси «огнем и мечом». Он предложил не отделять религиозную реформу Владимира от административной. Введение монотеизма сопровождало введение монархии, а, значит шел процесс усиленной централизации власти. Это вызывала понятное сопротивление старых региональных элит. И вот «В голодном 1024 году на далекой тогда окраине Киевской Руси, в Суздале, вспыхнуло восстание. Казалось, язычники выступили против христиан. Но дело было сложнее — как пишет летописец, восставшие направили свой удар против „старой чади". Это раскрывает нам суть происходившего. В описываемое время шел процесс расслоения некогда свободной родовой общины. Племенная верхушка — „старая чадь" — занималась экспроприацией общинных земель, постепенно феодализируясь; она собирала дань для князя, конечно, не забывая и себя. В голодные годы эти нарождавшиеся феодалы припрятывали съестные припасы, одновременно обогащаясь и закабаляя своих соплеменников. Следовательно, восстание 1024 года — типичное выступление порабощенных против угнетателей, это — прообраз будущих крестьянских восстаний в истории нашей страны. В этой обстановке из „подполья" вышли волхвы и попытались использовать восстание в своих целях — для восстановления язычества. Восстание было Ярославом подавлено. Интересно отметить, что, пока суздальские волхвы творили свои языческие обряды, Ярослав их не трогал. Он выступил тогда, когда разразилось антикняжеское (лишь по форме антихристианское) восстание»[323].

Наверняка так можно сказать и об аналогичном новгородском восстании — том самом, в рассказе о котором и употребляется оборот о крещении огнем и мечом. Правда, сам этот рассказ весьма поздний и потому не обладает убедительностью. Он содержится в «Иоакимовской летописи».

Научного издания этой летописи нет и быть не может. Так как ее видел, читал и частично переписал только один человек — В. Н. Татищев в XVIII веке. Он ее включил в первый том своей «Истории Российской».

---

323 Раушенбах Б. В. Сквозь глубь веков // Коммунист. 1987. № 12. С. 104.

Большинство исследователей считает Иоакимовскую летопись компиляцией новгородского историка конца XVII века.

Читаем: «Митрополит же по совету Владимира посадил епископов по городам: в Ростове, Новгороде, Владимире и Белгороде. Сии шедшие по земле с вельможи с войском Владимировым учили люд и крестили всюду сотнями и тысячами, сколько где удавалось, хотя люди неверные весьма о том скорбели и сожалели, но отказываться из-за воинов не смели».

Как видим, здесь нет оптимизма «Повести временных лет», и способ христианизации похож на описанный в Сагах.

«В Новгороде люди, проведав, что Добрыня идет крестить их, собрали вече и поклялись все не пустить в город и не дать идолов опровергнуть. И когда он пришел, они, разметав мост великий, вышли на него с оружием, и хотя Добрыня прельщением и ласковыми словами увещевал их, однако они и слышать не хотели и выставили 2 камнеметательных орудия великих со множеством камений, поставили на мосту, как на самых настоящих врагов своих. Высший же над жрецами славян Богомил, из-за сладкоречивости нареченный Соловей, строго запретил люду покоряться. Мы же стояли на торговой стороне, ходили по торжищам и улицам, учили людей, насколько могли. Но гибнущим в нечестии слово крестное, как апостол сказал, явится безумием и обманом. И так пребывали два дня, несколько сот окрестив. Тогда тысяцкий новгородский Угоняй, ездя всюду, вопил: „Лучше нам помереть, нежели богов наших отдать на поругание". Народ же оной стороны, рассвирепев, дом Добрынин разорил, имение разграбил, жену и некоторых родственников его избил. Тысяцкий же Владимиров Путята, муж смышленый и храбрый, приготовил ладьи, избрав от ростовцев 500 мужей, ночью переправился выше града на другую сторону и вошел во град, и никто ему не препятствовал, ибо все видевшие приняли их за своих воинов. Он же дошел до двора Угоняева, оного и других старших мужей

взял и тотчас послал к Добрыне за реку. Люди же стороны оной, услышав сие, собрались до 5 000, напали на Путяту, и была между ними сеча злая. Некие пришли и церковь Преображения Господня разметали и дома христиан грабили. Наконец на рассвете Добрыня со всеми кто был при нем приспел и повелел у берега некие дома зажечь, чем люди более всего устрашены были, побежали огонь тушить; и тотчас прекратилась сеча, и тогда старшие мужи, придя к Добрыне, просили мира. Добрыня же, собрав войско, запретил грабежи и немедленно идолы сокрушил, деревянные сжег, а каменные, изломав, в реку бросил; и была нечестивым печаль велика. Мужи и жены, видевшие то, с воплем великим и слезами просили за них, как за настоящих их богов. Добрыня же, насмехаясь, им вещал: „Что, безумные, сожалеете о тех, которые себя оборонить не могут, какую пользу вы от них можете надеяться получить?" И послал всюду, объявляя, чтоб шли на крещение. Воробей же посадник, сын Стоянов, который при Владимире воспитан и был весьма сладкоречив, сей пошел на торжище и более всех увещал. Пришли многие, а не хотящих креститься воины насильно приводили и крестили, мужчин выше моста, а женщин ниже моста. Тогда многие некрещеные заявили о себе, что крещеными были; из-за того повелел всем крещеным кресты деревянные, либо медные и каперовые (сие видится греческое оловянные испорченное) на шею возлагать (46), а если того не имеют, не верить и крестить; и тотчас разметанную церковь снова соорудили. И так крестя, Путята пошел к Киеву. С того для люди поносили новгородские: Путята крестит мечем, а Добрыня огнем».

Прежде всего отмечу иронический характер фразы «Путята крестит мечем, а Добрыня огнем». Ни тот, ни другой не были священниками, и потому крестить не могли. Так что поистине — «поносили новгородские».

Далее стоит отметить, что некоторая христианизация Новгорода была еще ранее: восставшие «церковь Преображения Господня разметали и дома христиан грабили». Христианским уже был «дом Добрынин» (то есть Добрыня — это местный житель, а не эмиссар Киева)[324]. Христианином был и «Воробей посадник, который при Владимире воспитан».

В. Л. Янин полагает, что есть археологическое подтверждение известию Иоакимовской летописи о вооруженном сопротивлении крещению жителей Софийской стороны Новгорода, о расправе их с прихожанами Спасского храма, который прежде мирно уживался с языческой в большинстве своем средой. «Археологические раскопки выявили ряд существенных реалий, соответствующих этому рассказу. Церковь Спаса может быть локализована только на Разваже улице, где в дальнейшем существовал храм с тем же названием. В этом районе были произведены раскопки широкой площадью и… обнаружены следы пожара 989 года, уничтожившего здесь всю застройку. На двух усадьбах найдены значительные монетные клады, зарытые перед указанным пожаром. Эти сокровища остались „невостребованными“, и, следовательно, их владельцы тогда же погибли. Важнейшей следует признать находку в слоях, предшествующих пожару 989 года, христианского креста-тельника, свидетельствующего о наличии здесь христиан до официального акта крещения»[325].

Бунт (если он был; помним о сомнительности источника) вряд ли возник именно на религиозной основе. Но свое религиозное оправдание он нашел быстро.

---

[324] Да и сам Владимир сначала правил и жил в Новгороде, и лишь потом вернулся в Киев своего детства. Его опорой в Новгороде был его дядя Добрыня. Уже став киевским князем, «Владимир посадил Добрыню, своего дядю, в Новгороде. И, придя в Новгород, Добрыня поставил кумира над рекою Волховом, и приносили ему жертвы новгородцы как богу» (ПВЛ. год 6488 (980)).

[325] Янин В. Л. Крещение Новгорода и христианизация его населения // Введение христианства у народов Центральной и Восточной Европы: Крещение Руси. — М., 1987. С. 62.

Военное давление на язычников было. Но стоит учесть отличия тех древних обществ от современного.

Первое — наличие открытых границ. Христианизация Восточной Европы была «разноскоростной». Литва и Венгрия еще долго оставались языческими, не говоря уже обо всем Поволжье и Севере. Среди консерваторов-язычников были славянские племена. Прописки, внутренней полиции, как и пограничной стражи не было, а личное оружие было у всех. То есть уход был возможен.

Другим было и личностное самосознание людей. Религия считалась вопросом не личной совести, а социальной практики («так принято») и оценивалась по критерию магической эффективности.

И не было современной всепронизывающей оппозиции «мы — они» между «народом» и «властью». В патерналистском обществе князь — это заодно и отец.

Бог был синонимом Силы. А силы — явно на стороне князя и его дружины.

При этом политика христианских властей была весьма терпимой.

Во-первых, принятие новой веры не влекло за собой на первых порах никакого дополнительного финансового бремени. Да, была церковная десятина, но ее платил лично князь из своих доходов.

Во-вторых, требовательность пастырей к своим новым прихожанам была минимальной. До самого конца XV века дошла вера в то, что разделение умерших на обитателей рая и ада будет проходить строго по формальному признаку: крещеным — рай, нехристям — ад. В XII веке св. Кирилл Туровский поучал: «Кто эти мертвые? Все народы, не принявшие Божьего закона, не познавшие крещенья. „Кто же, — говорится, — беззаконно согрешил, тот беззаконно погибнет". Живыми же христиан называет он»[326]. Это

---

[326] Кирилла-монаха притча о человеческой душе, и о теле, и о нарушении Божьей заповеди, и о воскресении тела человеческого, и о страшном суде, и о мучении. Публ. в Еремин И. П. Литературное наследие Кирилла Туровского. // ТОДРЛ. Т. XII. — М., Л., 1956.

означает, что священники не предъявляли высоких дисциплинарных и этических требований к жизни своих прихожан.

Первый русский учебник «Закона Божия» — это речь греческого монаха к князю Владимиру, вставленная в «Повесть временных лет». «Читая это пространное изложение христианского вероучения, мы должны обращать внимание и на то, о чем здесь умалчивается. Чего нет в „Речи философа“? В ней нет буквально ни слова о христианской нравственности, ни слова о Десяти заповедях и Нагорной проповеди. Следовательно, крещение не воспринималось как этическое обновление и этическое обязательство. Следовательно, для неофитов эпохи Владимира этика вообще не составляла проблемы. Грешникам уготована вечная мука, но кто — грешник? Тот, кто не верует в Иисуса Христа и отказывается от крещения. Как видим, для вечного блаженства достаточно веры, о „добрых делах“, о нравственных заслугах опять-таки речи нет. Коль скоро в „Речи философа“ неофитам не давалось никаких нравственных запретов и рекомендаций, то в сфере этики они были свободны и могли следовать обычаю, преданию, т. е. национальной традиции... Основываясь на постулате „крещение есть спасение“, современники и потомки Владимира получали картину мира, лишенную противоречий и оппозиций. Точнее говоря, существовала оппозиция христианин — язычник, крещеный — некрещеный, но не было оппозиции хороший христианин — плохой христианин»[327].

А вчитывание в первый русский богословский трактат — «Слово о законе и благодати» митрополита Илариона показывает, что в этом тексте «есть несомненное отожествление термина „Церковь“ не с обществом верующих, а с храмом»[328].

А. Панченко полагает, что это наблюдение можно расширить вообще на всех ранних русских авторов, кроме Кирилла Туровского.

---

[327] Красота Православия и крещение Руси // Панченко А. М. Русская история и культура: Работы разных лет. — СПб., 1999. С. 382 и 385.

[328] Соколов П. Русский архиерей из Византии и право его назначения до начала XV века. — Киев, 1913. С. 50.

И делает вывод: «Если Церковь — храм, то одним храмом ограничивается сакральное, „христианизированное“ пространство. Все, что вне храма, это пространство мирское, где поведение человека подчиняется не „письменному закону“, но отеческому обычаю. Даже пастыри вынуждены были с этим считаться. Придя однажды к князю Святославу, Феодосий Печерский „виде многыя играюща пред нимь: овы гусльныя гласы испущающем, другыя же орьганьныя гласы поющем, и инем замарьныя писки гласящем, и тако вьсемиграющем и веселящемъся, якоже обычай есть пред князьмь“. Феодосий, конечно, укорил князя, и тот с этой поры при посещениях печерского игумена „повелевааше тем престати от таковыя игры“. Следовательно, в отсутствие Феодосия князь продолжал жить „по обычаю“, как велит традиция»[329].

Еще несколько веков церковь закрывала глаза на это религиозно-культурное двоеверие[330].

Поэтому тезис современных неоязычников о том, что христианизация Руси вызвала массовый народный отпор и чуть ли не миллион «русичей» погибли за «дедовскую веру» — это утверждение из мира злого хейтинга, а не научной дискуссии.

Но отрицание тезиса о «христианском геноциде» вовсе не означает согласие с тезисом о том, будто восточно-славянские племена с восторгом принимали новую веру Рюриковичей. Скорее всего, они просто еще не умели «проблематизировать» вопрос веры и ее выбора и не считали, что этот выбор — это дело рядового горожанина или крестьянина.

Было ли понуждение к крещению со стороны князя? — Несомненно. Считали ли новокрещеные это насилием над своей душой? — Вряд ли.

---

[329] Панченко А. М. Русская история и культура: Работы разных лет. — СПб., 1999. С. 389.

[330] Об этом — первая глава моей книги «„Гарри Поттер“ в Церкви: между анафемой и улыбкой».

Глава 22

КРЕЩЕНИЕ НЕ-РУСИ

«Приведет Бог поганыя Жидове во крещение, и будут християне во единой любви, неимуще рати межу собою; но токмо на тех имут воевати, кто не восхощет во крещение внидти, да и волею и неволею принудит их Бог внити во крещение»

(св. Антоний, архиепископ Новгородский, 1200 год) [331].

«Русский мир» расширялся, и разными путями — от войн до «монашеской колонизации» — включал в свои пределы соседние народы.

Тактика была неизменна: сначала — почти равные отношения двух взаимонезависимых субъектов. Потом символическое данничество. Потом обязательное соучастие в военных проектах Москвы. Потом назначение управляющих из Москвы. Затем интеграция местной национальной элиты в элиту москов-

---

[331] Книга Паломник: Сказание мест святых во Цареграде Антония, архиепископа Новгородского в 1200 г. // Православный палестинский сборник. 1899. Вып. 5. С. 5.

скую — в том числе через переселение и принятие христианства. «Демилитаризация и денацификация» местного населения. И, наконец, приведение его к московской вере хотя бы в некоторых его частях.

«Сказание о крещении мценян» сообщает:

«В лето от сотворения мира 6953, а от Рождества Христова 1415 правящу скипетры Великаго Княжества Василия Димитриевича, и брата его Андрея Димитриевича, в пределах и градех и во всех весех, неверующих просвещаху во Христову веру. Во граде Мценске мнози неверующи во Христа Бога нашего; тогда послани бывше от Князей Великих вои, со многим воинством, и от Преосвященнаго Фотия пресвитер. Живущие Мецняне устрашишася, и ратоваша на них, и одержими бяху слепотою. Язычники, устрашенные силой оружия и пораженные слепотой, послушались проповеди. Ови же прихождаху, и увещеваху и[х] к святому крещению. Десятыя недели по Пасце, в пяток приемъ святое крещение мецняне: Ходаны, Юшинки и Зикии, и прозреша»[332].

---

[332] Сахаров И. П. Легенда о крещении мценян в 1415 году // Русская вивлиофика или собрание материалов для отечественной истории, географии, статистики и древней русской литературы, издаваемое Николаем Полевым. — М., 1833. Т. 1. С. 361–362. О существовании особого Сказания о мценских событиях 1415 г. широкой общественности впервые стало известно из письма епископа орловского и севского Гавриила (Розанова), напечатанного в «Отечественных записках» в 1825 г. (Письмо Преосвященного Гавриила, Епископа Орловского и Севского — о тайнике, найденном в городе Мценске от 2-го апреля 1825 г. // Отечественные записки. 1825. Ч. 22. С. 429–440). Название этому памятнику литературы было дано авторами последующих публикаций. Сказание хранилось в Никольской церкви города Мценска и было записано на доске. Его видел и читал историк Тульской губернии И. Ф. Афремов (Афремов И. Ф. Историческое обозрение Тульской губернии. Ч. 1. — М., 1850. С. 42). Позже эта доска была утрачена. Перевод цитированного фрагмента на современный русский: «…в 1415 году мценяне не признавали еще истинного Бога, почему и посланы были в том году, от него и митрополита Фотия, священники, со множеством войск, для приведения жителей в истинную веру». Журнал Министерства Внутренних дел. — СПб., 1837. Кн. 4, апрель. С. 107–108).

Мценск — это земли будущей Орловской губернии. Василий и Андрей Дмитриевичи — это сыновья князя Дмитрия Донского.

(Правда, есть альтернативное и политическое, а не миссионерское прочтение источника: В середине XIV столетия в борьбе за влияние в регионе Верхнего Поочья столкнулись Московское и Литовское государства. Это сказалось и в вопросе церковного подчинения. 15 ноября 1415 г. литовские епископы поставили Григория Цамблака митрополитом Киевским всея Руси. Под соборным актом подписался Исакий, епископ Исакий Черниговский и Брянский. Исакий считал Мценск своим городом в церковном отношении и литовским в смысле государственной принадлежности. Мценск находился под административной властью литовских наместников и оказался на пограничье надвигающегося церковного раскола. В этой связи проясняются мотивы похода московских и можайских войск на Мценск вместе с фотиевым пресвитером в 1415 г. Так называемое крещение мценян произошло на десятой неделе после Пасхи, в пятницу — 7 июня. Представителей Литвы, сравнительно недавно принявшей крещение, на Руси еще долго называли язычниками. «Думаю, что жители Мценска вряд ли пребывали во тьме язычества, а вот склоняться на сторону Литвы, если не в плане вероисповедания, то в политических пристрастиях, вполне могли»)[333].

О датировке захвата московскими войсками Мценска см.: Беспалов Р. А. О письме Ольгерда патриарху Филофею // Древняя Русь. Вопросы медиевистики. 2015. № 2 (60). С. 55, 59–60. См. также Беспалов Р. А. Сказание о крещении мценян или о явлении иконы Николы Чудотворца во граде Мценске в 1415 году // Труды отдела древнерусской литературы. Т. 66. — СПб., 2019. С. 353–354. Современный управляющий Тульской епархией согласен с этим сообщением: «Сопоставляя все эти факты, нельзя не прийти к заключению, что просвещение вятичей христианской верой в их области развивалось не вдруг, а постепенно и притом очень медленно и не повсеместно, так как в Мценске оставались упорствующие язычники еще до XV века» (Митрополит Алексий (Коноплёв). Город Тула до учреждения в нем епархии. https://tulaeparhia.ru/istoriya-tulskoj-eparhii/

[333] Антонова М. В. Предания о чудотворной иконе Николы Мценского (по письменным источникам XIX–XX вв.) // IV Всероссийский конгресс фольклористов. — Тула, 2018, Т. 2. С. 360. См. также: Беспалов Р. А. Опыт

Доброе евангельское слово, поддержанное армией, убедительнее, чем просто доброе евангельское слово…

Таков был завет преп. Иосифа Волоцкого: «…пригоже Государю поминати, каково имели подтщание и ревность первые благочестивые цари о непорочной христианской вере <…> Православный царь Ираклий повеление изложи по всему своему царству: Аще жидовин не крестится, да убиен будет. Тако же Омиритский царь Авраамий повелел убивать не хотевших креститься жидов»[334].

В 1553 году старец Сильвестр, духовник Ивана Грозного и автор «Домостроя», писал первому казанскому наместнику А. В. Горбатому: „Ничто же бо тако пользует православных царей, якоже се, еже неверных веру обращати, **аще и не восхотят**, ... дабы вся вселенная наполнилася православием"»[335].

Царь внял этому совету. В 1559 году на турецкий восток ушло посольство от Ивана Грозного. Иоаким, патриарх Александрийский спросил послов: «„Есть ли в вашей земли, в государстве царьстве иноверные — жидове, и бусормане, и еретицы, и ковти, и арьмены, и протчая их проклятая вера — ересь? Живут ли домами своими?" Мы же рекохом: „Никако, владыко. У нашего государя в царьстве жилища им нет. Жидов государь и торговать не велит впускать во свою землю". Он же востав со престола, сотвори молитву и поклонися до земля и рече: „Бог да простит царя, государя и великого князя Ивана Васильевича всеа Русии и его царевичев Иванна и Феодора, что отогнали пребеззаконных жидов, аки волков, от стада Христова"»[336].

исследования «Сказания о крещении мценян в 1415 году» в контексте церковной и политической истории Верхнего Поочья // Вопросы истории, культуры и природы Верхнего Поочья: Материалы XIII Всероссийской научной конференции. Калуга, 7–9 апреля 2009. — Калуга, 2009. С. 27–34.

[334] Послание преподобного Иосифа Волоцкого к Митрофану, архимандриту Андрониковскому // ЧОИДР. — 1847. Кн. 1. Отд. 4. С. 1–2.

[335] Цит. по: Кобрин В. Г. Иван Грозный. — М., 1989. С. 108.

[336] Хождение Трифона Коробейникова» // Библиотека литературы Древней Руси. Т. 10: XVI век. — СПб., 2000.

Казань взята в 1552 году. Новгородские летописцы сообщают подробности о судьбе пленных казанцев. Шестьдесят человек доставили в Новгород и развели по дворам. Кормить их должны были архиепископ и «гости веденые». В 1555 году пленников переселили в три вновь построенные тюрьмы и — «той же зимы месяца генваря в вторник давали дияки по монастырем Тотар, которые сидели в тюрмех и захотели креститись, которые не захотели креститися, ино их метали в воду»[337].

В 1556 году по требованию св. Гурия все некрещеные татары были выселены из Казани в отдельную «Татарскую слободу»[338]. К этому времени уже угасла эпоха миссионерского служения древнерусских монахов. Теперь монастыри ставились в покоряемых землях с крепкими стенами и с охраной стрельцов, а сами монастыри становились собственниками огромных земельных угодий, с которых порой коренное нехристианское население просто прогонялось.

В 1591 году царь Федор Иоаннович повелел: «а для поученья б велели есте новокрещеном всем приходити к богомольцу нашему, к Ермогену митрополиту, часто и поученья его слушати и держатися, а которые новокрещены хрестьянские веры крепко держати и поученья митрополича и отцов духовных слушати не учнут, и вы б тех велели смиряти, в тюрьму сажати, и бити и железа и в чепи сажати, а на иных и заповеди имати, а иных отсылали б есте к Ермогену митрополиту, и митрополит им епитемьи чинит по правилам святых апостол, чтоб однолично новокрещенов всех во хрестьянскую веру привесть крепко и утвердить, а от татарския б веры отучити и остращати»[339].

(В ноябре 1655 года в Смоленске посол Венеции Вимина вел переговоры с царем Алексеем Михайловичем о военном союзе

---

[337] Новгородская Вторая летопись // ПСРЛ. Т. 30. — М.,1965. С. 182.

[338] Знаменский. Руководство к русской церковной истории. — Казань, 1888. С. 104.

[339] Грамота царя Федора Ивановича всеа Русии, в Казань 18 июля 1593 г. // Акты Археографических экспедиций. Т. 1. — СПб, 1836. С. 438.

против Турции. И 28 ноября получил ответ: положительного решения царь покуда постановить не может, имея на руках войну с Польшею; что же касается до крымских татар, то их ожидает та же участь, как астраханских и казанских; а когда и как они будут наказаны, это знают Бог и Божия Матерь)[340].

Это — при расширении восточных рубежей Московского царства. Но и на Западе царь Иван Грозный исполнял заветы своих духовных наставников:

«Вскоре же царь дал Литве веские доказательства своей „веротерпимости“. Он приказал рубить головы монахам-бернардинцам из местного католического монастыря. В глазах Грозного католики были опасными врагами, и он решил искоренить рассадник католической веры в Белоруссии»[341]. Причем рубить головы монахам русский царь поручил татарам[342].

«Благочистивый Царь и Великий князь подвижеся со множеством силы своея и, шед, взя древнее отечество, славный град Полтеск, и такмо живущих богоубийственных жидов конечной пагубе предаде» (так новый духовник царя Афанасий в 1563 году записал в Книге Степенной Царского родословия)[343].

О том же взятии Полоцка пишет инок Иосифо-Волоцкого монастыря Евфимий (впоследствии Грозный сделал его игуменом монастыря):

«Град Полтеск взял и (епископа та, рек)ше бискупа, святителя их, сведе и всех людей, иже во граде хотящих

---

[340] Альберто Вимина. Сношения Венеции с Украйною и Москвой // Русская Старина 1909 г., № 1, январь. С. 66. Интересно, что на языке русской дипломатии Венецианская республика именовалась «яснейшая Речь посполитая венецианская» (Уведомление Екатерины Второй о рождении внука Александра // Русская Старина 1909 г., № 1, февраль. С. 140).

[341] Скрынников Р. Г. Иван Грозный. — М., 2001. С. 397.

[342] Костомаров Н. И. Русская история в жизнеописаниях ее главнейших деятелей. Т. 1. — М., 1995. С. 370.

[343] ПСРЛ. Т. 21. С. 662.

*обратитися к вере православного христианства, повеле приимати на покаяние и милость показа — не предавати на смерть. Неповинующих же ся царьскому его велению и **веровати не хотящих** — жестосердых жидов и лютавар (лютеран — А. К.) злых и не покоривых латын, повеле огню и мечю предати»[344]. Псковская летопись говорит: «А которыя были в городе жили люди жидове, и князь великий велел их и с семьями в воду в речную вметати, и утопили их»[345].*

И дело не в дурном характере Грозного царя. Р. Г. Скрынников писал в биографии Ивана Грозного: «Ответственность за происшедшее лежала не на одном царе Иване. В походе на Полоцк его сопровождал игумен Иосифо-Волоколамского монастыря Леонид. Архиепископом полоцким царь поставил Трифона Ступишина, потому что тот был постриженник „Иосифа игумена Волоцкого“»[346].

Флорентийский купец Тедальди поведал папскому нунцию: «Одинаково и про евреев, о которых говорят, что их тогда утопили, Тедальди замечает, что всего только двух или трех насильственно крестил великий князь и потом велел утопить, объясняя свое приказание нежеланием, чтобы умирали христиане; другие же были изгнаны из Полоцка».

Спустя сто лет спустя московский царь Алексей Михайлович взял у поляков Смоленск. «По взятии Смоленска царь нашел в нем много евреев, которые скрывали себя, переодевшись христианами, но московиты узнали их по неумению делать крестное знамение. По приказанию царя всех их собрали и потребовали, чтобы они крестились, если хотят спасти себе жизнь; кто уверовал и крестился, тот сохранил свою жизнь, а тех, кто не пожелал, посадили

---

[344] О преставлении старца Феодосия, бывшего епископа Великого Новгорода и Пскова, и житии его вкратце // Архимандрит Макарий (Веретенников). Московский митрополит Макарий и его время: Сборник статей. — М., 1996. С. 90. http://ao.orthodoxy.ru/arch/025/025-mak.htm

[345] ПСРЛ. Том 6. Ч. 2. С. 244.

[346] Скрынников Р. Г. Иван Грозный. — М., 2001. С. 397, 398.

в деревянные дома и сожгли… В Смоленске младенцев евреев, армян и ляхов клали в бочки и бросали в Днепр, ибо московиты до крайности ненавидят еретиков и язычников. Всех мужчин избивали беспощадно, а женщин и детей брали в плен. В плен было взято более 100 000 <…> Восемь мальчиков и девочек продавали за один рубль. Что касается городов, сдавшихся добровольно, то тех из жителей, которые приняли крещение, оставляли, обеспечивая им безопасность, а **кто не пожелал креститься, тех изгоняли**. Что же касается городов, взятых мечом, то истребив в них население, московиты сами селились в них»[347].

На занятых Москвой территориях католическое духовенство допускалось только к западу от Березины «по Березу, кроме Вилны и Трок и Гродни духовенству быть по их прошению, а в маетностях по Березу быти церквам христианским и кастелам, а по сю сторону Березы их набоженству не быть»[348]. Правила было простыми: «костелам не быть, а петь в домех», «униатам не быть», «жидом в Белоруссии не быть и жития никакого не имети»[349]. «А жидам в Могилеве не быть и жития им никакого не иметь»[350].

Богдан Хмельницкий, по инициативе которого была начата та война, говорил, что тот поляк, кто хочет жить, должен принять православие: «Которой де лях хочет жив быти — и тот де крестись…, а хто де не будет креститца — и тем де живым не быть»[351].

Павел Алеппский руководствовался рассказами казаков: «Много евреев и ляхов жили в Прилуках, те из них, которые

---

[347] Архидиакон Павел Алеппский. Путешествие Антиохийского патриарха Макария в Россию в первой половине XVII века, описанное его сыном, архидиаконом Павлом Алеппским. — М., 2005. С. 244 и 246.

[348] ЦГАДА, Дела польские, 1655, № 14, лл. 65–66. Цит. По: Мальцев А. Н. Россия и Белоруссия в середине XVII века. — М., 1974. С. 160.

[349] Сагановіч Г. Невядомая вайна 1654–1667. — Минск, 1995. С. 28.

[350] Грамота жалованная царя Алексея Михайловича жителям Могилева // Белорусские архивы древних грамот. — СПб., 1824, часть 1. С. 107.

[351] Воссоединение Украины с Россией. Документы и материалы. — М., 1953. Т. 2. С. 111). Польский посол Войчех Мясковский, донесший нам слова Хмельницкого, сам был очевидцем этого разговора.

окрестились, избрали благую часть, а кто отказался, тех избили и отослали в лоно Сатанаила».

«100 000 евреев спрятались в крепости Тульчин. Казаки взяли крепость и избили их не мечами, а палками и поленьями, младенцев вытаскивали копьями из беременных женщин. Мы спрашивали еврея Яки, что сделал Хмель с евреями в стране ляхов, и тот отвечал, что он больше причинил им зла, чем в древности Веспасиан. На это мы рассмеялись»[352]. «Во время погрома в Яссах Евреев заключали в оковы и мучили в продолжение целых ночей, как говорят, для того, чтобы они крестились и указали свои богатства».

Во время антипольского восстания Богдана Хмельницкого казаки взяли Киев. «В Киеве прятались несколько тысяч католических священников. Их связали веревками, которыми они были опоясаны и побросали в Днепр для потопления, подвергнув их сначала сильнейшим истязаниям. Наконец тела их были съедены псами»[353].

Это было уже традиционно: 23 февраля 1618 года во время антиуниатского бунта жителей Киева и казаков униатский настоятель Софийского собора Антоний Грекович был утоплен в Днепре напротив Выдубицкого монастыря.

Тем, кто не верит таким сообщениям современника, придется поверить Николаю Гоголю:

«И между теми-то козаками, между теми восьмью полками отборнее всех был один полк, и полком тем предводил Тарас Бульба. Всё давало ему перевес пред другими: и преклонные лета, и опытность, и уменье двигать своим войском, и сильнейшая всех ненависть к врагам. Даже самим козакам казалась чрезмерною его беспощадная свирепость и жестокость.

---

[352] Там же. С. 151.

[353] Архидиакон Павел Алеппский. Путешествие Антиохийского патриарха Макария в Россию в первой половине XVII века, описанное его сыном, архидиаконом Павлом Алеппским. — М., 2005. С. 176.

Только огонь да виселицу определяла седая голова его, и совет его в войсковом совете дышал только одним истреблением. В летописных страницах изображено подробно, как бежали польские гарнизоны из освобождаемых городов; как были перевешаны бессовестные арендаторы-жиды; как слаб был коронный гетьман Николай Потоцкий с многочисленною своею армиею против этой непреодолимой силы; как, разбитый, преследуемый, перетопил он в небольшой речке лучшую часть своего войска; как облегли его в небольшом местечке Полонном грозные козацкие полки и как, приведенный в крайность, польский гетьман клятвенно обещал полное удовлетворение во всем со стороны короля и государственных чинов и возвращение всех прежних прав и преимуществ. Но не такие были козаки, чтобы поддаться на то: знали они уже, что такое польская клятва. И Потоцкий не красовался бы больше на шеститысячном своем аргамаке, привлекая взоры знатных панн и зависть дворянства, не шумел бы на сеймах, задавая роскошные пиры сенаторам, если бы не спасло его находившееся в местечке русское духовенство. Когда вышли навстречу все попы в светлых золотых ризах, неся иконы и кресты, и впереди сам архиерей с крестом в руке и в пастырской митре, преклонили козаки все свои головы и сняли шапки. Никого не уважили бы они на ту пору, ниже самого короля, но против своей церкви христианской не посмели и уважили свое духовенство. Согласился гетьман вместе с полковниками отпустить Потоцкого, взявши с него клятвенную присягу оставить на свободе все христианские церкви, забыть старую вражду и не наносить никакой обиды козацкому воинству. Один только полковник не согласился на такой мир. Тот один был Тарас. Что же Тарас? А Тарас гулял по всей Польше с своим полком, выжег восемнадцать местечек, близ сорока костелов и уже доходил до Кракова. Много избил он всякой шляхты, разграбил богатейшие земли и лучшие замки; распечатали и поразливали по земле козаки вековые меды и вина, сохранно сберегавшиеся *в панских погребах; изрубили и пережгли дорогие сукна, одежды и утвари, находимые в кладовых. „Ничего не жалейте!" — повторял только Тарас. Не уважали козаки чернобровых панянок, белогрудых, светлоликих девиц; у самых алтарей не могли спастись они: **зажигал их Тарас вместе с алтарями**. Не одни белоснежные руки подымались из огнистого пламени к небесам, сопровождаемые жалкими криками, от которых подвигнулась бы самая сырая земля и степовая трава поникла бы от жалости долу. Но не внимали ничему жестокие козаки и, поднимая копьями с улиц младенцев их, кидали к ним же в пламя. „Это вам, вражьи ляхи, поминки по Остапе!" — приговаривал только Тарас. И такие поминки по Остапе отправлял он в каждом селении».*

Вопрос о том, каким гонениям или унижениям до этого подвергались православные казаки и литвины со стороны католиков или иудеев, при сопоставлении с Евангелием всё же стоит отложить в сторону. Нет Христовой заповеди о выяснении «кто первым начал...» Каждый виноват в своем зверстве.

5 декабря 1722 года уже Синод вернулся к теме «евреи в Смоленске»:

«С прошлых годов, по взятье из-за Польскаго короля города Смоленска, утвержена была одна христианская благочестивая вера во всем княжестве Смоленском, а жидовская поганая вера искоренена была без остатку. А вице-губернатор князь Василей Гагарин допустил в Смоленскую провинцию из-за Литовскаго рубежа жидов, которые с женами и с детьми меж христианскаго народу размножились. Они в субботу денег за свои промыслы не принимают, и ничего не работают, а наш воскресной и другие праздники уничтожая, всякими промыслы с простым народом христианскаго закона торгуют и на всякую работу в те дни наймают и тем от церквей Божиих во время священства простой народ отвращают.

< ... > Святейший Синод доношения слушав, согласно приговорили: жида Бораха Лейбова жидовскаго учения школу раззорить до основания и в ней обретающиеся их учения книги и протчее, собрав, сжечь без остатку: а о вице-губернаторе Гагарине и о жиде Борахе, также и о изгнании из оной Смоленской провинции всех тамо обретающихся жидов за границы Российския, сообщить в Правительствующий Сенат ведение, которым требовать, дабы те все жиды от принадлежащих в России торгов и откупов и от сообщения с правоверными весьма были отлучены и никогда бы в тех странах, где православных жительство имеется, никакого им пристанища и жительства отнюдь не было. А какия, сверх означенных в доношении, противныя благочестию от оных жидов пакости происходили, о том испытно розыскать Смоленскому архиерею, которому тот розыск и прислать в Святейший Синод в какой возможно скорости»[354].

При этом захваченных пленных понуждали креститься и по доставке в их в Москву: «У каждой богатой женщины бывает 50, 60 рабынь и у каждого важного человека — 70, 80 рабов. Они обращают их в христианство, хотят ли они или нет, их крестят даже насильно. Если потом увидят, что они хорошо ведут себя, и усердны в вере, то их женят между собой и детям их дают наилучшие имена»[355].

XVII век. Некоторые страницы из христианизации Поволжья.

«Самые способы обращения казанских иноверцев в христианство не всегда были неукоризненными. Много было злоупотреблений со стороны миссионеров. Русские принуждали

---

[354] Собрание постановлений и распоряжений по ведомству православного исповедания. Т. 2 (1722 год). — СПб., 1872. С. 649–650.

[355] Архидиакон Павел Алеппский. Путешествие Антиохийского патриарха Макария в Россию в первой половине XVII века, описанное его сыном, архидиаконом Павлом Алеппским. — М., 2005. С. 206.

креститься иногда жестокими пытками и мучениями. Так, например, в 1647 г. служилые татары жаловались царю, что „воевода Олексей Малышкин посадил их, холопей, в тюрьму и мучил, сажал в чепь и в железа, мучил и нудил их сильно креститься в христианскую веру. И не мога мы, холопи твои, претерпеть муки от него. Воеводы, подали мы челобитную, чтобы нас, холопей твоих, велел ты, государь, крестить в православную веру, а мы хочем быть в своей басурманской вере. Милосердый государь царь! Пожалуй нас холопей своих, не вели нас силно крестить в христианскую веру, а вели нам быть в своей басурманской вере!"»[356]

В 1650-х годах поп Данила Никитин Даниил занимался распространением православия среди темниковских «инородцев». В 1652 г. на него жаловались темниковские служилые татары: «их де и детей их тот протопоп сажает в чепь и железа, и мечет в погреб, и вешает через грядку, и всякими муками мучит. А людей де их, которые стары и увечны а креститца не похотят и тех людей емлет к себе ж и крестит насильством, и дворы их разоряет»[357].

1654 год: рязанский архиепископ св. Мисаил по велению царя Алексея Михайловича[358] решил отправиться в Шацкий уезд для проповеди мордве. Способ миссии был самый простой: «Грамотой, разосланной от имени государя по мордовским и татарским селам, преосвященный Мисаил велел жителям явиться в село Конобеево для принятия святого крещения»[359].

---

[356] Челобитная романовских служилых татар царю Алексею Михайловичу // Дополнения к актам историческим, собранные и изданные археографической комиссией. Том 3. С. 118 (№ 35).

[357] Беляков А. В., Морохин А. В. Протопоп Даниил Темниковский // Средневековая личность в письменных и археологических источниках. — М., 2016. С. 50.

[358] Свод письменных источников по истории Рязанского края XIV–XVII вв. Т. 4. — Рязань, 2005. С. 263.

[359] https://mitropolia-lip.ru/zhitie-svyashchennomuchenika-misaila-arhiepiskopa-ryazanskogo-i-muromskogo

Эти поездки стали ежегодными. Когда Мисаил появился в виду мордовской деревни Ямбирно в третий раз, 1 апреля 1656, его встретили не по церковному обряду встреч архиерея.

Боярский сын Акиндин Бахолдин, архиерейский конюший, поведал, что «на пажити стоят многие люди и срубы и избы и клети, и в тех срубех залегли с ружьем мордва и татарове человек в пять сот и больше».

Мисаил был не один. В поездках для распространения православия его сопровождали отряды солдат. Но в данном случае стрелы местного населения обратили в бегство русских, вооруженных огнестрельным оружием. Одна стрела поразила епископа в сердце.

Мисаил, архиепископ Рязанский и Муромский, указом Святейшего Патриарха Московского и всея Руси Пимена от 12 января 1987 года был причислен к лику Рязанских местночтимых святых[360]. Собор? Изучение архивов и опрос историков? Зачем? Указ — и готов новый святой, чью святость отчего-то не замечали в течение трехсот лет[361].

---

[360] https://mitropolia-lip.ru/zhitie-svyashchennomuchenika-misaila-arhiepiskopa-ryazanskogo-i-muromskogo

[361] Аналогично прошла канонизация самоубившегося Кирилла Вельского. В неисчерпаемой сокровищнице православных предания есть дивное «Сказание вкратце о святем Кириле чюдотворце, иже на реке на Ваге, на Вельском погосте». О жизни святого Кирилла это сказание так ничего и не рассказало. Но зато рассказ о его смерти незабываем.

О ней сообщается в форме предания, услышанного от старых людей местной слепой старицей Акилиной по прозвищу Накапа. «А та черница очима была темна от многих лет, а наросло у нее на правом оке мясо величеством с яблок». В подтверждение своего рассказа она подошла к гробу Кирилла, приложилась к мощам «…и в том часе нача очима свет видети и мясо, висящее от еа ока, отвалися проч.»

Она рассказала, что Кирилл был «наместничий тиун» новгородских посадников. По неизвестной причине наместник «роскручинился» на него «во время обеднее», и Кирилл побежал топиться в реке Ваге, но вода чудесным образом расступилась от него во все стороны на 3 сажени. Наместник, увидев чудо, начал просить у Кирилла прощения. Кирилл ответил: «Бог простит и помилует», «простився, и прекрестив лице свое, и преклонився ниц, и абие утопе в воде». Наместник со слугами нашел

В царском указе, посланном темниковскому воеводе Николаю Спафарию[362] в июне 1681 г., говорилось о том, что татарские мурзы «в поместьях своих и вотчинах крестьяном чинят многие налоги и обиды, и принуждают их к своей бусурманской вере, и чинят осквернение, и мы, великий государь, советовав о том с отцом нашим и богомольцем святейшим Иоакимом патриархом…, милосердуя о християнских душах, указали:…у мурз и у татар, и у мурзинских и у татарских жон и вдов, и у недорослей, и у девок поместья и вотчины с крестьяны и бобыли отписать на нас, великого государя…» (РГАДА. Ф. 1167. Оп. 1. Д. 352. Л. 1).

«Подобные радикальные меры привели к тому, что темниковский воевода был буквально завален челобитными с просьбами о крещении в православие»[363].

Москва ясно велела Николаю Спафарию: «А в той твоей, великого государя, грамоте писано: велено темниковского новокрещена

тело Кирилла его похоронили с почестями «близ церкве на обычном кладбище», то есть не как «заложника». «Сказание…» относят к началу XV века. В XVIII веке синод всё же потребовал провести расследование, итогом которого стала попытка стереть этот народный культ. Но в конце XX века эйфория «возродим всё» сделала проверки излишними. «Канонизацией Кирилла следует считать включение его имени в Собор Всех святых, в Земле Российской просиявших, состав которого был определен в сер. 70-х гг. XX в. при подготовке к изданию богослужебных Миней (Минея (МП). Май. Ч. 3. С. 378)» (Рыжова Е. А. Кирилл Вельский. Православная энциклопедия. Т. 34. С. 378–379; Рыжова Е. А. Сказание о явлении мощей и чудесах прав. Кирилла Вельского: История текста памятника и почитание святого // Русская агиография: Исследования, материалы, публикации. Т. 3 http://lib2.pushkinskijdom.ru). То есть опять канонизация по тихой резолюции патриарха Пимена, единственным образованием которого были ветеринарные курсы, пройденные во время службы в армии.

362 Именно он привез в Россию из Стамбула диковинку — чернокожего мальчика Аврама Ганнибала, дедушку А. С. Пушкина.

363 Белобородов С. А. Деятельность Н. Г. Спафария-Милеску в России (1678–1707 гг.) // Ежегодник Научно-исследовательского института русской культуры Уральского государственного университета. 1995–1996. — Екатеринбург, 1997. С. 16.

стольника князь Андрея Бегишева сына князь Еникеева жену ево и детей сыскать и твой, великого государя, указ им сказать, чтоб они крестились в православную христианскую веру греческого закона. Да буде они крестятца похотят, — и их велено крестить тотчас. А буде они не крестятца, — и им сказать, что они сосланы будут в Богороцкой на пашню»[364].

В начале XVII в. алатырская мордва дважды топила в Суре игуменов Троицкого монастыря. В период гражданской войны 1670–1671 гг. восстание в мордовских деревнях чаще всего начиналось с убийства священника[365].

В 1744 г. в деревню Кярьга Темниковского уезда приехал с солдатами протопоп Казанский. Не утруждая себя проповедью, приказал вязать мордовских крестьян и начал осуществлять обряд крещения.

«Некоторые могут возразить, что это лишь частные случаи, достойные осуждения и осужденные властями. Возможно, это и так, но дело в том, что участники подобных бесчинств не были наказаны, более того, государство поощряло их и поддерживало. В таких условиях закономерной реакцией со стороны мордовских крестьян стало сопротивление во всех возможных формах. Первоначально мордовское население края отреагировало массовым бегством за Волгу, в Сибирь. Иногда же на смену пассивным формам сопротивления приходили активные, вспыхивали локальные стихийные восстания. Наиболее крупным из них стало восстание мордвы Терюшевской волости Нижегородской губернии 1743–1745 гг. Началось всё с назначения на пост епископа Нижегородского Дмитрия Сеченова. Несколько сот крестьян напали на миссионеров и солдат, попытавшихся разрушить кладбище с. Сарлеи Терюшевской волости. На помощь епископу из Нижнего Новгорода выступили войска, что подлило масла в огонь. Тем более, что начали они с ареста зачинщиков, которые „...держаны

---

[364] Юрченков В. А. Мордовская история. — Саранск, 2014. С. 102.
[365] Там же. С. 152.

были в тюрьмах, в каменном остроге, у преосвященного в семинарии, и в других местах. И, держав оных мордву, крестили из-под неволи"… Между тем восстание ширилось, распространяясь на соседние с Сарлеями села и деревни — шесть тысяч крестьян взялись за оружие. Присланные на подавление движения каратели во главе с капитаном Лазарем Шмаковым бесчинствовали в селах и деревнях. Шмаков „…мордву для невольного крещения сыскивал и возил под караулом под шпагами, и у мордовских жен косы обрезывал". Однако сил для пресечения восстания у него явно не хватало. Поэтому решением Военной коллегии в Терюшевскую волость были направлены крупные части под командованием генерал-майора Стрешнева и премьер-майора Юнгера. В конце ноября 1743 г. у д. Лапшихи повстанцы были разбиты. Пленных подвергли пыткам, руководителя восстания Несмеяна Васильева сожгли на костре, а его соратника Помраза Семенова повесили. Однако результатом восстания явилось отступление правительства и церкви от политики насильственной христианизации[366]. Страх перед новыми

---

[366] Были и более ранние временно и регионально ограниченные попытки остановить насилие при крещении. Так, от имени 10-летнего Петра 20 мая 1682 г. вышел «Указ царя Петра Алексеевича кадомскому воеводе Кузьме Савиновичу Скрипицыну о запрещении насильственного крещения татар и мордвы.

«От царя и великого князя Петра Алексеевича всеа Великия и Малыя и Белыя России самодержца в Кадом воеводе нашему Кузме Савиновичу Скрыпицыну. Ведомо нам, великому государю, учинилось низовых городов от приезжих людей, что в понизовых городех многие люди бусурманские веры вменяют бутто по нашему, великого государя, указу и по грамотам в городех воеводам велено их, мурз и татар, и мордву крестить в православную християнскую веру неволею, и в том они себе чинят великое оскорбление. И как к тебе ся наша, великого государя, грамота придет, и ты б в Кадоме, собрав к съезжей избе лутчих людей с мурзами, и с татары и сказал им всем в слух, что нашего, великого государя, указу такова, что их крестить в православную христьянскую верою неволею к тебе в Кадом не бывало. А велено их призывать и приводить ко крещению волею.

И которые похотять креститца, и тех крестить, и наше, великого государя жалованье давать по указу, а иным льгота. А которые бусурманы, мурзы и татары, и мордва, и чюваша, и черемиса креститца не похотят, и тех крестить не велено.

возможными выступлениями заставил правительство прекратить практику взятия в рекруты «язычников» взамен христиан, были прекращены переселения некрещеных из деревень, в которых жили новокрещены[367]. Осуществлены и частичные уступки. Например, власти отказались от ареста «всех зачинщиков» Терюшевского восстания ввиду их «великого множества»[368].

И впредь бы они в том нашу государскую милость всегда были надежны. А в Кадомской уезд послал бы еси ково пригоже знатных людей, и наш, великого государя, указ велел по тому ж сказати мурзам и татаром, и мордве всем и нашею, великого государя, милостию обнадеживать, что их силою крестить не указано. А указали их призывать ко крещению волею. А жили б они в домех своих без всякого опасенья. И они б, видя к себе нашу, великого государя, премногую милость нам, великому государю, служили и доходы платили по-прежнему, и на нашу, великого государя, милость всегда были во всем надежны, да о том к нам, великому государю, писали почасту. А отписки подавать в Казанском приказе боярину нашему князю Якову Никитичю Одоевскому с товарыщи.

Писан на Москве лета 7190-го мая в 20 день».

РГАДА. ф. 1122, оп. 1, 1682 г. д. 1588, л. 3-4». Публ. в: Беляков А. В. Новый документ о религиозной политике в России XVII века // Средневековые тюрко-татарские государства. 2020, №12. С. 112–113.

[367] Стоит помнить, что все эти меры проводились с поддержкой и по инициативе православного духовенства и не вызывали его протестов. Для сравнения: «Переселение индейцев чероки стало одним из самых постыдных и несправедливых действий в истории нации по отношению к индейцам со стороны правительства Соединенных Штатов. В 1837 г., через несколько лет после обнаружения золота на их землях, мирные и культурно возросшие индейцы чероки правительственным декретом и при помощи девяти тысяч солдат были насильственно выселены из своих домов в Джорджии. Людей собирали в форты, а их собственность продавали с молотка. Тысячами их перевозили на лодках, а остальных заставили идти пешком за реку Миссисипи. Это путешествие оказалось трудным, и смертность среди изгнанников была высокой. Многие миссионеры смело выступали против столь жестоких мер, и к концу этого предприятия четыре пресвитерианца и два методистских миссионера были арестованы, подверглись пыткам, а затем их судили и приговорили к каторге за резкие протесты. Рассказывали, что нередко миссионеров, протестовавших против жестокого обращения с индейцами, выволакивали из домов в цепях и увозили» (Такер Рут. От Иерусалима до края земли. История миссионерского движения. — СПб., 1998. С. 87).

[368] Юрченков В. А. Мордовская история. — Саранск, 2014. С. 135–137.

«В 1681 г. из-за нежелания татарских мирз принять крещение из Темникова в Инсарский уезд велели послать площадного подьячего с пушкарем и стрельцами для переписи, обмолота, ссыпки в амбары и запечатания хлеба у некрещенных помещиков. Нижнеломовский воевода собирался самостоятельно провести эту процедуру, отмечая то, что темниковские переписчики «хлеб переписали не весь, и те мурзы и татаровя тот хлеб молотят и едят, <...> и нихто креститца нейдет, что у них хлебные запасы не все переписаны и есть, что есть». В начале следующего года власти на местах ездили по татарским деревням и зачитывали царский указ о том, чтобы татарские помещики крестились до 25 февраля 1682 г. В противном случае их земли будут отобраны и розданы крестившимся. Крещения пошли (РГАДА, ф. 1167, оп. 1, 1682 г. д. 91, л. 1; д. 100: д. 734, 1165 и др.). При этом часто ради сохранения поместья крестилась не вся семья, а только сыновья или часть из них (РГАДА, ф. 1167, оп. 1, д. 1709). Очень часто данный указ приводил к семейным трагедиям. Крестившийся муж (темниковец Бахтемир (Павел) Бабеков сын Байгилдин бросил свою жену (Накашка Тохтарова дочь Акмашева), оставшуюся мусульманкой. При этом она оставалась без средств к существованию. Из-за боязни долгов родственников бывшего мужа она не могла выйти вновь замуж, а ее отец боялся держать ее у себя дома (РГАДА, ф. 1167, оп. 1, 1689/90 г. д. 2221, л. 10). В целом женщины были более бескомпромиссными и не хотели даже ложно принимать крещение (РГАДА, ф. 1167, оп. 1, 1689/90 г. 1681/82 г. д. 1). Известен случай, когда за крещение несовершеннолетнего мальчика (Теребердей Мирясов сын князь Шихмаметев) развернулась целая борьба между крещеными и некрещеными представителями рода (РГАДА, ф. 1167, оп. 1, 1681 г. д. 172)»[369].

---

[369] Беляков А. В. Новый документ о религиозной политике в России XVII века // Средневековые тюрко-татарские государства. 2020, № 12. С. 111.

7 июня 1710 г. вышел царский указ тобольскому митрополиту Филофею Лещинскому:

«И как сей наш, Великаго Государя, указ получишь, то выбрав по своему рассмотрению из монахов, или из священников, человека доброго, и велеть ему, по нашему, Великаго Государя, указу, ехать вниз великой реки Оби до Березова и далее, и где найдут по юртам остяцким их прелесные мнимые боги шайтаны, тех огнем палить и рубить и капища их разорить, а вместо тех капищ часовни строить и святые иконы поставляти, и их остяков приводить ко крещению и к познанию единого в Троице истинного Бога. И которые остяки малые и великие крестяца, тем остякам нашего Великаго Государя милость, ясашные доимки все оставлять указали, и впредь не спрашивать, и в доимочных книгах тож их доимки вынести, чтобы тем доимки не помянулись. А естли возможно, то того ради исправления, и самому тебе, богомольцу нашему, ехать в вышеписанные места и приводить тех идолопоклонников ко истинной ко христианской вере. А ко крещению им кафтаны белые и рубашки из нашей казны и хлеб, по рассмотрению, такожде давать указали. А естли кто остяки учинят противность сему нашему Великого Государя указу и тем будет казнь смертная»[370].

Губернатор князь М. П. Гагарин явно не хотел применять разрешенную ему силу, и для охраны Филофея в его миссионерских поездках выделял лишь по 5–10 казаков. Но всё же отметим, что **царский указ о казни за отказ от крещения в нашей истории был.**

3 ноября 1713 г. император Петр в ультимативной форме извещал татарских мурз бывшего Казанского царства о том, что дает

---

[370] Памятники Сибирской истории XVIII века. 1700–1713. Кн. I. — СПб., 1882. № 96.

им полгода для перехода в православие, грозя в противном случае конфисковать имения[371].

Кроме того, петровские указы от 1 сентября 1720, 23 августа 1721 и 17 июля 1722 годов давали новокрещеным трехлетнее освобождение от налогов и от рекрутской повинности, перелагая их на некрещеных односельчан.

Казанский митрополит Тихон Воинов в декабре 1721 года предложил Синоду разрушить мусульманские кладбища в окрестностях мест проживания уже крещеных татар: «Запретить под страхом или штрафом в прежних своих кладбищах умерших отнюдь не погребали, а прежних кладбищ признаки сровнять»[372].

В 1728 году последовал наказ губернаторам и воеводам: следить за тем, «чтобы мордва, чуваши, черемисы, остяки, вотяки, лопари и иные народы в магометанство не перешли или другие иноверцы, которые тайно или явно кого из российских народов в свою веру превращают и обрежут, таких брать и разыскивать и по розыску чинить указ. А именно: казнить смертию, сжечь без всякого милосердия»[373]. Тут казнь определяется для исламских миссионеров, а не для тех, кто их послушал.

Именной указ императрицы Анны Иоанновны и Сената от 11 сентября 1740 г. «Об отправлении архимандрита с некоторым числом священнослужителей в разные губернии для обучения новокрещенных христианскому закону и о преимуществах, новообращенным дарованных» создал Новокрещенскую контору в Казани. Миссионеры (архим. Димитрий Сеченов и другие) пошли на работу «с потребным числом гарнизонных и отставных солдат».

---

[371] Смолич И. К. История русской Церкви. 1700–1917. Ч. 2. — М., 1997. С. 202.

[372] Описание документов и дел, хранящихся в архиве Святейшего правительствующего синода. Т. 1: 1542–1721, — СПб.,1868. Приложение № 29. Стб. CCCXIII.

[373] Полное собрание законов Российской империи. Собрание первое, 1728–1732, СПб., 1830. Т. 8. С. 100 (№ 5333).

Впрочем, было предписано за отказ от крещения «ничем не угрожать»[374].

Указ предлагал создание деревень одной веры (языческой, мусульманской или христианской) и в связи с этим — обмен домами при переселении к единоверцам.

Также он рекомендовал межнациональные браки с новокрещеными, причем как выдачу русских невест за марийских (башкирских, татарских, чувашских…) женихов, так и привод иноязычных невест в русские дома и семьи. «И чтоб они среди русских людей жили, немалый интерес требует». И это как раз нечто анти-нацисткое. Были ли такие советы в те годы от проповедников и администраций американских колоний по отношению к крестившимся иноземцам?

25 декабря 1742 года был императорский указ о том, что чувашам и людям «других всякого звания наций», принявшим ислам, в случае их не-покаяния и отказа от крещения надлежит «чинить штрафы».

В 1743 году Новокрещенская Контора выявила, что «в Свияжской провинции» среди чувашей их соседи-татары ведут достаточно успешную исламскую миссию. Православные миссионеры пожаловались губернатору[375].

---

[374] Полное собрание законов Российской империи. Собрание первое. Т. 11. — СПб., 1830. С. 248. Стоит отметить, что этот указ — один из примеров негативного употребления эпитета «безстрашный» со значением «не имеющий страха Божия»: «А которые от безстрашия, лености и нерадения своего в церковь Божию ходить не будут…»

[375] Артемий Григорьевич Загряжский. Участник Полтавской битвы. Брал Данциг и Штеттин. Но сам был бит крымскими татарами: «В 1738 году состоял в Днепровской армии графа Миниха. При возвращении из похода 12 августа татары атаковали отряд фуражиров, оставленный без конвоя. В бою были убиты 124 человека, 94 ранены и 580 человек пропали без вести. Как вспоминал генерал Манштейн, «Еще за несколько времени до переправы фельдмаршала через Буг неприятель в течение нескольких дней показывался только издали, и то малыми партиями, что значительно успокаивало русских. Белгородский султан воспользовался этим. Ночью он подошел к армии со значительным отрядом и стал в засаде в глубокой

Губернская канцелярия определила:

Казанская губернская канцелярия самовольно усилила наказание таким людям — 33 чувашских неофита-мусульманина за отказ от крещения были публично биты плетками. Те неофиты, что изъявляли желание вернуться в чувашскую веру, от наказания освобождались. Исламизированных чувашей надлежало вернуть в их родные чувашские села.

На допросах 260 человек признались, что приняли ислам ради каких-то материальных выгод, а в душе верны чувашским языческим богам. Таким людям было повелено «быть в той же их чувашской вере» без штрафа и без телесного наказания («обрезанных и превращенных в магометанский закон 33 человека с их детьми возвратить по прежнему в чувашу, а обрезанных же, которые по следствию явились, что содержат старую свою чувашскую веру, 260 человек с их детьми быть в той же их чувашской вере»).

Если эти исламские конвертиты и после этого вновь пойдут в ислам, им угрожали смертной казнью.

балке. На другое утро генерал-поручик Загряжский, командовавший армейской дивизией, приказал своим людям выйти на фуражировку под прикрытием полковника, майора и 800 человек как пехотинцев, так и драгунов; но как все полагали себя в безопасности, то прикрытие служило только для виду. Фуражиры с повозками своими оставили конвой позади и ушли за 2 лье от лагеря, рассыпавшись по равнине. Внезапно бросаются на них татары, умерщвляют 4 или 5 сотен человек солдат или денщиков, столько же хватают в плен и уводят до 2 000 голов быков и лошадей, а прикрытие уже не в состоянии было помочь. Этот случай дорого обошелся командовавшему конвоем полковнику Тютчеву. На наряженном по воле фельдмаршала военном суде Тютчева приговорили к расстрелу. Генерал Загряжский за то, что выслал людей на фуражировку без дозволения фельдмаршала и с малым конвоем, разжалован в рядовые драгуны» *(Христофор Манштейн. Записки о России // Перевороты и войны. — М., 1997. С. 130).* Граф Миних, взбешенный просчетом своих офицеров, приказал расстрелять начальника конвоя полковника Тютчева, а генерал-лейтенант Загряжский, *«пославший фуражиров при весьма недостаточном прикрытии, в противность данному от фельдмаршала повелению, и не учинивший надлежащего от себя предписания полковнику»*, был разжалован в рядовые. Далее уволен с военной службы и назначен губернатором в Казань.

26 чувашских женщин, вышедших замуж за татар, велено было вернуть в их семьи, а детей у них отобрать и оставить их татарским отцам («оставить в их татарском законе»).

16 исламских миссионеров «по силе Уложенья и губернаторской Инструкции» надо было бы казнить. Но императрица Елизавета Петровна еще в 1744 году отменила смертную казнь по всей стране по любым поводам. Ее указ от 15 июля и сенатский от 7 мая 1744 г. осаживал провинциальных администраторов: «Усмотрено в Правительствующем Сенате, что в губерниях, такеж и в войске и в прочих местах Российской Империи, смертные казни и политическую смерть чинят не по надлежащим винам, а другим и безвинно». То есть смертная казнь по решению местных властей была запрещена, а Сенату было дано указание смертные приговоры не выносить.

Поскольку же эти татарские миссионеры совершили свои деяния еще до этого указа, то Казанские власти решили их отправить на вечное поселение в Сибирь (то есть в другой татарский край).

Казанская Новокрещенская Контора (и, соответственно, казанский епископ Лука Конашевич) возмутилась мягкостью этих мер. Она написала губернатору, что надо всем исламизированным чувашам угрожать смертной казнью в случае отказа от крещения — «тогда оные чуваши с детьми, не похотя быть в таковом наказании, все б приняли святое крещение, от чего б и церкви святой воспоследовало приращение, и магометаны б, усмотря таковое наказание в свою веру идолаторов превращать впредь уже не отважились». Далее в дело вступил Синод, который в своем указе от 14 июня 1749 повелел дела исламизированных чувашей, отказавшихся от крещения, передать на рассмотрение Сенату. При этом Святейший Синод настаивал, что «милостивный» императорский указ не может быть отнесен к данному случаю — «из богомерзкого их лжеучения происходит похуление и на самый христианский закон, понеже они вместо Христа Сына Божия приемлют Магмета и в его богомерзкий закон приводят, и почитают того лжепророка своего паче Христа». Далее синод велел отбирать детей, родившихся в «незаконных» смешанных браках язычниц-чувашек и татармусульман и отдавать их в семьи чувашей-христиан или родным матерям, если те согласятся креститься[376].

3 мая 1749 года после пожара Казани епископ Лука Конашевич потребовал выселить некрещеных татар из Татарской слободы. Он просил сенат, чтобы «оных татар, яко христаненавистных недоброхотов, для происходимых от них христианскому благочестию соблазнов, от общежительства с православными христианы удалить и на том месте, где оные прежде жили, строиться им не допускать»[377].

Даже Сенат не согласился с радикальностью христианского епископа, и выселение татар из Татарской слободы затянулось до 1760-х годов…

А Лука настаивал: в декабре он пишет в Синод, что 3 мая был не простой пожар, а чудесный: он де вместе со своим викарным епископом видел, что огонь в Татарскую слободу прилетел с неба. А посему «истребление татарского жилища признать должно за совершенное смотрение Божие, почему татарам и селиться на оном по чудесному Божию смотрению огнем очистившемся месте позволять не подлежит». Также Лука напоминал о письме св. патриарха Гермогена царю Федору Иоанновичу от 12 февраля 1591 (7199) года с просьбой, чтобы в Казани вообще не было мечетей.

(Прецедент был: В начале 1703 года митрополит сибирского и тобольский Филофей Лещинский направил Челобитную Петру Великому. 1 марта 1703 году последовало «От Великаго Государя и Великаго Князя Петра Алексеевича, всея Великия и Малыя и Белыя России Самодержца, в Сибирь, в Тобольск, Богомольцу нашему, Преосвященному Филофею, Митрополиту Сибирскому и Тобольскому». Царь утвердил просьбу митрополита: «Чтоб в Тобольску мечетем Татарским между церквами Божиими и житию их

---

[376] Полное собрание постановлений и распоряжений по ведомству православного исповедания Российской Империи. Т. 3. Царствование Государыни Императрицы Елизаветы Петровны. 1746–1752. — СПб., 1912. С. 200–202.

[377] Описание документов и дел, хранящихся в архиве Святейшего Синода. Т. 29. — СПб., 1913. С. 335–339.

Татарскому с Христианы не быть, потому что от мечетев церквам Божиим бывает перешкода, а Христианам, живущим в соседстве с Татары, не без того, чтобы с ними не пили и не ели и праздников Татарских не праздновали, и во блуды не впадали с поганы, а погане с Христианы, и те их места отдать на двор гостинной, на церковь и людем посадским; да тые ж Татары, живучи в Тобольску со Христианы смесно, в Великой Пост веселье свое поганое отправляют на соблазн Христианом» (ст. 7))[378].

Синод признал описанное Лукой Конашевичем видение «за совершенное смотрение Божие» и попросил прислать более подробное описание летящего огня, что и было сделано в письме от 13 января 1750 года.

Татар, принявших крещение, но затем вернувшихся в ислам, сжигали на кострах (причем организатором такой казни был известный историк В. Н. Татищев)...[379]

---

[378] Челобитная митрополита сибирского и тобольского, Филофея Лещинского, Петру Великому и ответ сего государя на нее / Сообщ. протоиерей Александр Сулоцкий. (Июнь, 1863 г., Омск.) — М., 1863.

Всё же стоит отметить и тормоз миссионерским репрессиям: митрополит писал «Ст. 8. А по справке в Сибирском Приказе во сто девяносто третьем году (1685), Апреля в 5 день, по докладной выписке, послана Великаго Государя грамота к Преосвященному Игнатию, Митрополиту Сибирскому и Тобольскому, а по той грамоте ни каких иноземцев не велено крестить неволею». Ответ царя: «Которые иноземцы похотят волею своею креститься в Православную Христианскую веру, и их крестить, а не волею ни каких иноземцев не крестить, и ясак с них нескладывать, только их спрашивать, какой ради причины приходят ко Святому крещению и вере Православной, велеть им учинить исповедь; которые Татара, или иные иноземцы, поиманы в смертных винах, и похотят креститься на том, чтоб быть им живым, и таких, буде с верою совершенною приступают, окрестя и дав им время довольное на покаяние, потом учинить по Уложению и по Градским Законам, да всякия беззакония истребятся; а которые языка, ниже веры сведомы, и тех скоро не крестить, да не будет вере Православной от них наруганий, делать в том со многим опасьством и разсмотрением, испытуя вины, чего ради которой иноземец крещения пожелает, внимали б словесы Спасителевы, реченные: «сице кто верует и крестится, спасен будет».

[379] См. об этом: Анисимов Е. В. Миссия Русской Православной Церкви в петровское время // Церковь и время. — М., 2006, № 4 (37).

У другого историка, С. М. Соловьева, в томах, посвященных XVIII столетию, можно прочесть много горьких страниц о насильственном миссионерстве.

Сенатор князь М. Щербатов в 1777 году не скрывал: «Духовный российский чин, отступая от правил первенствующей Церкве, не брал труда их (мусульман) сперва изучить, и уже знающих их язык к ним проповедников посылать; но токмо так, как в баню, так и ко крещению водили, и дав им крест, который они, по грубости своей, некиим талисманом почитают; образ, который они чтят за идола, и запретя им есть мясо по постам, чего они не исполняют, а духовный чин и благочинные из онаго берут с них за сие взятки. Впрочем, не приняли труда ни св. Писание на их язык перевести, ни священников оному изучить, чтобы его им толковать»[380].

В обращении с сибирскими язычниками Щербатов подмечает и худшее: «Мне случилося в наказах данных Комиссии Уложения от депутатов сих народов, слышать, что они все на безчеловечие и мздоимство попов жалуются, которые под видом проповедников грабят и мучить их ездят, отчего действительно мало обращений делается, да и те не искренния, а токмо по неволе учиненныя надлежало бы подумать, что те из этих народов, которые примут христианский закон, щастливее учинятся; нет, они тем еще более подвергнутся мучительству и мздоимству поповскому. Они, ездя по их юртам, примечают всё у сих, худо наученых христиан, и естьли хотя малое что противу правил или предания христианского закона, приметят, то не токмо жестоко на теле наказуют, но и разоряют их колико можно»[381].

Русским православным не позволяли вступать в брак с людьми других вер. Но браки крещеных бурятов с их некрещеными единоплеменниками приветствовались — при условии крещения детей. И это открывало двери для нового шантажа и насилия:

---

[380] Щербатов М. М. Статистика в рассуждении России // Сочинения кн. М. М. Щербатова. — СПб., 1896. Т. 1. С. 558–559 и 563. «Их язык» — это языки народов Поволжья: мордва, вотяки, чуваши, черемисы.

[381] Там же. С. 561–562.

«По рапорту миссионера Шимковского стана о. Берденникова о том, что крещеные инородцы не крестили своих детей, а некоторые вступают в брак с язычниками но языческому обряду, последовала следующая резолюция архиепископа Вениамина: «Обязанность миссионера убеждать, а если, несмотря на все убеждения, не согласятся исполнить законного требования, в таком случае прибегать к силе закона через Степную думу или чрез земскую полицию смотря по удобству» (1876 г. августа 4 дня). Некрещеный бурят вступил в брак с крещеной буряткой и имеет от нее детей, которых не желает крестить. Архиепископ Вениамин по этому делу просит генерал-губернатора Восточной Сибири: «предписать кому следует отобрать у ламаита Манзаракши Лобсонова его жену Доршо Захубун с детьми и передать последних для крещения миссионеру, если сам Лобсонов не захочет креститься и сочетаться с нею браком по-христиански (1878 г. 21 марта)»[382].

В 1844 году был опубликован победный отчет о том, что в Бирском уезде Оренбургской губернии за два месяца (октябрь–декабрь) были крещены в православие времени более восьмисот марийцев-язычников.

Но вскоре некоторые из крещеных подали жалобу на местных чиновников, принуждавших их к крещению — «сперва напоивши стариков вином и обещая им дать награждение деньгами, уговаривали нас принять Христианскую веру». Они писали, что в ноябре 1844 года «прибыли к нам в деревню, называемую Ведрес-Калмаш, для расправы Окружной Начальник Г. Болдырев [Блударов] с своими помощниками». Несколько семей согласились на крещение под угрозой отдачи в рекруты или ссылки, но другая группа отказалась принять крещение. Тогда, по словам просителей, люди Блударова «начали старшим в семействах делать разные истязания

---

[382] Доклад иркутского архиепископа Серафима на имя тов. обер-прокурора синода П. С. Даманского от 6 октября 1913 года. // Красный Архив. Т. 53. — М., Л., 1932. С. 115.

с причинением жестоких побоев», так что одного из просителей даже крестили «в бесчувственном положении». Блударов и компания заключили нескольких марийцев под стражу в холодных летних избах и банях, где их держали по двое-трое суток голодными, а еще одна группа крестьян просидела под арестом в Уфе полгода, причем у них были отняты личные вещи, а их дома и урожай остались без присмотра. В своих показаниях временному губернатору Македонскому марийцы живописали, как их били «руками <…> плетью, палками», как топтали ногами «до беспамятства» и как держали в колодках и кандалах[383].

Через год директор Оренбургской палаты Министерства Государственных имущества (местные крестьяне управлялись эти министерством) Людвиг Осипович Строковский прибыл в марийскую дервню Ведрес-Калмаш. «Я встретил собравшуюся толпу народа до 50 человек обоего пола в ограде одного дома; каждый из них имел в руке какое-нибудь орудие, как бы готовое для отражения насильственных мер, — но я с Окружным Начальником и Становым Приставом решительно начал доказывать им важность поступка и ответственность, которой они себя подвергают, и когда я, видя их буйные движения, начал сам решительною силою одной власти Начальника подступать к ним ближе и ближе, то они заперлись в избу. Поступок этот принимая уже не за уклонение от веры, а за ослушность Начальству, я послал в окольную деревню за тептярами[384], которых и явилось 20 человек, тогда я объявил запершимся в избе, что прощу, ежели они добровольно явятся. Вследствие того один за другим вышли из избы и, побежденные энергиею моих распоряжений, явились самыми кроткими и послушными… Действия мои, хотя по существу весьма ничтожны,

---

[383] Верт П. Православие, инославие, иноверие: Очерки по истории религиозного разнообразия Российской империи. — М., 2012. С. 18 и 31.

[384] Тептярский полк находился в подчинении Оренбургского военного губернатора. Это некое подобие казачества, но состоящее из башкир и татар. Они были мусульманами, и российская власть использовала их для борьбы против язычников, в том числе марийцев.

принесли однако ж ожидаемую пользу, все они согласились вновь исповедовать Православную веру»[385].

В 1891 году цесаревич Николай по пути из Японии в Петербург проезжает Иркутскую губернию. Есть рассказ про то, как будущий св. Агафангел, митрополит Ярославский, а тогда еще молодой викарий Киренский, готовился к этому посещению:

«В начале октября 1891 г., во время проезда епископа Агафангела через Бажеевский и Аларский миссионерские станы, по распоряжению Балаганстского исправника были собираемы для крещения буряты трех ведомств: Аларского, Ныгдинского и Куйтинского.

В числе их были и изъявившие согласие на принятие крещения, но одновременно привлекалось и много таких, которые не имели никакого желания креститься и не выражали на это своего согласия. Привлечение это сопровождалось целым рядом насилий: местные «инородческие» власти, находившиеся в полном подчинении у полиции, — иногда при непосредственном участии священников-миссионеров — «нападали на жилища некрещеных инородцев днем и ночью <…> крестили тут же, или тащили ко крещению, против желания, в миссионерский стан».

Если некоторые сопротивлялись, отстаивая веру своих предков — буддизм, то таких били, подвергая голоду и холоду, взыскивая при этом денежные штрафы, а затем все-таки приводили насильственно в православие… Побои и истязания совершались даже и в самом храме»[386].

---

[385] Верт П. Православие, инославие, иноверие: Очерки по истории религиозного разнообразия Российской империи. — М., 2012. С. 26.

[386] Гирченко В. Страница из истории христианизации бурятского населения в конце XIX в. // Жизнь Бурятии. — Верхнеудинск, 1926. № 1–3. С. 99–100.
https://cyberleninka.ru/article/n/buddizm-v-rossii-rossiyskie-buddologi-o-buddizme-v-rossii/viewer
Владимир Петрович Гирченко (1878–1953) — историк, архивист, краевед, внук декабриста Владимира Александровича Бечаснова. Отец был заседателем городской ратуши, членом городской управы, первым директором

В церковной прессе тех лет другое видение событий:

«29 апреля 1890 года с Божиею помощию совершилось освящение нового благолепного каменного миссионерского юбилейного храма в честь святителя Христова Иннокентия, Иркутского чудотворца, в Аларском ведомстве, при Аларской Инородной Управе (бывшей Степной Думе), в Аларском Иннокентиевском стане.

На освящении изъявили желание быть оба Владыки — Высокопреосвященнейший Вениамин [Благонравов] и Преосвященнейший Агафангел, начальник Иркутской духовной миссии. О дне посещения Владык и освящения храма заранее было объявлено в окрестностях, причем родоначальники как нашего стана, так и соседнего, Бажеевского, были прошены сделать известным приезд архипастырей между вверенными их управлению инородцами, чтоб желающие креститься воспользовались случаем принять св. крещение от рук святителей. 28 апреля рано Владыки прибыли в Бажей. Окрестив там сто двадцать восемь человек, Владыки прибыли к нам около 4-х часов вечера и остановились в квартире миссионера. Откушав наскоро по стакану чая, они отправились в новоустроенный храм, где ожидали их сто тридцать семь человек инородцев, желавших вступить в лоно Православной Церкви чрез принятие св. крещения от рук святителей. Крещение совершал сам Высокопреосвященнейший Вениамин, миропомазание — Преосвященнейший Агафангел. Замечательно, что теперь крестились многие убеленные сединами старцы и старицы, читавшиеся до сего времени ревностными приверженцами ламаизма,

---

верхнеудинского городского общественного банка... С 1910 года начал изучать архивы Верхнеудинска. С октября 1924 года по октябрь 1931 года Владимир Петрович работал заведующим первого Архивного управления Бурят-Монгольской АССР. В поездках по республике собирал, систематизировал и описывал материалы для архивного фонда. Занимался историей и этнографией бурят.

оплотом его, и крестились, с великою радостию толкая друг друга, чтобы поскорее окреститься; принимали с особенным усердием святое крещение от рук святителей и такие, которые раньше изучали порядок ламского идолослужения, чтобы попасть в ламы, и до сего времени не только сами упорно державшиеся ламства, но и поддерживавшие дух ламского суеверия в других.

На другой день, 29 апреля, архипастырями при массе богомольцев было совершено по чину освящение храма. Крестный ход приблизился ко входу, к дверям храма... Дрогнуло сердце аларцев и покатились слезы радости из глаз лиц, принимавших деятельное участие в созидании храма, когда раздались слова Владыки: „Возьмите врата князи ваша, и возьмитеся врата вечная: и внидет Царь славы".

За обедом голова Куйтинского (отделившегося от Аларского) ведомства г. Балехаев доложил Владыкам, что вверенные его управлению сородичи, в ознаменование совершившегося великого торжества освящения и совместного посещения Владык, желают принять святое крещение от рук святительских и уже ждут их в Управе.

*Около 5-ти часов вечера Владыки отбыли в Куйту, по пути посетив Аларского инородческого голову П. П. Баторова; в Куйте было окрещено 70 человек. А всего в ознаменование сего события приняли от рук святительских дары Святого Духа, возрождающие и возвращающие в жизнь духовную, более трехсот двадцати человек. Так закончилось торжество Иркутской православной миссии в Алари. Слава и благодарение Богу! Аларский миссионер, **священник Николай Затопляев»**[387].*

Следующий год, то есть год собственно Высочайшего Визита:

«Епархиальная хроника. Пятница 19 июля. Сего числа Его Преосвященство Преосвященнейший Агафангел, епископ Киренекий, второй викарий Иркутской епархии, выехал для крещения бурят, пожелавших принять крещение в память посещения Сибири Его Высочеством Великим Князем Цесаревичем Николаем Александровичем. 19 июля сего года в Боханском миссионерском стане совершено крещение 280 человек бурят, изъявивших желание принять святое крещение в ознаменование незабвенного и дорогого для всей Сибири посещения ее Его Императорским Высочеством Наследником Цесаревичем Великим Князем Николаем Александровичем и в увековечение воспоминания о сем посещении в своем потомстве. Заявивши о своем желании принять святую православную веру Его Высочеству во время посещения Его Высочеством Вознесенского святителя Иннокентия монастыря 24 июня сего года, с тем, чтобы всем лицам мужеского пола было наречено носимое Государем Наследником Цесаревичем святое имя „Николай", получивши Высочайшее на то соизволение Государя Наследника Цесаревича, Боханские буряты с восторгом встретили известие о таком милостивом акте воли Его Высочества и усердно начали готовиться».

Из годового отчета еп. Агафангела за следующий 1892 год:

«Теперь мы перейдем к обстоятельствам исключительным, особенно неблагоприятно отразившимся на деле миссии в минувшем году. Читатели этого отчета, интересующиеся миссионерскими вопросами, конечно, не могли не обратить внимание на появление в начале первой половины отчетного года в некоторых органах столичной и провинциальной печати различных сообщений, заметок и даже целых особых статей, касающихся деятельности православных миссий

*в Иркутской епархии и положения ламства и ламаитов. Некоторые из этих статей заключают в себе разоблачение таких приемов, практикующихся якобы иркутскими миссионерами при крещении инородцев, какие способны совсем уронить дело православных иркутских миссий в глазах всего русского просвещенного общества и правительства, конечно, в том случае, если бы такие сообщения подтвердились достоверными фактами. Но как выяснила сама печать, на основании этих сообщений лежал лишь факт подачи несколькими инородцами Аларского ведомства жалоб на насильственное крещение их Аларским миссионером [**священником Николаем Затопляевым**], жалоб, по расследованию оказавшихся гнусной клеветой, причем инородцы оказались этому делу почти непричастны. Но если обвинения Аларского миссионера в насилиях, произведенных им над бурятами-ламаитами для обращения их в христианство, оказались по расследовании полнейшей выдумкой и клеветой, если распространившиеся в печати слухи об этих насилиях печатно уже и опровергнуты документальными данными, то, тем не менее, нужно сознаться, что вся эта интрига против миссии, достигала своей цели вполне...Как на пример укажем на Аларский стан — центр борьбы с ламаитством. Здесь за отчетный год число крещеных язычников определилось в 46 человек, тогда как за прошлый год оно доходило до 360 человек.Влияние ламской интриги не ограничилось Аларским ведомством: оно отозвалось, например, в Тункинском крае. «Зловредные слухи, распространяющиеся против миссии врагами ее, — говорится в отчете Жимыгытского миссионера, священника Флоренсова, — посредством газетных и других оклеветаний и кляуз печальным образом отразилось и у нас. Пронырливый поверенный по ламским делам Шойдак Болгунов весной отчетного года, возвратившись из Иркутска, усердно распространял в Тунке и в Хорбатской управе газетные слухи о насильственных будто бы крещениях бурят и подаче нескольких сотен прошений по* *этому поводу новокрещенными на миссионеров.Пользуясь смущением новокрещенных, как последствиями этих слухов, ширутей дацана, узнавши о приезде начальника миссии [епископа Агафангела] в Тунку, поспешил объехать все улусы и побудить бурят на подачу прошений на миссионера. И действительно, было подано три прошения, которые по дознанию оказались клеветой, но, тем не менее, произвели должное впечатление на желавших быть христианами. Начальник Иркутской духовной миссии Агафангел, епископ Киренский»*[388].

Истина посередине?

В оправдании еп. Агафангела удивляет, однако, указание на газеты как на причину кризиса миссии. Неужто буряты XIX века в тайге читали петербургские газеты? Но если и так — то важно отметить, что именно давление светской прессы приводит к снижению градуса административных миссионерских приемов (см. концовку моей книги «Культурный импорт в церковь»).

О крепости и осознанности крещения в честь визита принца, а не в честь Христа, говорить излишне…

---

[388] Там же. С. 147–149.

Глава 23

МИССИЯ ПОПРАНИЯ ЧУЖИХ СВЯТЫНЬ

В Ветхом Завете одним из непременных условий при уничтожении мест чужеземного культа считалось их осквернение (4 Цар., 23.8, 14, 19–20), чтобы сделать невозможным их дальнейшее восстановление и почитание.

Жития раннехристианских мучников полны примерами того, как христианин врывается в языческий храм, сокрушает идолов, принимает смерть и объявляется святым.

Апостол Акила считается учеником св. Павла (память 14 июля) Служба ему восхваляет подвиги Акилы в разрушении идольских капищ: «Идольские храмы вся разорил еси» (1 песнь канона).

Ученик великомученика Димитрия Солунского святой Лупп в Солуни разбил языческих идолов, за что по повелению императора Максимиана Галерия был усечен мечом († после 306 г.).

В правление имп. Константина в городе Типаса в римской Мавритании 14-летняя христианская девушка Сальса тайно заночевала в храме местного языческого бога Draco. С криком «О, мои несчастные родители, о злосчастные сограждане!» она отбила бронзовой статуе позолоченную голову, покатила ее к морю и бросила ее туда. Как только святотатство было раскрыто, девушку побили камнями и утопили в море. (Passio Salsae, IX)[389]. Она канонизирована.

Во времена Юлиана Отступника некий безымянный мученик, опрокинул жертвенник и помешал жертвоприношению.

Судья вынес ему смертный приговор. Судья тоже был христианином, но действовал по закону. Но к 360-м годам в церкви уже был консенсус о допустимости разрушать чужие святыни и мешать чужим молитвам. Поэтому христиане отлучили судью от церковного общения: «Судью все признали гонителем, и никто никогда не удостаивал его ни общения, ни приветственного поцелуя» (св. Амвросий Медиоланский Письма. Кн. 10. 74 (40), 17)[390].

В Житии св. Евпсихия Кесарийского (память 22 апреля) говорится, что «в 362 г. при нечестивом императоре Юлиане Отступнике, пылая ревностью о Господе, св. Евпсихий со множеством христиан разрушил идольское капище, за что как главного виновника разрушения языческого храма его подвергли страшным истязаниям, а после усекли мечом. Из раны святого мученика Евпсихия вместо крови истекло молоко…»[391].

Поступок св. епископа Авды, разрушившего зороастрийский жертвенник, описан у Феодорита Киррского» (Феодорит Кирский. Церковная история. V, 39).

Св. Виллиброрд в 690 г. прибыл для проповеди христианства во Фризию, где правил король-язычник Ратбод. На острове Фоситланд (ныне Гельголанд) находилось особо почитаемое фризами капище со священным источником. На острове было запрещено заниматься всякой мирской деятельностью, а также брать воду из источника. Именно в нем для того, чтобы показать превосходство

---

[389] См. La Passio sanctae Salsae (BHL 7467). Recherches sur une passion tardive d'Afrique du Nord. études réunies par Sabine FIALON et Jean MEYERS.

[390] Мне неизвестно имя этого мученика, которого описал св. Амвросий Медиоланский: чтобы его идентифицировать должны, совпасть три черты: смерть при Юлиане; но по приговору не Юлиана, а судьи; приговор не за веру во Христа, а за вторжение в языческое капище.

[391] https:// tatmitropolia. ru/ mesyceslov/days/?id=59643

христианства, Виллиброрд окрестил несколько человек. Разъяренные фризы, захватив Виллиброрда и его товарищей, трижды бросали жребий для того, чтобы определить, кого из пленников принести в жертву. Смертный жребий миновал самого Виллиброрда, но один из его спутников всё же погиб от рук язычников (Алкуин. Жизнь Виллиброрда, 11)[392]. Пленники, о которых бросали жребий — это 30 мальчиков — датчан, которых св. Виллиброрд[393] забрал для их катехизации в пути.

Оплакивая гибель своих святынь, Жития оправдывают разрушение чужих святынь тем простым доводом, что они чужие. Мол, в статуях живут бесы, а языческие жрецы им служат.

Сначала публичное разрушение чужих святынь было важной частью апологетики. Мол, ваши боги не могут даже защитить самих себя, а тем более вас, глупых их почитателей (в советские годы этот аргумент обернется против самих православных).

Затем публичное разрушение чужих святынь стало необходимой частью христианской миссии: разрушить чужое ради утверждения своего. «Миссионеры раннего средневековья пошли по иному пути, воздвигая церкви на местах разрушенных капищ и вырубленных священных рощ язычников. Открытием такого метода церковь обязана Мартину Турскому»[394].

«Когда же в некоей деревне Мартин разрушил очень древний храм и срубил сосну, которую весьма почитали в ближайшей округе, то главный жрец этого места и прочие язычники, собравшись толпой, оказали ему сопротивление. Ибо, хотя они по воле Божьей во время разрушения храма были спокойны, уничтожения дерева не потерпели. Мартин их настоятельно увещевал, говоря, что нет ничего священного в этом дереве:

---

[392] https://www.dmgh.de/mgh_ss_rer_merov_7/#page/125/mode/1up

[393] Это православный святой. Память 7/20 ноября. https://pravoslavie.ru/32751.html#_ftnref15

[394] Дряхлов В. Н. Языческое противодействие христианизации в Западной Европе в раннем средневековье // Вопросы истории. — М., 2007, № 1. С. 36.

лучше последовали бы они тому Богу, которому он служит, дерево же следует срубить, ибо оно посвящено демону... Там, где разрушал он языческие капища, там и воздвигал церкви и монастыри... Войдя в деревню, в присутствии безмолвной толпы язычников Мартин до основания разрушил нечестивое строение, а все алтари и идолов обратил в прах... В одной из деревень эдуев Мартин, как обычно, разрушал капище...» (Сульпиций Север. Житие Мартина Турского. 13 и 15).

Св. Григорий Турский, подводя итог его деяниям в области Тура, писал: «В местечках Ланже, Сонне, Амбуаз, Жиренла-Лат, Турнон и Канд он также построил церкви после того как разрушил языческие храмы и окрестил язычников» (Григорий Турский. История франков. X, 31).

В 772 году Карл Великий повел крестовый поход против саксов. Армия франков напала на Эресбург, одну из крупных цитаделей саксов. Карл не стал щадить никого из местных и устроил показательные разрушения языческих святилищ. В Эресбурге была уничтожена главная местная святыня — Древо Ирминсул. Аналогично св. Константин-Кирилл «В земле фульского народа взял Философ секиру и 33 раза ударил, и повелел всем рубить дуб под корень и сжечь его».

В Киеве и Новгороде в 988 году христианизация началась с обрушения в реку идола Перуна.

Под 1555 годом Никоновская (патриаршая) летопись сообщает, что по взятии Казани «безсерменскую их веру благочестивый государь разори и мизгити [мечети] их разсыпа и попра»[395].

А в самой Москве в 1578 г. по настоянию митрополита Антония царь Иван приказал разорить ливонскую слободу и разрушить лютеранские церкви[396].

---

[395] ПСРЛ, 13. С. 251.

[396] Поссевино А. Исторические сочинения о России XVI в. — М., 1983. С. 26, 63. «Государь два года назад приказал сжечь предоставленные им два храма, это проклятое семя, потому ли, что до него дошли какие-то слухи

В 1654 году рязанский архиепископ св. еп. Мисаил отправился в Шацкий уезд для проповеди мордве, «заставляя рубить их священные рощи и сожигая срубы на их кладбищах»[397].

7 июня 1710 г. вышел царский указ тобольскому митрополиту Филофею Лещинскому:

«И как сей наш, Великаго Государя, указ получишь, то, выбрав по своему рассмотрению из монахов, или из священников, человека доброго, и велеть ему, по нашему, Великаго Государя, указу, ехать вниз великой реки Оби до Березова и далее, и где найдут по юртам остяцким их прелесные мнимые боги шайтаны, тех огнем палить и рубить и капища их разорить, а вместо тех капищ часовни строить и святые иконы поставляти, и их остяков приводить ко крещению и к познанию единого в Троице истинного Бога»[398].

6 декабря 1714 года аналогичное поселение того же тому же повторилось: «По сему указу ехать тебе, богомольцу Нашему, во всю землю Вогульскую и в Вотяцкую и во все их уезды и в Татары и в Тунгусы и в Якуты и в волостях их где найдешь их кумиры

или из опасения, как бы его собственные люди не заразились этим брожением и не ввели у себя различные секты»; «те храмы, что они себе построили, сожжены по его приказу» (это католик пишет о московских храмах протестантов-англичан). «Определенную роль в этом мог сыграть гнев, вызванный поражениями в Ливонской войне, но не меньшее значение имела и возникшая у царя мысль о неугодности Богу этих храмов на территории России. Согласно другому объяснению причин разгрома Немецкой слободы, ее жители получали огромные доходы от продажи вина и спаивали местное население. Это вызвало жалобы духовенства, сам митрополит печаловался по этому поводу монарху. Наконец, зимой 1578 г. Слобода была уничтожена» (Шапошник В. В. Протестанты при дворе Ивана Грозного // Религия. Церковь. Общество. Исследования и публикации по теологии и религии. Вып. 5. — СПб., 2016. С. 246).

[397] Мельников-Печерский П. И. Очерки мордвы // Русский вестник. 1867. № 10.

[398] Памятники Сибирской истории XVIII века. 1700–1713. Кн. I. — СПб., 1882. № 96.

и кумирницы и нечестивые их чтилища, и то по сему Нашему Великого Государя указу пожечь».

Императрица Елизавета по настоянию еп. Луки Конашевича 19 ноября 1742 года подписала Указ о разрушении всех мечетей на территории Казанской губернии и недопущении возведения новых. В течение двух лет в Казанском уезде было разрушено 418 мечетей из 536 имевшихся[399].

18 мая 1743 г. епископ Нижегородский Дмитрий Сеченов прибыл в с. Сарлеи Терюшевской волости и увидел близ церкви мордовское кладбище с намогильными срубами. Сеченов приказал «оное кладбище, разруша, сжечь»[400].

А это уже XIX век: св. Филарет Московский предложил провести секретную военную спецоперацию. «Как разрушение камня Чембулата с особенным уважением боготворимого черемисами послужило бы для них очевидным доказательством ничтожности старой их веры, то исходатайствовать секретное распоряжение, чтобы камень сей был взорван без предварительного о сем оглашения. Что же приступить к сему можно безопасно, сие доказывается тем, что боготворимый Немдекюбар (немдинский мост) прошедшей осенью разрушен уже миссионером»[401].

…Сегодня наследники этих великих свершений демонстрируют свои очень нежные и ранимые религиозные чувства и требуют уголовных наказаний для тех, кто посмел нелестно отозваться об их жизни и верованиях…

---

[399] История Татарии в документах и материалах. — М., 1937.

[400] Юрченков В. А. Мордовская история. — Саранск, 2014. С. 135.

[401] Донесение Синоду об обращении черемис 25 июля 1830 // Собрание мнений и отзывов Филарета, митрополита Московского и Коломенского, по учебным и церковно-государственным вопросам. — СПб. Т. 2. 1885. С. 281.

Глава 24

ПРИСОЕДИНЕНЫ ЛЮБОВЬЮ? О ЛИКВИДАЦИИ УНИИ

В середине просвещенного XIX века было решено ликвидировать унию в Западной Руси. Неужто полтора миллиона униатов и сознательно и добровольно вошли в лоно Русской Церкви? (О, бедное ее лоно!)

Во-первых, в основу дела был положен обман:

«Из дел монастырских видно, что приснопамятный епископ Иосиф Семашко, освободившись от несочувственных его заветному делу епископов, за смертию их, с 1834 г. повел подготовление к воссоединению унии открыто. В 1834 г. последовал указ о запрещении унятскому духовенству участвовать в служении с духовенством римской церкви, в римских костелах... В том же году разосланы были по церквам и монастырям служебники московской печати и нотные обиходы пения литургии. Затем последовало одно за другим распоряжение о восстановлении иконостасов, о замене монстранций на дарохранительницы, об уничтожении органов, амвонов и боковых алтарей и о прекращении звонить в колокольчик во время совершения литургии[402]. Считаем не лишним передать рассказ одного престарелого священника, еще здравствующего,

---

[402] «Иосиф Семашко полагал, что унию можно безболезненно отменить, а верующих присоединить к государственному исповеданию, если

учившегося в то время в Супрасльском училище, о том, как народ прощался с униею. Пред снятием органа и боковых алтарей народ толпами наполнял монастырскую церковь, которая день и ночь стояла открытою. На органе играли несколько дней почти беспрерывно, а народ „крыжем" лежал в церкви: пение песней из богогласника громко оглашалось в церкви и на погосте монастыря, которые пел народ, со слезами, в последний раз»[403].

Во-вторых, было и насилие:

«В начале 1833 года Полоцкий православный епископ Смарагд Крыжановский критиковал слишком медленный ход присоединения по плану Семашко. Перейдя к действиям, он с помощью униатского благочинного и полиции присоединил в Полоцке 500 душ. Смарагд привез из российских епархий хор и прислужников. В посланиях к губернатору он просил конфисковать для апостольских целей имущество католической церкви и даже приглянувшийся ему дом одного польского помещика. Всем присоединившимся из унии священникам он положил твердые государственные оклады (будучи униатами, священники жили на стипендии польских помещиков). „При обращении униатов и униатских церквей необходимы деньги" — писал

русифицировать белорусский церковный обряд. Тогда простые верующие перестанут ориентироваться в конфессиональной принадлежности храмов и незаметно для себя станут русскими православными». — Лященко И. Внутренние предпосылки воссоединения униатов. https://minds.by/articles/vnutrennie-predposy-lki-vossoedineniya-uniatov#.Xt9ep6ZS8n9

О том, что речь шла именно о полной денационализации поляков путем их русификации, говорит Завещание имп. Николая сыну Александру, составленное в 1835 году: «Не давай никогда воли полякам; упрочь начатое и старайся довершить трудное дело обрусевания сего края, отнюдь не ослабевая в принятых мерах» (Публ.: Красный архив. 1923. Т. 3. С. 292).

[403] Архимандрит Николай (Далматов). Супрасльский Благовещенский монастырь. Историко-статистическое описание. — СПб., 1892. С. 414–415.

неутомимый архипастырь. Для утверждения веры в присоединившихся селах на постое стояли войска... Сохранилось множество описаний того, как в деревню входила рота солдат во главе с консисторским чиновником и батюшкой. Чиновник зачитывал указ о присоединении, батюшка произносил проповедь на церковно-славянском языке о превосходстве греко-российского православного исповедания над ересью папизма. В конце он говорил: „А теперь, кто к истинной вере встаньте от меня по правую руку, а кто упорствует по левую". Справа стояла подвода с бочонком водки, а слева рота солдат с розгами. Народ обычно выбирал правую сторону... 1835 г. высочайшим повелением был создан очередной секретный комитет по очистке униатского обряда в составе московского митрополита Филарета Дроздова, греко-католического митрополита Иосафата Булгака, министра внутренних дел Блудова, который потребовал продать все органы, либо разобрать их на запчасти. Прихожане сопротивлялись этим решениям. В Речицкой церкви Пинского повета Минской губернии крестьяне разобрали не орган, а создаваемый иконостас. Туда приезжали чиновники с полицией, которые увещевали их покориться государевой воле. В результате убеждения и принуждения 238 душ из 600 присоединились к православию, остальные остались верны унии... 26 января 1839 г. Секретный комитет по униатским делам перешел к решительным административным действиям. В униатские села были посланы войска. Священников вызывали в консистории и собирали подписки о согласии перехода в православие с условием единовременного денежного пособия и сохранения униатских обрядов и обычаев. Комитет обратился к правительству с просьбой взять на казенное содержание все присоединившиеся приходы и духовенство»[404].

---

[404] Лященко И. Внутренние предпосылки воссоединения униатов. https://minds.by/articles/vnutrennie-predposy-lki-vossoedineniya-uniatov#.Xt9ep6ZS8n9

Но это не помешало выпустить медаль с надписью медаль «Отторгнуты насилием, воссоединены любовью».

Об этой медали обязательно рассказывается на семинарских уроках по истории русской церкви в XIX веке. О гораздо менее приятных подробностях тех событий — нет. А у медали оказалась лишь одна сторона: и отторгнуты, и воссоединены — насилием.

Епископ Смарагд откровенно заявлял: «Одною проповедью и похвальбою православия ничего взять нельзя. Теперь не апостольские времена»[405]. В этом письме Смарагд говорит только о раздаче денежных пособий, обращающихся из униатства.

Но и помощь солдат в том же письме он очень ценит:

«По особенному действию благодати Божией присоединилось к православию Полоцкого уезда, поиезуитского имения Крашут более 750 душ с находящейся в погосте Тродовичах приходской церковью. Дело сие вовсе было расстроилось; почему я официально и не доносил о нем ни Св. Синоду, ни Вашему Превосходительству, а старался только всеми силами поправить оное, что и удалось. Обстоятельства дела следующие. По присоединении означенных крестьян, когда командировал я в Тродовицкий погост православного священника, Тродовицкие крестьяне, большей частью молодые люди (кои, равно как и женщины, весьма не любят брадатых попов), числом около 40 человек, подпоенные и наученные арендаторшей-католичкой, окружив священника, насильственно отняли от него церковный ключ, а церковного старосту побили и ключ неизвестно куда девали. Потом те же крестьяне, прибрав к себе еще большую шайку, сменили сами по себе, без дозволения Казенной Палаты (они казенные), старост и старшин, подавших повод к обращению в православие, а на место сих поставили

---

[405] Письмо епископа Полоцкого Смарагда к обер-прокурору Св. Синода С. Д. Нечаеву 15-го Декабря 1833. Публ. в: Прот. Г. Шавельский. Последнее воссоединение с православной церковью униатов Белорусской епархии (1833–1839 гг.) — СПб., 1910. Приложение. С. 19.

*своих властей, по своему вкусу. По донесении о сем началь-
ству, наряжена комиссия для исследования причин и действий
самоволия, но составившаяся шайка начала грубить и членам
комиссия, которые разъехались, ничего не сделав, единст-
венно от совершенного неповиновения власти Тродовицких
крестьян. Видя сие, Генерал-Губернатор отрядил Гражданского Губернатора с ротой солдат, и дело всё обошлось, как
нельзя лучше: виновные мужички слезно просили прощения,
выдали поляков-католиков, гнусных подстрекателей своих,
над коими продолжается еще суд. Все до единого с усердием
и клятвой подтвердили прежде данное согласие на свое обращение из унии, и ни один из них не был наказан, в уважение
чистосердечного раскаяния. Теперь мы изготовляем кое-как
Тродовицкую церковь, бывшую без иконостаса, ко освящению
15 дек 1833.*

*Еще 1833-го года, Декабря 15-го дня казенные крестьяне села
Заборья добровольно все приняли православие с волостным
своим головой Лопаткой (братом подавшего просьбу); в чем
имеется в Духовной Консистории формальное обязательство,
написанное собственноручно оным головой Лопаткой. Между
тем, сей Лопатка, быв наущаем католиками, в Марте и Ап-
реле месяцах 1834 года начал проповедовать по волости, что
у них в Заборье опять уния будет, и воздерживать заборских
крестьян от исповеди и причастия Св. Таин у православного
священника и волновать их. По сему случаю, за возмущение но-
воприсоединенных крестьян, взят был Лопатка по распоряжению Гражданского Начальства в Полоцк под стражу;
и когда он сидел в Полоцке, то крестьяне, не видя пред глазами
возмутителя, приступили все к исповеди и причастию.
А между тем и Лопатка, просидев не более 7-ми дней под арестом и раскаявшись в своем преступлении, был выпущен из-
под стражи; а после четырех или пяти недель, сделавшись болен, помре, не быв никем даже тронут во время бытия под
арестом» (Март 1835).*

«Недавно в одном местечке собрались на ярмонку [ярмарку] мужики, присоединившиеся к православию и оставшиеся в унии. Сии последние начали называть первых перевертнями, а первые, называя себя русскими, начали бранить униатов, называя их поляками безмозглыми [«Вообще здесь смешивают унию с Польшей, а православие с Россией. Когда спрашиваю кого-либо: что, ты униат? Ответ. Нет! Русской!»]. Дело дошло до драки; пошли сто на сто с дрекольями, так что полиция едва могла утишить смятение. Сей пример доказывает, сколько присоединившиеся утвердились уже в православии!»[406]

19 июня 1832 года имп. Николай утвердил доклад министра внутренних дел об упразднении в Империи: во-первых — монастырей, принимавших участие в польском восстании; во-вторых — монастырей с малым числом монашествующих (менее 8 монахов), в-третьих — римско-католических монастырей, находящихся посреди православного или греко-униатскаго населения.

На этих основаниях из 304 находившихся в то время в Империи римско-католических монастырей закрыт был 191. Далее с 1847 по 1864 в Западном крае было уничтожено 46 монастырей[407].

Царя Николая Павловича сменяет царь Александр Освободитель. Но политика русификации[408] поглощенной Польши не меняется.

---

[406] Письмо Письма епископа Полоцкого Смарагда к обер-прокурору Св. Синода С. Д. Нечаеву о частных присоединениях униатов от 16 окт. 1833 г.

[407] Анучин Д. Г. Монастырская реформа в Царстве Польском // Русская Старина. 1909 г., № 2, сентябрь. С. 522–524.

[408] Фельдмаршал М. И. Кутузов в 1813 году стремился к русификации края, к превращению Варшавы и Вильны в обычные губернские города. «Знаете ли Вы убийственные слова Фельдмаршала, Вашего отца? При его вступлении в Вильну поляки пришли и бросились к его ногам. „Встаньте,— сказал он им, — помните, что вы русские"» (Письмо А. С. Пушкина Е. М. Хитрово. 9 декабря 1830 года // Пушкин А. С. Письма. 1826–1830. Т. II. — М., Л., 1928. С. 493).

Обнародование указа от 27 октября 1864 года о закрытии и упразднении мужских римско-католических монастырей было решено произвести в ночь на 16 ноября ст. стиля одновременно и внезапно во всем Царстве Польском. Публикация указа об этом в Петербурге и в Варшаве (где было закрыто в ту ночь 7 монастырей с 218 монахами) состоялась постфактум, утром 16 ноября[409].

Уже в половине шестого утра тронулся в путь уникальный монашеский поезд — 104 монаха выселялись из Варшавы в Австрию. Кстати, вскоре Австрия отказалась пускать к себе польских монахов.

Всего же в эту ночь в Польше закрыто 109 монастырей. Перевезено в другие монастыри 1 140 монахов, добровольно согласились уехать из страны 43. Также закрыты были 4 униатских монастыря.

В 1864 году — новое восстание.

И появляется новая метода: сокращение не только числа монастырей, но и числа монахов.

В те времена, если православный монах уходил из монастыря, то он подлежал высылке из своей губернии и ряду иных ограничений.

С католиками поступили противоположным образом: их решили премировать.

Им было предположено или выехать безвозвратно за границу, или оставить монастырь и вернуться в мирскую жизнь[410].

Уезжающим за границу положено было назначить ежегодную пенсию по 150 рублей в год, «доколе лица, получающия таковыя

---

[409] Анучин Д. Г. Монастырская реформа в Царстве Польском // Русская Старина 1909 г., №3, дек. С. 557–558.

[410] Такой же была антицерковная политика троцкистского правительства в Мексике в конце 1920-х годов: священникам было предложено или жениться (и тем самым сложить с себя сан), или уехать. Эта история описана в романе Грэма Грина «Сила и слава». Из 4 500 священников в 1934 году осталось только 334 (имевших разрешение правительства), на 15 миллионов человек населения. Причиной сокращения количества священников стали эмиграция, высылка и убийства. К 1935 году 17 штатов не имело священников вовсе. См. «Восстание кристерос» в Википедии.

пенсии, не будут принимать никакого участия во враждебных русскому правительству замыслах».

Кроме назначения пенсии их предположено было довезти за счет казны до границы и снабдить паспортом и денежным пособием в 25 рублей (право выезда не предоставлялось монашествующим лицам, участвовавшим в восстании — они подлежали уголовной ответственности).

Лицам же, пожелавшим с разрешения духовных властей, удалиться в частную жизнь, обеспечивалось ежегодное содержание в 60 р., считая в том числе 40 р. личного содержания и 20 р. на наем квартиры.

С другой стороны, если монах возвращался в свой монастырь с приходского служения, ему положено отпускать по 40 рублей в год, ежели он жил вместе с прочей братией монастыря. Монахам, оставленным для богослужения при церквах закрытых монастырей, назначено содержание в 150 р., а органистам при них — по 75 р.[411]

В итоге осталось 25 штатных и 29 заштатных монастырей.

Из виленского женского монастыря «визиток» (*Ordo Visitationis Mariae*) в Европу были высланы 30 католических монахинь. Взамен из Москвы в те же освободившиеся здания митр. Филарет Дроздов прислал двух православных[412].

Козьма Прутков в 1863 году писал в «Военных афоризмах»:

Если продуемся, в карты играя,

Поедем на Волынь для обрусения края.

Начнем с того обрусение,

Что каждый себе выберет имение

Хоть мы русское имя осрамим,

Зато послужим себе самим.

---

[411] Анучин Д. Г. Монастырская реформа в Царстве Польском // Русская Старина 1909 г., №3. С. 153–154.

[412] Из записок И. А. Никотина // Русская Старина 1904 г., № 1, янв. С. 143.

Конечно, это просто сатира. Но вот что писал в своем дневнике министр внутренних дел России писал о днях «замирения и обрусения» Польши («Западно-русского края»): «Если бы поляки знали, как мы их боимся! Когда Потапов[413] говорит, что край разорен и еще более разоряется, военный министр отозвался, что лучше это, чем дать вновь опериться полякам. Опустошение как принцип управления!» (Запись от 6 апреля 1865)[414]. «Мне нестерпимо то хладнокровие, с которым они тасуют людей, верования, правила — как карты, которые можно изорвать и бросить под стол по произволу. Я бы десяти собак не выгнал; они думают изгнать 10 тысяч семейств (польских помещиков)» (Запись от 29 ноября 1865)[415]. «Страшно то, что наше правительство не опирается ни на одном нравственном начале и не действует ни одною нравственною силою. Уважение к свободе совести, к личной свободе, к праву собственности, к чувству приличий нам совершенно чуждо. Мы только проповедуем нравственные темы, которые считаем для себя полезными, но нисколько не стесняемся отступать от них на деле, коль скоро признаем это сколько-нибудь выгодным. Мы забираем храмы, конфискуем имущество, систематически разоряем то, что не конфискуем, ссылаем десятки тысяч людей, позволяем бранить изменою проявление человеческого чувства, душим вместо того, чтобы управлять. Мы — смесь Тохтамышей с герцогами Альба, Иеремией[416], Бентамом. Мы должны внушать чувство отвращения к нам всей Европе. И мы толкуем о величии России и православии!» (Запись от 10 октября 1866)[417]. «Правительство, действующее как наше, не имеет права уповать на Бога. К нему прямо

---

[413] Потапов А. Л с 1861 г. начальник Варшавской полиции. В 1864 г., помощник по гражданской части Виленского генерал-губернатора. Противник политики насильственного обрусения.

[414] Валуев П. А. Дневник. — М., 1961. Т. 2. С. 33.

[415] Там же. С. 81.

[416] Князь Иеремия Вишневецкий в 1633 г. опустошил ряд русских волостей, разграбив их и испепелив. Он сжигал деревни, приказывая «ни огня, ни железа врагу не жалеть», за что получил имя «Поджигателя».

[417] Там же. С. 155.

применимы слова Евангелия: „всуе чтут устами, сердце же их далеко отстоит". Все, что мы делаем на Западе, совершенно бессовестно, возмутительно, омерзительно» (Запись от 18 октября 1867)[418].

И еще: генерал Кауфман, автор проекта обрусения «Западного края», генерал-губернатор Северо-Западного края и командующий войсками Виленского военного округа, после подавления восстания 1863 года ввел запрет на латиницу.

С Валуевым он делился своей мечтой: «В Гродне со временем будет Тамбо, а в Вильно — Переяславская пустынь» (Запись от 15 марта 1866)[419]. Реакция Валуева: «Они верят в обрусение Запада их татарско-полицейскими методами» (Запись от 18 марта 1867)[420].

А вот сценка из 1861 года. 31 июля (12 августа нового стиля). В этот день протестующие праздновали заключение Кревской унии, 14 августа 1385 года соединившей Польское королевство с великим княжеством Литовским

«В начале первого часа по полудни старший полицеймейстер Васильев привез с собою во дворец какого-то мальчика лет 13-14 от роду, одетого в черную однобортную чамарку[421] с конфедераткою на голове[422], в которой и ввел его в комнату, где находился генерал-губернатор.

— Где это подхватили такого шута, Петр Сергеевич? — обратился генерал-губернатор В. И. Назимов с вопросом

---

[418] Там же. С. 220. Эти слова написаны как про сегодня. Ничего не поменялось. Кроме одного: вряд ли сегодняшние министры а). способны к такой рефлексии б). ведут дневники. Так был ли прогресс в России за минувшие полтора века, или же мы стали вне-историческим обществом?

[419] Валуев П. А. Дневник. — М., 1961. Т. 2. С. 110.

[420] Там же. С. 194.

[421] Род обшитой мехом венгерки. Длинный кафтан, зауженный в талии. См. ст. «Чумарка» в Википедии.

[422] Конфедератка или уланка — национальный польский головной убор с четырехугольным верхом.

к вошедшему полицеймейстеру, и в то же время взял из рук сконфузившегося мальчика шапочку, которую он снял с головы.

— Сын богатого минского помещика (фамилию я не разслышал), живет у родных, в доме Карабановича близ Острых ворот. Арестовал я его на Немецкой улице из числа десяти пар, шедших в польских национальных костюмах по Немецкой улице из Францисканского костела.

— Отправьте-ка его в этом костюме по этапу к отцу — пусть посмешит народ.

Само собой разумеется, слова эти были сказаны в шутку, чтобы попугать мальчика... И действительно, едва только кончил эту фразу генерал-губернатор, как переряженный мальчуган-патриот бросился к нему и, целуя руки, стал умолять о помиловании. Добрейший В. И. Назимов делал вид, что не соглашается; шалун ревел навзрыд.

Минуть пять продолжалась эта комическая сцена. Затем губернатор велел мне отвезти мальчика на квартиру и передать от его имени тем, у которых тот жил, что из уважения к отцу его он прощает на первый раз шалость, но не советует допускать повторять ее, иначе взыскание падет не на шалуна, а на тех лиц, которым вверено попечение о нем. Признаюсь откровенно, я не ожидал подобного поручения, и оно было для меня крайне неприятно. Действительно мы, русские, подвергались чуть не на каждом шагу разным поруганиям, возмездие за которые нам было строго воспрещено, а тут мне дают приказание отвести мальчика в патриотическом костюме, арестованного полицеймейстером, который в виду могущего быть сопротивления счел более благоразумным захватить с собою из двадцати лиц самого слабого, но делать было нечего. Когда я пригласить с собою мальчугана, он

*протянул было руку к конфедератке, которую всё еще держал
в руках генерал-губернатор.*

*— Нет, мой любезный, тебе дадут шляпу, — сказал В. И. Нази-
мов; следовало бы надеть на тебя дурацкий колпак с бубенчи-
ком, да и провести по городу; был бы вперед поумнее, ну да уж
Бог простит на этот раз.*

*Сделавши половину пути, этот невылупившийся демонстра-
тор стал громко роптать на то, что его, как шута, отправили в подобной шляпе домой.*

*— Народ идет и смеется, глядя на меня, — произнес он со зло-
бой.*

*— Пусть смеется. Разве вы это не заслужили? Благодарите
Бога, что еще так дешево отделались; не долго и до греха;
пожалуй, могли бы и постегать...*

— Польских дворян не секут, — ответил нахально мальчишка.

Желая дать ему добрый урок, я крикнул извозчику:

*— Поверни-ка, братец, назад, да поезжай поживее в цитадель
к коменданту, там наведут справки по поводу слов его мосьци.*

*Увидавши, что извозчик стал поворачивать лошадь, маль-
чишка бросился на дрожках на колени и начал просить у меня
прощение. Сцена была до того комична, что я невольно расхо-
хотался.*

*— А что, панич, не нравится вам прогулка в цитадель? Вперед
будьте поосторожнее и повежливее, а то, пожалуй, долго ли
до беды»*[423].

---

[423] Из записок И. А. Никотина // Русская Старина, 1909 г., № 2, июнь.
С. 62–64.

Замените в этой комедии польского мальчика на русского, а русских чиновников на эсэсовцев. Смешно получится?

Предшественником генерала Кауфмана по управлению Западным краем был генерал Муравьев. Когда-то в советских школах рассказывали про «Муравьева-Вешателя». Но не в семинариях.

Причем это было самопрозвище:

В 1831 году Муравьев был назначен губернатором Гродно. Один местный житель спросил, не является ли новый губернатор родственником декабриста С. И. Муравьева-Апостола. И получил в ответ: «Я не из тех Муравьевых, которых вешают, а из тех, которые вешают»[424].

Да, польский край в составе Российской империи был неспокоен. В день своего назначения на должность виленского генерал-губернатора, прочитав донесение В. И. Назимова о положении дел в белорусско-литовских губерниях, Муравьев сказал «своим обычным мягким голосом»: «Первое, что я сделаю по приезде в Вильно, — это расстреляю ксендза»[425].

Первые две казни ксендзов, осуществленные военными трибуналами по распоряжению виленского генерал-губернатора, были проведены публично уже через неделю после приезда Муравьева в Вильно — 22 и 24 мая 1863 г.

Тут же «я получил первое утешительное сочувственное заявление к моим действиям из Москвы, от митрополита Филарета, который прислал мне икону св. архистратига Михаила при письме с выражением всей важности возложенной на меня обязанности, выразил вместе с тем сочувствие церкви и России и сильно поддержал меня нравственно. „… Вы нашли новую силу в любви к царю и отечеству. Верные сыны Царя и Отечества узнали о сем с радостию и надеждою: ваше назначение есть уже поражение врагов отечества, ваше имя — победа. Господь сил да совершит вами дело

---

[424] См. Долгоруков П. В. Михаил Николаевич Муравьев, — Лондон, 1863. С. 15–16.

[425] Граф Михаил Николаевич Муравьев. 1 мая 1864 г. // Русская Старина. 1883. Том 39. Вып. 9. С. 653.

правды и дело мира. Да пошлет тезоименного вам небесного архангела и да идет пред вами с мечом огненным"»[426].

Всего до 1 января 1865 года смертные приговоры были приведены в исполнение в отношении то ли 7, то ли 8 католических священников. При этом нужно особо отметить, что Муравьев не требовал от католического священноначалия снять с первых двух расстрелянных ксёндзов сан, что делалось позднее. Они были казнены не столько как нарушившие закон граждане, сколько именно в качестве католических священников.

Дамы начали носить траур по Польше. За ношение траура без справки о смерти в семье вводился штраф 25 рублей, который при повторном нарушении удваивался[427].

В Вильно костел Малые Бусачки был разобран в 1878 году и на его месте был устроен сквер и поставлены торговые ряды с зеленью и прочей едою[428].

Это всё в прошлом? Но российское посольство в Минске в своем твиттере в 2020 году — вскоре после силового «замирения протестов белорусской оппозиции» — отметило годовщину рождения графа Михаила Николаевича Муравьева-Виленского…

А вполне современный православный минский протоиерей Александр Романчук проповедует о Муравьеве как герое:

«Фактически он поставил вопрос, имеет ли в глазах Бога российский православный мир такую ценность, чтобы ради него казнить католических священников. Будучи православным верующим, он ответил на этот вопрос положительно и исполнил приговоры. Таким образом он согласился в полной мере нести ответ за свои действия перед Богом в вопросе спасения души.

---

[426] Граф Михаил Николаевич Муравьев // Русская старина. 1882. Том 36. Вып. 11. С. 405.

[427] «Готов собою жертвовать…» Записки графа Михаила Николаевича Муравьева об управлении Северо-Западным краем и об усмирении в нем мятежа. 1863–1866 гг. — М., 2008. С. 95.

[428] См. Из записок И. А. Никотина // Русская Старина. 1909 г., № 1, март. С. 519.

Таким образом, мы не вправе отрицать, что граф Муравьев, расстреляв 8 ксёндзов, выступил в роли российского религиозного и национального лидера и тем самым совершил личный духовный подвиг самопожертвования. Никто не вправе отрицать, что граф Муравьев-Виленский в 1863 г. сознательно с твердой верой совершил акт личного духовного самопожертвования»[429].

О том, какое давление оказывалось на униатов при «присоединении их к православию» в 70-х годах XIX века, какие карательные меры предпринимались для этого (см.: Мельгунов С. Церковь и государство в России в переходное время. Вып. 2. – М., 1909. С. 161–166).

Степан Громека[430] в середине 1870-х годов был председателем Комиссии по крестьянским делам в Царстве Польском и Седлецким губернатором. По слову А. Ф. Кони, он «явился представителем полиции вне полиции и при том в области свободы совести»[431].

По его приказу военные команды ходили по униатским селам:

«В „непокорные" деревни вводились войска, издевавшиеся над местным населением, которое, зачастую неделями, должно было содержать солдат и обеспечивать их расквартирование. Деревни по распоряжению губернатора выплачивали штрафы по нескольку сот рублей, а когда население было не в состоянии собрать необходимую сумму, тогда на аукцион

---

[429] Граф М. Н. Муравьев-Виленский: религиозные основания усмирения шляхетского мятежа 1863–64 гг. https://zapadrus.su/2012-04-11-14-59-43/2016-g/gr-mv/1582-graf-m-n-muravev-vilenskij-religioznye-osnovaniya-usmireniya-shlyakhetskogo-myatezha-1863-64-gg.html

[430] Очень необычный человек: полицейский подполковник, который стал писать резкие статьи против полицейского произвола. Был уволен. Стал постоянным корреспондентом герценовского «Колокола», другом Николая Лескова. Но затем вернулся на службу. См. о нем: Антонова Т. В. Из истории русской журналистики пореформенного периода: программа «мирного прогресса» С. С. Громеки // Локус: люди, общество, культуры, смыслы. 2017, № 1.

[431] Кони А. Ф. Из заметок и воспоминаний судебного деятеля // Русская Старина. 1909 г., № 2. С. 234.

выставлялось движимое имущество. Продаваемое за бесценок имущество чаще всего скупали еврейские торговцы. Войска и полиция совершали также и физическое насилие, которое было вызвано, прежде всего, тем, что униатское население не желало безропотно принимать православие, оборояло свои храмы, заслоняя их собственными телами, и прогоняло православное духовенство. Особенно драматическая ситуация сложилась на Подлясье, где униаты с одинаковой ненавистью относились и к российским властям, и к силой навязываемому православию. Наиболее громкие события имели место в январе 1874 г. в Дрелеве и Пратулине. Там в результате стычек с войсками от открытого по толпам огня погибло почти сорок человек. В результате этих событий несколько сотен людей попали в тюрьмы в Белой и Седльцах. Задержанных было так много, что часть из них, из-за отсутствия мест, были отправлены в Брест Литовский. Значительное число освободили сразу же после проведения «воссоединения» в августе 1875 г. Однако выявилась серьезная проблема — начальники уездов „с воссоединенным населением" сообщали, что эти лица не изменили своего поведения. Не только сами не ходят в церковь, но прельщают и „сбивают с истинного пути" лиц, которые начали уже понемногу соглашаться с действующими порядками. Российские власти были вынуждены нейтрализовать нежелательные действия лиц, продолжавших сопротивление. Проблема эта в 1874 г. стала особенно докучливой. Комитет по делам Царства Польского 25 марта 1875 г. издал указ, в силу которого начался процесс высылки бывших униатов в Екатеринославскую и Херсонскую губернии под надзор полиции»[432].

Тоже получилось «воссоединение любовью…»

---

[432] Шабачук А. Политика российских властей в отношении униатов Царства Польского, сосланных вглубь России в 1875–1905 гг. // Поляки и Россия, Польша и русские. — Краснодар, 2009. С. 72–73.

А. Ф. Кони, познакомившись с униатскими делами по своей сенатской практике, пришел к выводу, что это блестящее воссоединение униатов в Холмской Руси было не чем иным, «как созданным довольно беззастенчивыми руками административным миражом»[433].

Впрочем, его рассказ стоит привести полнее:

«Из этих дел оказалось, что гминные [общинные] приговоры [решения о переходе в православие] были составлены не только недобровольно, но явились результатом настойчивого давления и всяческого воздействия, до угроз включительно, со стороны ближайшего полицейского начальства, руководимая в иерархическом порядке приказаниями и настояниями высшей губернской власти. Воссоединенные перестали посещать церковь. Но у них рождались дети, а смерть делала свое дело. Детей следовало крестить, а мертвых хоронить по обрядам той церкви, к которой они официально принадлежали. Однако, бывшие униаты не хотели к ней принадлежать и играть пассивно-услужливую роль в той комедии лицемерия и честолюбия, которая над ними была разыграна: они желали оставаться униатами. И вот началось уклонение от крещения детей по новому обряду и в некоторых случаях отказ хоронить по нему своих покойников. Казалось бы, что это одно уже должно было показать не в меру усердным ревнителями воссоединения весь лживый характер тех условий, в которых оно совершалось. Для простого человека— крестины, свадьба и похороны представляют торжественный события, выделяющиеся из однообразия ежедневности, а между тем от двух из этих торжеств население добровольно и конечно с болью начало отказываться. Но, как это часто у нас встречалось, вместо исследования причин такого необычного в сельской среде явления, его „ничтоже сумняшеся" начали искоренять суровыми мерами принуждения и наказания.

---

[433] Кони А. Ф. Из заметок и воспоминаний судебного деятеля // Русская Старина. 1909 г., № 2. С. 236.

Громека выработал и преподал подчиненным властям целую систему взысканий. За каждый случай неокрещенья детей в течение недели, начальник уезда обязан был подвергать каждого из виновных родителей штрафу не менее одного рубля и не свыше семи рублей. Взыскание штрафов было возложено на гминных войтов, которые, получив сведение о рождении младенца, обязаны были требовать от родителей представления выписи из метрических книг приходской православной церкви и при отсутствии такой выписи взыскивать штраф соответственно времени, прошедшему со дня рождения младенца. Каждую неделю штраф повторялся в том же размере впредь до предъявления метрической выписи. Таким образом при упорстве бывшего униата штраф всё возрастал и иногда доходил до такого размера, что всего имущества крестьянина не хватило бы на его уплату, тем более что штрафы в пять, шесть или даже семь рублей в неделю с каждого из супругов были далеко не редким явлением. За самовольное погребение бывших униатов не по обряду православной церкви, штраф назначался единовременно и был определен Громекою в десять рублей.

Наложение этих штрафов не оказывало, однако, ожидаемого действия. Только самые бедные крестьяне подчинялись требованию гминных войтов. Все же, имевшие хоть какой-либо достаток, безусловно отказывались платить и предпочитали полное разорение своего хозяйства крещению детей не по вере своих отцов.

Их имущество продавалось, но излишек все-таки не выдавался хозяину проданнаго, а хранился в тминной конторе „на пополнение будущих штрафов". „Добровольное присоединение" после телесного увещания и долгого пребывания в остроге сопровождалось высылкою многих „упорствующих" в северо-восточные губернии России, где они — вдали от родины и от семейств, под строжайшим надзором урядников — прозябали в прямом и переносном смысле слова. Эти высылки не помешали проявлений в местном населении сначала глухого, а потом и открытого протеста против неожиданных фискальных последствий неприсоединения. Стали, как грибы, расти дела о сопротивлениях полиции, об оскорблениях стражников. Уже через год после торжественного объявления urbi et orbi о воссоединении униатов, население четвертой части бывших униатских приходов в Седлецкой губернии, в количестве около 120 000 человек, стало в явно враждебное отношение к обрядам православной веры, а во всех остальных приходах начало открыто уклоняться от их исполнения. В половине 1876-го года в тюрьмах Седлецкой губернии содержалось около 200 арестантов из воссоединенных униатов. Несмотря на желание министра юстиции графа Константина Палена, Варшавский архиепископ Леонтий, в узком, одностороннем и постепенно потухающем уме которого свило себе гнездо некоторое церковно-юридическое крючкотворство, выступал против отмены штрафов[434]. По его распоряжению браки, тайно заключенные бродячими католическими священниками, были объявлены незаконными (штраф 25 рублей или месяц ареста с удвоением через месяц не-развода). Наличие детей не принималось властями во внимание. ⟨...⟩

Обер-прокурор Святейшего Синода Победоносцев очень просил меня повидаться с ним, надеясь разъяснить мне неправильность моего взгляда.

„Помилуйте, что вы хотите сделать! — сказал мне при свидании Победоносцев, — мы с таким трудом налаживаем церковное дело в Польше, а ваш Сенат собирается нам в колеса палки вставлять... Тут ведь не одно нарушение церковных правил. Эти бывшие униаты вызывают путаницу

---

[434] Леонтий Лебединский в 1891 году на два года еще станет московским митрополитом.

в актах состояния и, не желая звать православного священника, хоронят мертвых кое-как и раньше срока. Судебные приговоры произвели на них отличное действие: мне писали об этом и председатель съезда и местный преосвященный, а у вас всё это собираются испортить"... Он ходил большими шагами по кабинету и, видимо, все более и более раздражался.

„И что это они там делают! — прибавил он довольно неожиданно, — и чего они путают? Вот уж усердие не по разуму! Ах Боже мой, Боже мой!"

Желая исчерпать вопрос в смысле наибольшей законченности для достаточно настрадавшихся воссоединенных, я отправился к генерал-адъютанту Гурко и, вопреки предположению Победоносцева, встретил в нем человека, глубоко не сочувствующего униатской эпопее. Он рассказал мне нисколько случаев злоупотребления военной силой для принуждения бывших униатов подчиниться исполнению обрядов господствующей церкви, вроде, например, испрошения приходским священником — под предлогом опасения насилий при напутствовали умирающего — команды нижних чинов и обхода с ними целой деревни, с целью окрещения, под их прикрытием, всех младенцев у бывших униатов по православному обряду. <...>

Оказалось, что работа бывших униатов в поле или на дороге в православные праздники преследовалась, как ослушание полиции (ст. 30 Установления о наказаниях), или как соединенное с соблазном действие (ст. 43), или, наконец, как неисполнение законных требований власти (ст. 29), выражающееся в несоблюдении отобранной подписки с обязательством святить православные праздники; по 38 ст.(нарушение общественного спокойствия и тишины) преследовалось колядованье в Рождественские праздники по новому стилю, и по той же статье преследовалось несоблюдение отобранной полицией подписки не посещать католические церкви для молитв.

Судебные дела против униатов прекратились лишь в 1890 году.

Отчеты обер-прокурора Святейшего Синода в конце девяностых и в начале девятисотых годов говорят, что в Холмской епархии в 1895 году было упорствующих — 73 000, а в 1897 году уже 83 000; так на общее число воссоединенных по одной Седлецкой губернии в числе 153 000 человек (в 1897 году) — в 1899 г. было упорствующих свыше 62 000 и колеблющиеся более 55 000 человек; они имели 26 000 некрещеных детей и между ними было 9 800 пар находящихся, за нежеланием совершить брак по православному обряду, в блудном сожитии. С 1896 года по 1897 число упорствующих в Холмской епархии вообще увеличилось на 6 000 человек, а колеблющийся — на 1 350, — число некрещеных детей — на 6 000 и незаконных сожительств — на 770 пар.

В отчете Синодального обер-прокурора за 1897 год обрисованы результаты этого бесплодного воздействия на людей, которые хотели жить по вере своих предков. „Состояние упорствующих бывших греко-униатов до крайности печально. У исповеди они не бывают, детей не крестят, браков не венчают, умерших погребают самовольно. Забывши все обязанности, налагаемые на христиан религией, они совершенно очерствели душой. От незаконных некрещенных родителей родились дети, тоже остающиеся некрещенными. К православию упорствующие относятся с озлоблением, с духовенством избегают встреч и бесед, к умершим православных священников не допускают. На убеждения крестить детей многие отвечают: „скорее утопим, чем окрестим в вашей церкви". Так длилось до 1905 года...»[435]

---

[435] Кони А. Ф. Из заметок и воспоминаний судебного деятеля // Русская Старина. 1909 г., № 2. С. 236–254.

Рассказ о жизни униатов в православной Империи продолжается уже в рамках военной хроники.

В начале Мировой войны русская армия на несколько месяцев заняла униатскую Галицию. И хотя с самого верха шли указания не применять насилие для обращения униатов в имперскую церковь, инерция понуждать к правильной вере брала свое.

Из воспоминаний русского военврача: «7 сентября 1914. Сегодня — воскресение, и в прилегающей церкви обедню служил униатский священник, имевший гражданское мужество после обедни провозгласить многолетие нашему царствующему дому; после же евангелия обратился к собравшимся с речью, что-де теперь они переходят в новое подданство, но вера их останется у них, тоже и религиозным главой у них останется тот же папа; стоявший в алтаре наш полковой попик тут же прервал его, сказавши, что насчет сохранения веры их — „что Бог даст!“ Поступок был не из тактичных»[436].

Из воспоминаний митр. Георгия (Евлогиевского): «По приезде в Петербург являюсь к Саблеру — и недоумеваю, слыша его приветствие: „Поздравляю, вы назначены управлять церковными делами в оккупированных областях… Епископ Дионисий предложил мне посетить сейчас же эти приходы, …но только „надо жандармов с собою взять, потому что священники ключей от храма не дают, — надо будет их отобрать…“ Смотрю, молоденький жандарм тут же неподалеку вертится. Меня всё это очень покоробило. Присоединение к православию мне представлялось постепенным сознательным процессом, — не такими скоропалительными переходами, да еще с участием жандармов»[437].

Протопресвитер российской армии Георгий Шавельский также вспоминал об этом:

---

[436] Кравков В. П. Великая война без ретуши. Записки корпусного врача. — М., 2014. С. 48.

[437] Упомянутый епископ — это Евлогий Георгиевский, тогда епископ Холмский.

«В Галиции уже работал целый полк его (Евлогия) сподвижников, огромный процент которых составляли иеромонахи Почаевской Лавры, полуграмотные, невоспитанные, невежественные. И они должны были заменить обращаемым в православие униатам их прежних священников, которые почти все имели университетский диплом и блестящую практическую выучку... Из Львова я направился на позиции осаждавшей Перемышль нашей армии. Там я виделся с командующим армией генералом Селивановым и с множеством военных священников. Как и гр. Бобринский, все они отрицательно относились к производившемуся воссоединению. Некоторые при этом рассказывали о насилиях над нежелавшими присоединяться униатами, делавшихся некоторыми нашими „миссионерами" при участии „ревнителей" — чинов полиции. Тут же они просили у меня указаний, как им поступать, когда оставшиеся без священников, убежавших или погибших, униаты просят их совершать богослужение, исполнять требы и пр. На обратном пути, во Львове, я виделся с преосвященным Трифоном (викарий Московской епархии), исполнявшим тогда обязанности штабного священника в 7-й армии. Он также отрицательно относился к политике архиеп. Евлогия. Вернувшись в Ставку, я доложил Верховному о впечатлениях своей поездки, не умолчав и о воссоединениях. Великий князь беспомощно пожал плечами: — Что я могу сделать? Вы же знаете: я просил Государя, Государь обещал. Я отлично понимаю, что от их воссоединений, кроме неприятностей и осложнений, ничего нет. Обождем еще. <...>

Православной миссии среди Галицийских униатов в то время могло быть только одно дело: не обличая униатской веры, не пытаясь пока воссоединить униатов, всеми способами показывать им, — особенно оставшимся без своих священников, бежавших в глубь Австрии, — красоту и теплоту православия: совершая для них службы, исполняя все требы, *бескорыстно всем и для всех служа. При таком характере нашей работы униаты, может быть, поверили бы нам, привыкли бы к нам, а, может быть, и полюбили бы нас и незаметно слились бы с нами. При ином — одни нас возненавидят, другие, поверив нам, будут под угрозой мести со стороны австрийцев, которые, если территория с воссоединенными снова перейдет в их руки, не пожалеют для „изменников" пуль и виселиц. Но такая миссия для наших церковных деятелей казалась прежде всего скучной и необещающей лавров, а затем она представлялась и канонически недопустимой. Совершать богослужение, требы для еще не присоединенных к православию униатов, венчать их, крестить их детей, хоронить их и т. д. — от этой мысли содрогнутся и теперь такие „столпы" православия, а тогдашние вдохновители воссоединительного Галицийского дела, как митр. Антоний (Храповицкий) и другие. Что обстановка, совершенно исключительная, требовала, чтобы икономия церковная разрешала в данном случае действовать, считаясь не с буквой, а с духом, не с формою, а с высшей правдой и христианской любовью, — это тогда не было ни понято, ни принято во внимание. Вместо мудрости, воссоединители вложили в дело настойчивость, решительность и уставную законность, по всей вероятности, не учитывая всех тех последствий, к которым должно было привести дело их „святой ревности". <...> Телеграмма за подписью Верховного была послана в тот же день, а через несколько дней был получен ответ Государя, что он повелел архиеп. Евлогию прекратить воссоединительную работу. Но... «апостольские» труды неудачных сотрудников архиеп. Евлогия и после этого продолжались... На другой день, посетив Саблера в его вагоне, стоявшем вблизи от великокняжеского поезда, я снова заговорил о Галицийском воссоединении. Саблер быстро перевел речь на другой предмет. Ясно мне стало, что мой взгляд на дело Саблеру известен и совершенно расходится с его взглядом и желаниями. Ему нужны были громкие* *цифры воссоединенных и «домики» во Львове; я же по истории Белорусского воссоединения знал действительную цену громких цифр, не верил в прочность приобретения Львовских „домиков" и сильно опасался за возможность катастрофы этого воссоединительного предприятия. Дальше я подробно разъяснил Государю, в чем именно ошибочно производящееся воссоединение: тактически оно ведется неправильно; по настоящей военной поре оно совсем не своевременно; для воссоединяемых крайне опасно, ввиду возможности перехода территории опять в руки австрийцев. А 9 мая началось наступление немцев, закончившееся очищением от наших войск почти всей Галиции. Все воссоединители бежали. Один из них — священник Каркадиновский — рассказывал мне, что воссоединенные часто провожали их проклятиями. Бежало и много воссоединенных. Говорили, что будто бы до 80 тысяч галичан после этого разбрелись по Волыни, Дону и другим местам. Рассказывали также, что до 40 тысяч из оставшихся на месте погибли на виселицах и от расстрелов. Огромный процент среди них составляли воссоединенные».*

И снова воспоминания самого Евлогия:

«Тут вмешался в наш разговор Великий Князь Петр Николаевич:

— Я хочу вам поставить церковно-канонический вопрос: имеет ли Синод право устраивать свое управление, пока территория еще не русская? Она ведь остается и сейчас территорией Вселенского Патриарха...

— По смыслу церковных законов, Церковь в своем управлении следует за государствами. Если территория уже управляется русскими гражданскими властями, то и Русская Церковь имеет право организовать свое управление. — ответил я.

...Тогда же пришло грозное известие — мы сдали Перемышль. Первая мысль, которая у меня возникла, когда я об этом

услыхал: надо спешить во Львов — готовиться к эвакуации. Во Львове настроение было напряженное, тревожное, близкое к смятению. Что делать с православными приходами? Как оберечь их от ужасной участи — вновь очутиться под австрийской властью и принять кару за измену? А если их перевешают, перестреляют?.. Тревога о галичанах не давала мне покою.

Я бросился к генерал-губернатору умолять его помочь мне спасти галичан. Он стал меня успокаивать: „Ничего, ничего, владыка, пусть эвакуируются, а у нас в пограничных губерниях они рассосутся". Рассосутся! Безответственное слово... Как могли „рассосаться" 50–100 тысяч пришлого населения в нищих, истощенных военными реквизициями, приграничных областях?

Они двинулись табором, неорганизованным потоком. Стар и млад, лошади, коровы, телеги, груженные домашним скарбом... Поначалу было дано распоряжение — выселить всех галицийских крестьян поголовно; потом его отменили. Коекакие деревни уцелели, но хлеб сожгли. Когда австрийцы овладели Лаврой, в монастырь прибыл австрийский эрцгерцог. Братия встретила его почтительно, эрцгерцог был корректен. На другой день появился приказ — выселить всех в венгерский лагерь для военнопленных. Поздней осенью (1916 г.) я вернулся из Москвы на Волынь. Дорогой мне случилось разговориться с двумя спутниками. Это были молодые люди, ехавшие в соседнем купе. Мы познакомились, они предложили мне выпить с ними чаю, стали меня расспрашивать, как я работал в Галиции, как я смотрел на свою миссию и т. д. Между прочим задали и такой вопрос: не нахожу ли я, что православная моя деятельность в Галиции была преждевременна? Я сказал, что, оглядываясь теперь назад, признаю, что надо было действовать осторожнее...»

Итог этого администрирования корпусной врач времен Первой Мировой В. П. Кравков записал в своем дневнике 17 октября 1915 года: «Пущена в ход поговорка: „Маньчжурию мы пропили, **Галицию — перепопили**, а Ковно — недоокопали"»[438].

---

[438] Кравков В. П. Великая война без ретуши. Записки корпусного врача. — М., 2014. С. 185.

Приложение

ИСТОРИЯ ОДНОГО ПАТРИОТИЧЕСКОГО ТОСТА

Известен стихотворный тост-экспромт в честь Муравьева, произнесенный в июне 1863 года в Вильно. Его автор — состоявший при генерал-губернаторе Муравьеве чиновник по особым поручениям Иван Нико́тин[439].

Бокал заздравный поднимая,

Еще раз выпить нам пора

Здравицу миротворца края…

Так много ж лет ему… Ура![440]

---

[439] Из его мемуаров: «Приедешь, бывало, в лучшую гостиницу в городе, а в комнате стоит какой-нибудь трехногий диван, и в недрах его гнездятся мириады клопов и всякого рода жидовской нечистоты» (Из записок И. А. Никотина // Русская Старина. 1909, № 1, февраль. С. 366). «Ни одна из областей России не может поспорить со здешним краем по фабрикации и торговле фальшивыми кредитными билетами. Жидовство в этом отношении очень искусно умеет набивать себе карманы и хоронить концы. Причина этого преступления лежит не только в натуре еврея…» (С. 371–372).

[440] Из записок И. А. Никотина // Русская Старина. 1909, № 3, декабрь. С. 487.

Через два года Никотин дописал свое стихотворение:

Пускай клеймят тебя позором

Надменный Запад и враги;

Ты мощен Руси приговором,

Ея ты славу береги!

Мятеж прошел, крамола ляжет,

В Литве и Жмуди мир взойдет;

Тогда и самый враг твой скажет:

Велик твой подвиг... и вздохнет.

Вздохнет, что, ставши сумасбродом,

Забыв присягу, свой позор,

Затеял с доблестным народом

Поднять давно решенный спор.

Нет, не помогут им усилья

Подземных их крамольных сил.

Зри! Над тобой, простерши крылья,

Парит архангел Михаил!

Тогда же, 9 июня 1863 года, но в московском Английском клубе был обед в честь М. Н. Каткова. А на нем тоже прозвучал стихотворный тост в честь М. Н. Муравьева.

Позже это стихотворение Никотина напрасно приписали Некрасову[441].

Некрасов и в самом деле именно в Английском клубе, но 16 апреля 1866 года. Он и в самом деле выступил со стихами в честь М. Н. Муравьева. Но что за стих он зачитал, неясно.

Корней Чуковский так реконструировал эту сцену:

«Муравьев, многопудовая туша, помесь бегемота и бульдога, „полуслепой инквизитор в одышке", сидит и сопит в своем

---

441 https://culture.pl/ru/article/chuzhoe-stikhotvorenie-ili-strannaya-istoriya-muravevskoy-ody-nekrasova

кресле; вокруг него наиболее почетные гости. Некрасова нет среди них, это тесный кружок, свои. Тут старшина клуба граф Григорий Александрович Строганов, друг и сотрудник Муравьева генерал-лейтенант П. А. Зеленой, князь Щербатов, граф Апраксин, барон А. И. Дельвиг и другие. Небольшая кучка интимно беседующих. Официальное торжество уже кончилось.

Вдруг к Муравьеву подходит Некрасов и просит позволения сказать свой стихотворный привет. Муравьев разрешил, но даже не повернулся к нему, продолжая по-прежнему курить свою длинную трубку.

Жирное, беспардонное, одутловатое, подслеповатое, курносое, бульдожье лицо Муравьева по-прежнему осталось неподвижным. Он словно и не заметил Некрасова. По словам одного литератора, Муравьев окинул его презрительным взглядом и повернул ему спину.

— Ваше сиятельство, позволите напечатать? — спросил Некрасов, прочитав стихи.

— Это ваша собственность, — сухо отвечал Муравьев, — и вы можете располагать ею, как хотите.

— Но я просил бы вашего совета, — настаивал почему-то Некрасов.

— В таком случае, не советую, — трезал Муравьев, и Некрасов ушел, как оплеванный, сопровождаемый брезгливыми взглядами всех.

<...> По сообщению тогдашних газет, те стихи кончались такими словами: «виновных не щади», «...не жалей преступников». Верны ли эти сообщения, не знаем, так как их источником послужила газета Каткова, заинтересованная в сильнейшем посрамлении Некрасова, но возможно, что подобные

строки действительно были. Если присмотреться к отрывочным цитатам из этих стихов, рассыпанным по разным газетам, легко уловить в них ритм и даже конструировать такое двустишие: „Вся Россия бьет тебе челом, / Чтобы ты виновных не щадил"»[442].

Позже Некрасов жалел об этом:

Ликует враг, молчит в недоуменье
Вчерашний друг, качая головой,
И вы, и вы отпрянули в смущенье,
Стоявшие бессменно предо мной
Великие, страдальческие тени,
О чьей судьбе так горько я рыдал,
На чьих гробах я преклонял колени
И клятвы мести грозно повторял...
Зато кричат безличные: «Ликуем!»,
Спеша в объятья к новому рабу
И пригвождая жирным поцелуем
Несчастного к позорному столбу.

Отчет о том обеде был опубликован в газете Министерства внутренних дел «Северная почта»[443].

Этот отчет попался на глаза Худякову[444], Салтыкову[445], Герцену.

---

[442] Чуковский К. Критические рассказы. Часть 1. Поэт и палач. https://modernproblems.org.ru/memo/202-chukovsky1.html

[443] № 132 от 16 июня 1863 г. С. 534.

[444] «Муравьева носили на руках; этот потомок Чингисхана явился спасителем отечества; даже либеральный и очень талантливый поэт Некрасов писал патриотические стихи и публично в стихах просил Муравьева „не жалеть преступников“. И говорил, не сидя в крепости, не келейно с деспотом, а публично!» (Худяков И. А. Опыт автобиографии. — Женева, 1882. С. 167).

[445] «Я сам не раз склонен был признать призрачною ту крохотную и произвольную хлопотню, которой предавалась наша литература за последние

5 июля 1863 года Герцен откликнулся из своего лондонского изгнания:

«Кровь пьянит их… они глумятся, они обругивают идущих на смерть, они оскорбляют трупы и пятнают вдов и жен падших и сражающихся — и всё это русские, грамотные, воспитанные, пишущие в журналах… В нашей литературе ничего подобного не было. Всё скверное в русской натуре, всё искаженное рабством и помещичеством, служебной дерзостью и бесправием, палкой и шпионством, — всё всплыло наружу, украшенное либеральными бубенчиками, — всплыло, совмещая в себе в каком-то чудовищном соединении Аракчеева и Пугачева, крепостника, подьячего, капитан-исправника, голь кабацкую, Хлестакова, Тредьяковского и Салтычиху.

Дворянство, вчерашние крепостники, либералы, литераторы, ученые и даже ученики повально заражены; в их соки и ткани всосался патриотический сифилис. Как далеко пошел яд, Москва доказала по-своему — стерлядями. Тост Муравьеву — историческое событие. В пущее время разгара Французской революции мы не помним, чтоб в Париже пили за Карье или Фуше, ни даже чтоб делали овации литературным помощникам Фукье Тинвиля, журнал оным pourvoyeurs de la guillotine — „поставщикам гильотины".

Теперь беснующийся Саул — не один Николай, а вся дворянская, служебная Россия.

Втеснять человеку поневоле племенную солидарность в преступлениях — последнее отрицание всякого нравственного

семь лет, но теперь, видя на деле, какие выползают на место ее из нор чудовища, я готов принести искреннее раскаяние и усердно вопиять ко всем нашим лилипутам гласности и устности: „Что ж вы уныли, милые дети? дерзайте, заглушите вашим дружным писком московский концерт чревоугодничества, который так оглушительно перекатывается из одного конца России в другой"». (Салтыков-Щедрин М. Е. Наша общественная жизнь. Сентябрь 1863 // Собрание сочинений. Т. 6. — М., 1966. С. 113).

достоинства его. В праве свободных людей не делать злодейств и не хвалить их никто не сомневался. Наши патриоты толкуют, что перед страшной опасностию, грозящей России, должны умолкнуть совесть и ум. Где эта опасность? Трусость — худой критериум. Если кому-нибудь грозит опасность, то разве одряхлевшей, неспособной в своих старых, немецких формах империи, которая ничего не умеет предупредить, ничего не умеет поправить и, полгода борясь с несколькими кучками повстанцев, от бешенства и досады, что не может их победить, принялась убивать раненых, вешать больных и грабить помещиков.

Если, в самом деле, вся Россия поверит им, что теперь следует обняться с Муравьевым и протянуть руку III отделению, если она будет настолько патриотична, что не содрогнется ни от казней, ни от их апотеозы в журналах, то, одолевши восстание, Российская империя сложится в военный Китай, стоячий и скучный, который замрет в своем безвыходном рабстве и личной стертости.

Бывают минуты утомления и горечи, в которые кажется, что надобно переждать, что ничего не сделаешь против стихийного бешенства, спущенного с цепи и намеренно разъяренного, что не пересилишь словом горячечный бред и не совладаешь доводами с диким безумием... вовсе не ищущим себе логических оправданий»[446].

Эти слова единственного талантливого русского атеистического философа до сих пор не могут ему простить.

20 августа 2025 епископа Скопинский Питирим (Творогов) напомнил: «Когда началась крымская война, Герцен говорил такую страшную фразу, мерзкую фразу. Он говорил, что Россия болеет сифилисом патриотизма»[447].

---

[446] Протест // Герцен А. И. Собрание сочинений. Т. 17. — М., 1959. С. 216.
[447] https://www.youtube.com/watch?v=6LLq_ajqDI4 3:30.

Да, патриотизм может принимать болезненную форму. С какой болезнью его сравнить — с бешенством или с сифилисом — неважно. Возможно, Герцен вспомнил про сифилис, потому что в те времена его еще не умели лечить. В 1835 году заболеваемость в армии составляла 58 на 1000 человек, а к 1861 году — 1/16 от всех болезней, регистрируемых в военных частях. В гражданской медицинской сети в 1857 году 10 % госпитализированных составляли больные сифилисом.

Болезненный патриотизм бездумен, напрочь лишен эмпатии к чужим страданиям. Он разрешает «во имя нации» совершать такие преступления, на которые в одиночку «господин Искариотов — патриот из патриотов» не решился бы. К сожалению, патриотизм очень легко возгоняется до болезненных степеней по заказу Госкомпропаганды. Еще более печально, что это делается и с помощью церковных проповедей. Болезненный патриотизм легко инфицирует людей и трудно изгоняется.

Любой патриотизм может выродиться в сифилитическую форму и аплодировать чужой крови и боли — русский, украинский, польский, немецкий… Как чума косила всех без внимания к тому, у кого какой паспорт, так и болезненный патриотизм — при условии отсутствия постоянной программы противодействия такому перерождению в школе, храме и вообще в культуре.

Больного легко проверить на таком тесте: «Причина Северной войны была в том, что России был нужен выход к морю». Если человек согласен, что джокер «мне хочется» или «нам надо» побивает любые предыдущие мирные договоры и дает моральное оправдание военным походам под Нарву, к Порт-Артуру или Стамбулу, а потом и созданию «пояса нашей безопасности» на половину оставшейся планеты — то инфицирование уже налицо.

Кстати, если тезис «нам нужен выход к морю» считается оправданием русской экспансии, то как можно не согласиться с суждением Австрийского Двора о том, что этой дунайской державе нужен контроль над устьем Дуная?

Сегодня вешателей много. Герцена нет.

Глава 25

СПЕЦОДЕЖДА ДЛЯ ИНОВЕРЦЕВ

Впервые эту меру ввел халиф Мутаваккиль (Мутевеккель). В 849 году он повелел христианам поверх одежды носить кусок желтой материи[448].

Далее — Испания и ее инквизиция.

«Среди наказаний, налагаемых на осужденных, надо считать наказанием ношение одежды кающегося, известной в Испании под названием санбенито, что является искажением слова saco bendito (благословенный мешок). До XIII века обычно освящали мешок, который должны были носить лица, присужденные к публичному покаянию, и это дало мешку название благословенного. Это был кафтан, застегнутый подобно священнической сутане; он был принят инквизицией со времени ее учреждения, до того как соборы в Безье, Тулузе и Таррагоне сделали о ней постановление... 2 сентября 1561 года в Мадриде был опубликовал указ, составленный из восьмидесяти одной статьи: «41. Когда обвиняемый признает себя

---

448 Гиргас В. Права христиан на Востоке по мусульманским законам. — СПб, 1865. С. 71.

виновным и его признания будут надлежащим образом мотивированы, он будет допущен к примирению с Церковью, если он не рецидивист. Его имущество должно быть конфисковано; его заставят надеть платье кающегося, или санбенито (то есть нарамник из полотна или сукна желтого цвета с двумя наискось расположенными крестами другого цвета), и он будет заключен в пожизненную тюрьму, называемую Милосердием» (Льоранти. Испанская инквизиция. Гл. XXII).

В 1555 году папа Павел IV издал буллу, согласно которой евреи всех папских земель должны были селиться в раз и навсегда отведенных для этого местах, огражденных стеной, и не имели права покидать пределы гетто в ночное время и в дни христианских праздников. Выходить на территорию города евреи должны были в специальных **желтых шляпах**.

Русский путешественник Василий Барский в 1724 году в итальянском городе Анконе приметил: «Здесь множество жидов, имеющих синагогу и отличающихся от христиан шляпами, перевязанными голубою лентою»[449].

Может, в православии такого быть не могло?

Петр I повелел староверам носить кафтан с бубновым тузом на спине и желтый воротник. «Масштабность и жестокость этой борьбы определяли сами высшие церковные деятели, выступавшие в роли инквизиторов… В петровское время благодаря почти исключительно по инициативе Синода законодательство о старообрядцах имело неуклонную тенденцию к ужесточению. Мужчинам

---

[449] Цит. по: Еп. Порфирий Успенский. Книга бытия моего. Дневники и автобиографические записки. Том V. — СПб, 1896. С. 96–97 (18 июня 1854).

В издании: Странствования Василья Григорьевича Барского по святым местам Востока с 1723 по 1747 г. Ч. 1: 1723–1727 гг. — СПб., 1885 г. На указанные Порфирием даты (8–9 июля1724) я такого текста не нашел. Есть у Барского другая заметка: «В сем токмо различествуют от Християн, яко не имут воле чернаго капелюша носити, но отвнутрь черн, а отвне почервлен или покровен червленним платом» (О препрославленном граде Риме, о обычаях же и о вещех, обретающихся в нем, 10).

предписывалось повсюду носить на спине платья специальные красные четырехугольники, а женщинам — позорные шапки с рогами»[450].

Князь Щербатов, хотя и просветитель и критик многих российских обыкновений, был твердый сторонник жесткой государственной церковной политики. Так, он всецело поддерживает меры борьбы с расколом в Российской Империи: «должно возобновить и твердо наблюдать, дабы они по-прежнему различными лоскутами на плечах сукна отличались»[451].

Так что желтые звезды на одежде — это вовсе не изобретение нацистов. Мусульмане и христиане успели это сделать раньше.

… Добавлю, что и паранджа была вполне обычной одеждой в Византии[452].

---

[450] Анисимов Е. В. Миссия Русской Православной Церкви в петровское время // Церковь и время. — М., 2006, № 4 (37). С. 84–85.

[451] Щербатов М. М. Статистика в рассуждении России // Сочинения кн. М. М. Щербатова. — СПб., 1896. Т. 1. С. 557.

[452] День падения Константинополя: «Сенаторов привязывали к их рабам, прелатов к церковным привратникам, юношей плебейского происхождения к знатным девушкам, до той минуты **всегда закрывавшим свои лица даже от самых близких родственников**» (Гиббон Э. Падение Римской империи. Т. 7. — М., 2008. С. 371).

Глава 26

ЯНЫЧАРЫ И ХАРАДЖ В ПРАВОСЛАВИИ

Объясняя ужасы турецкого ига, православные апологеты говорят про «налог детьми» («в янычары») и про дополнительный налог, взимаемый за неправоверие (харадж).

Увы, и то и другое было и в истории православия.

Византийцев волновал вопрос — как быть с пленными, взятыми на территориях, которые в недавнем прошлом были имперскими, потом попали под власть мусульман, а затем были возвращены. Вот есть пожилой пленник. Он уверяет, что в детстве был крещен (или во времена еще греческого владычества, или вскоре после его прекращения, когда христианские традиции пусть на бытовом уровне, но были еще живы), потом принял ислам. Крестить его или нет? Каноны запрещают повторное крещение.

Еще в VIII веке Седьмой Вселенский собор своим 7-м правилом обозначил тему суеверных или притворных крещений. Было запрещало крестить детей у евреев, которые лишь формально объявляли себя христианами.

Новой виток дискуссии был в XII столетии. Антиохийский патриарх Вальсамон в те дни в своем толковании 84 правила Трулльского собора разъяснял, что турки (агаряне — Ἀγαρηνοί) приводили своих детей к христианским священникам для крещения, смотря на крещение не как на таинство, но как на некое телесное лекарство (διά θεραπείαν σωματικήν):

«Об этом многократно было прение в Синоде. Ибо являлось сомнение, должно ли крестить купленных детей, которые из христианской страны были взяты в плен скифами и агарянами и потом проданы грекам. Некоторые говорили, что они, как взятые в плен из христианской страны, может быть крещены были на месте в младенчестве, и посему не должно опять снова крестить их. Но более держались того мнения, что должно крестить — по той причине, что они сами не знают, крещены ли в младенчестве, и никого, кто бы подтвердил об их крещении, нет. А о тех, которые взяты в плен из страны неверных, определено: крестить таковых безотлагательно, если не показывают свидетели, что они крещены по взятии в плен. — Во дни святейшего патриарха Кир-Луки явились в синоде агаряне и, когда от них потребовали, чтобы они приняли крещение, то они сказали, что уже прежде были крещены в своих странах; а когда их спросили каким образом могло это случиться; то они отвечали, что есть обычай крестить всех детей агарянских у православных священников. Но это не было принято в уважение, ибо они должны были услышать, что крещение, какого ищут неверные у христиан, ищется не с добрым расположением и не с православным намерением, а ради телесного врачевания. Ибо у агарян есть поверие, что дети их подвергаются беснованию и имеют запах свойственный псам, если не примут христианского крещения; и поэтому ищут крещения не как средства, очищающего от всякой душевной скверны и подающего божественный свет и освящение, но как врачества, или заклинания. Некоторые из них говорили, что имеют православных матерей и по их ревности они крещены у православных; но и это не было принято во внимание, потому что не представили свидетелей, которые засвидетельствовали бы это, а они скорее даже

осуждены были, как подающие не доброе против себя предположение тем, что неправильно приступают к вере. Почему и было дозволено крестить всех таковых»[453].

Это правило упоминает патриарха Луку Хрисоверга (1157–1170), который для решения вопроса созвал синод. Он постановил, что тех, кто был полонен в землях неверных, надо крестить без разбирательств. Даже детей православных гречанок из тех земель следовало крестить заново, если только нет верных свидетелей тех крестин. Более того, синод вообще отверг детские крещения, совершаемые по суеверным мотивам: в мусульманской Анатолии крещение младенцев было в обычае, ибо, как полагали родители, оно уберегало детей от демонов и избавляло их от «запаха псины» (κατὰ κύνας ὄζειν). Синод постановил, что описанное крещение выполняло функции целебного средства и принималось скорее ради телесного попечения, но не духовного очищения и обретения правой веры. Соответственно, такое крещение агарян признавалось недействительным[454].

В XIV веке канонист Матфей Властарь добавил новые детали относительно обычаев агарян, крестивших своих детей: «У весьма многих из агарян есть обычай — своих новорожденных младенцев обрезать не прежде, чем христианские священники, состоящие у них в подданстве, хотя и против воли, принуждены будут их окрестить» (Синтагма. Буква В. Глава 3-я — о крещаемых младенцах агарянских). А «в сомнительных случаях несомненное должно человеколюбиво одерживать победу», то есть крестить.

Итак, «В Византии было обыкновение просвещать святым крещением мальчиков-магометан, взятых в плен во время войн с неверными»[455].

---

[453] Правила Святых Вселенских соборов с толкованиями. — М., 1877. С. 644–645.

[454] PG. Т. 119. Col. 785.

[455] Лебедев А. П. Исторические очерки Византийско-восточной церкви от конца XI-го до половины XV века. С. 145. Подробнее: Шукуров Р. М. Тюрки в византийском мире (1204–1461). — М., 2017.

У этих детей была и армейская утилизация: «К концу XIII в. основное различие между полевыми армиями и провинциальными гарнизонами состояло в том, что первые комплектовались в основном наемниками или содержались за счет попечительства (пронойи), а вторые содержались в основном за счет фискальных льгот. Но в то же время наблюдается и постепенное снижение числа наемников из Европы, причем «латинян» вытесняют турки, впоследствии игравшие более заметную роль, причем многие из таких наемников относятся к числу tourkopouloi, «туркопулов», как именовали крещеных турок»[456].

Не иначе и в России.

Указ царя Петра от 19 января 1722 года предписывал «Рекрут брать с Мордвы и Черемисы так, как с Русских, а Татар брать малолетних, а именно: в Гарнизоны от 10 до 12 лет, из которых употреблять в денщики Генералам и Штабу третью долю, также и в матросы некоторую часть»[457].

Сенатор князь М. Щербатов в 1777 году не скрывал: «Правительство уже давно старалось не начиная явного гонения, однако, даванием награждений и избавлением от достойного наказания тех, которые крестятся, умножить христиан и уменьшить магометан; и даже до того доходило, что брали малолетных детей, которых крестили и обучали в школах христианскому закону… Школы, в которые брали малолетних магометан, не токмо не способствовали к распространению веры, но паче в ненависть ее приводили, ибо духовный российский чин, под чьим ведением сии школы состояли, толь злоупотребления чинил, что большая часть оных отроков помирали, а и другие исполненные огорчения и неизученные христианскому закону выходили»[458].

---

[456] Джон Хэлдон. История византийских войн
https://history.wikireading.ru/135775

[457] Законодательство Петра I. — М., 1997. С. 533.

[458] Щербатов М. М. Статистика в рассуждении России // Сочинения кн. М. М. Щербатова. — СПб., 1896. Т. 1. С. 558–559 и 563. «Их язык» — это языки народов Поволжья: мордва, вотяки, чуваши, черемисы.

Аналогична была и судьба еврейских «кантонистов».

Кантонистами в 1805–1856 годах в России называли несовершеннолетних солдатских сыновей, числившихся с рождения за военным ведомством, а также взятых принудительно в кантонисты малолетних бродяг, детей евреев, раскольников, польских повстанцев, цыган и прочих.

«Евреи, согласно указу императора Николая I о введении для них натуральной воинской повинности (26 августа 1827), принимались к призыву с 12 лет. Еврейские дети-рекруты до 18 лет направлялись в батальоны кантонистов, откуда большинство их попадало в школы кантонистов. Квота призыва для еврейских общин составляла десять рекрутов с одной тысячи мужчин ежегодно (для христиан — семь с одной тысячи через год). Военной службе евреев власти придавали особое значение как «воспитательной» мере, направленной на искоренение в их среде „фанатизма", то есть на обращение их в христианство. Именно поэтому еврейских детей направляли в особенно суровые по режиму школы кантонистов, причем в самые отдаленные от черты оседлости губернии, а отданных в села „для прокормления" поручали рьяным хозяевам, которым вменяли в обязанность обращать подопечных. «Воспитание» начиналось еще по пути в батальон кантонистов. Начальников партии ждала награда за каждого новообращенного, и часто моральное и физическое „воздействие" офицеров, „дядек"-унтеров и конвоиров сводило около половины партии в могилу. В школе кантонистов еврейским детям запрещалось переписываться с родными, говорить на родном языке и молиться, у них отбирали и сжигали тфиллин, цицит, молитвенники. Основным предметом, наряду с военной муштрой, обучением грамоте и счету, был «закон Божий». В 1843 г. правительство усилило меры по обращению кантонистов в христианство, и выкрест — профессор Петербургской духовной академии В. А. Левисон по приказу обер-

прокурора Протасова составил для этой цели специальный «Катехизис». Противившихся крещению лишали еды, сна, пороли, окунали в воду до обмороков и утраты слуха, выставляли раздетыми на мороз и т. п. Устоять могли немногие, главным образом дети старшего возраста. Часты были случаи самоубийства кантонистов, порождавшие легенды. Так, легенда 1840-х гг. о том, как на военном параде в Казани загнанные в Волгу для крещения кантонисты в присутствии Николая I утопились, имела в основе факт самоубийства двух кантонистов при массовом крещении в реке, описанный в балладе немецкого поэта Людвига Виля (1807–82). Принявшие христианство получали 25 рублей и ряд льгот, хотя первые пять лет были ограничены в получении должностей. Случалось, что кантонист, достигший 18 лет, при переводе в часть регулярной армии заявлял, что хочет вернуться в иудаизм. За это его подвергали всяческим наказаниям до тех пор, пока он не отказывался от своего заявления. Многие крещеные кантонисты продолжали оставаться втайне верными иудаизму, а некоторые возвращались к нему после окончания службы. Но если об этом узнавали власти, виновный ссылался в монастырь «для исправления» или привлекался к суду. В Выборге группа бывших кантонистов (крещеных) за возвращение в иудаизм была в 1863 г. арестована и подвергнута пыткам. Известен также целый ряд судебных процессов 1870–80-х гг. по обвинению «в отпадении от православия»: дела И. Кацмана (1870), М. Айзенберга (А. Антонова, 1880), Я. Терентьева (Л. Либера, 1881) и др»[459].

При переезде из Перми в Вятку Герценвстретил эшелон еврейских детей-кантонистов:

«Пожилых лет, небольшой ростом офицер, с лицом, выражавшим много перенесенных забот, мелких нужд, страха

---

[459] https://eleven.co.il/jews-of-russia/history-status-1772-1917/11955/

перед начальством, встретил меня со всем радушием мертвящей скуки.

— Кого и куда вы ведете?

— И не спрашивайте, индо сердце надрывается; ну, да про то знают перши, наше дело исполнять приказания, не мы в ответе; а по-человеческому некрасиво.

— Да в чем дело-то?

— Видите, набрали ораву проклятых жиденят с восьми-девятилетнего возраста. Во флот, что ли, набирают — не знаю. Сначала было их велели гнать в Пермь, да вышла перемена, гоним в Казань. Я их принял верст за сто; офицер, что сдавал, говорил: „Беда, да и только, треть осталась на дороге" (и офицер показал пальцем в землю). Половина не дойдет до назначения, — прибавил он.

— Повальные болезни, что ли? — спросил я, потрясенный до внутренности.

— Нет, не то, чтоб повальные, а так, мрут, как мухи; жиденок, знаете, эдакой чахлый, тщедушный, словно кошка ободранная, не привык часов десять месить грязь да есть сухари — опять чужие люди, ни отца, ни матери, ни баловства; ну, покашляет, покашляет, да и в Могилев. И скажите, сделайте милость, что это им далось, что можно с ребятишками делать?

Я молчал.

— Вы когда выступаете?

— Да пора бы давно, дождь был уже больно силен... Эй ты, служба, вели-ка мелюзгу собрать!

Привели малюток и построили в правильный фронт; это было одно из самых ужасных зрелищ, которые я видал, — бедные, бедные дети! Мальчики двенадцати, тринадцати лет еще кой-как держались, но малютки восьми, десяти лет… Ни одна черная кисть не вызовет такого ужаса на холст. Бледные, изнуренные, с испуганным видом, стояли они в неловких, толстых солдатских шинелях с стоячим воротником, обращая какой-то беспомощный, жалостный взгляд на гарнизонных солдат, грубо ровнявших их; белые губы, синие круги под глазами — показывали лихорадку или озноб. И эти больные дети без уходу, без ласки, обдуваемые ветром, который беспрепятственно дует с Ледовитого моря, шли в могилу» (Былое и думы. Ч. 1, гл. 13).

При этом спустя полтора века Надежда Яковлевна Мандельштам пишет архиепископу Иоанну Шаховскому: «12.5.1979. Рада Вам сообщить, что я верующая (православная в поколении) — дед со стороны отца был кантонистом (читали у Лескова?). Церковна с детства. По национальности я еврейка. Мандельштам тоже был верующим. Он крестился не из-за университета, как пишут у вас, а потому что не мог жить без Христа»[460].

Имеется в виду рассказ Лескова «Владычный суд» о еврее, который искал своего сына-кантониста.

… «И был пот Его, как капли крови, падающие на землю». Эту строку из Лк. 22, 44 мы слышим в храмах на Страстной. Это гематидроз (я упоминал об этом явлении в своих лекциях о Туринской плащанице и о страданиях Христа).

А вот описание этой боли в упомянутом рассказе Николая Лескова:

„… все мы, при всем нашем несчастном навыке к подобного рода горестям и мукам, казалось, были поражены страшным

---

[460] Публ.: Русская мысль. — Париж, N. 4070, 23–29 марта, 1995.

*ужасом этого неистового страдания, вызвавшего у этого бедняка даже кровавый пот. Да, эта вонючая сукровичная влага, которою была пропитана рыхлая обертка поданных им мне бумаг и которою смердели все эти „документы", была не что иное, как кровавый пот, который я в этот единственный раз в моей жизни видел своими глазами на человеке. По мере того как этот, „ледеви не утопший и ледеви не сгоревший", худой, изнеможенный жид размерзался и размокал в теплой комнате, его лоб, с прилипшими к нему мокрыми волосами, его скорченные, как бы судорожно теребившие свои лохмотья, руки и особенно обнажившаяся из-под разорванного лапсардака грудь,— всё это было точно покрыто тонкими ссадинами, из которых, как клюквенный сок сквозь частую кисею, проступала и сочилась мелкими росистыми каплями красная влага... Это видеть ужасно! Кто никогда не видал этого кровавого пота, а таких, я думаю, очень много, так как есть значительная доля людей, которые даже сомневаются в самой возможности такого явления, — тем я могу сказать, что я его сам видел и что это невыразимо страшно. По крайней мере это росистое клюквенное пятно на предсердии до сих пор живо стоит в моих глазах, и мне кажется, будто я видел сквозь него отверстое человеческое сердце, страдающее самою тяжкою мукою — мукою отца, стремящегося спасти своего ребенка... О, еще раз скажу: это ужасно! Пышные белокурые волосы последней шотландской королевы, мгновенно поседевшие в короткое время, когда „джентельмены делали ее туалет" и укладывали страдалицу на плаху в большой зале Фодрайнгенского замка, не могли быть страшнее этого пота, которым потел этот отец, бившийся из-за спасения своего ребенка. Я невольно вспомнил кровавый пот Того, Чья праведная кровь оброком праотцов низведена на чад отверженного рода, и собственная кровь моя прилила к моему сердцу и потом быстро отхлынула и зашумела в ушах».

Это — о поиске украденного сына (хотя и украденного по закону и законной православной властью).

Так что янычары — это не совсем турецкое изобретение. В данном случае янычары это прежде всего «украденные дети», оторванные от религии их семьи и силой обращенные в религию рабовладельца. Как их дальше использовали — на кухне, в спальне или в казарме, разрешалось или нет им жениться — дело десятое.

И, значит, турки «вернули» грекам их изобретение. Всё однажды возвращается… Жаль, что не всегда — к тем, кто нагадил.

Выходит, еще одно «отличие» христиан от мусульман стирается…

То же можно сказать при разговоре о харадже — налоге, который мусульманские власти собирали за инаковерие. В 1700 году знаменитый ученый иерусалимский патриарх Досифей предлагает царю Петру Алексеевичу (в связи со взятием Азова) перенять исламскую систему обложения налогами иноверных подданных. Мол, какой харадж турки взимают с христиан у себя, такой же налог православный царь должен брать со своих исламских подданных. Если кто не станет платить такой налог — того следует объявлять христианином. «И буде такой учинится худой христианин, однакож сын его добрый христианин будет»[461].

Царь Петр собирал такой дополнительный налог со своих не вполне православных (по его мнению) подданных — со старообрядцев. Так что моральных отличий между правителями «Святой Руси» и «неверными агарянами» не было.

При этом исламский харадж гораздо более оправдан. Мусульмане объясняли: по их закону на госслужбе и в армии может находиться лишь правоверный. А мир — это благо для всех. Поэтому было бы несправедливым если бы защищали его только мусульмане. Но раз христиане не могут защитить общую родину службу

---

461 Каптерев Н. Ф. Сношения иерусалимского патриарха Досифея с русским правительством // Каптерев Н. Ф. Собрание сочинений. Т. 1. — М., 2008. С. 828.

в армии — пусть они хотя бы дополнительно ее оплачивают. Сегодня и в России эта тема порой всплывает в виде вопроса о том, а не разрешить ли легальную покупку освобождения от призыва.

* * *

Ранее мы говорили прежде всего о применении церковной силы по отношению к чужим (язычникам, мусульманам, еретикам).

Во втором томе мы обратимся к методам установления внутрицерковного единомыслия уже обращенной «паствы» — как это было в России.

ОГЛАВЛЕНИЕ

В издательстве BAbook вышли книги

Борис Акунин	Серия «ПРИКЛЮЧЕНИЯ ЭРАСТА ФАНДОРИНА» с расшифровками
	Серия «ПРОВИНЦІАЛЬНЫЙ ДЕТЕКТИВЪ»
	«ИСТОРИЯ РОССИЙСКОГО ГОСУДАРСТВА» в 10 томах
	«ЛЕГО»
	«СКАЗКИ СТАРОГО, НОВОГО И ИНОГО СВЕТА»
	«МОЙ КАЛЕНДАРЬ»
	«ГОД КАК ХОККУ»
	ИНТЕЛЛЕКТУАЛЬНЫЕ АНЕКДОТЫ, собранные и прокомментированные Борисом Акуниным
	«МОСКВА–СИНЬЦЗИН»
	«ПРОСНИСЬ!»
	«ЗЛАТАЯ ЦЕПЬ НА ДУБЕ ТОМ»
	«ДВА ДАО»
Акунин-Чхартишвили	Серия «СЕМЕЙНЫЙ АЛЬБОМ»
Анна Борисова	«ТАМ…», «КРЕАТИВЩИК», «VREMENA GODA»

**Роман Баданин,
Михаил Рубин**   «ЦАРЬ СОБСТВЕННОЙ ПЕРСОНОЙ»

Андрей Кураев   «МИФОЛОГИЯ РУССКИХ ВОЙН» (в 2-х томах),
«СВЯЩЕННЫЕ ВОЙНЫ ПРАВОСЛАВНОГО МИРА»

Андрей Макаревич   «РАССКАЗЫ», «РАССКАЗЫ И СКАЗКИ»,
«ПОВЕСТИ. Книга 1», «ПОВЕСТИ. Книга 2»

Олег Радзинский   «ПОКАЯННЫЕ ДНИ»

Михаил Шишкин   «МОИ. ЭССЕ О РУССКОЙ ЛИТЕРАТУРЕ»,
«ВЕНЕРИН ВОЛОС», «ВЗЯТИЕ ИЗМАИЛА»,
«ЗАПИСКИ ЛАРИОНОВА», «ПИСЬМОВНИК»

Евгений Фельдман   «МЕЧТАТЕЛИ ПРОТИВ КОСМОНАВТОВ»

https://babook.org/